河北地质大学学术著作出版基金 CB2023001

Research on the Optimization of China's Tax Structure in the New Era:
Based on Economic Growth and Income Distribution Perspective

新时代中国税制结构优化研究

张书慧◎著

中国财富出版社有限公司

图书在版编目（CIP）数据

新时代中国税制结构优化研究 = Research on the Optimization of China's Tax Structure in the New Era：Based on Economic Growth and Income Distribution Perspective / 张书慧著. —北京 ：中国财富出版社有限公司，2024. 2

ISBN 978 - 7 - 5047 - 8117 - 8

Ⅰ. ①新… Ⅱ. ①张… Ⅲ. ①税收制度—研究—中国 Ⅳ. ①F812. 422

中国国家版本馆 CIP 数据核字（2024）第 048065 号

策划编辑	杜　亮	**责任编辑**	杜　亮	**版权编辑**	武　玥
责任印制	尚立业	**责任校对**	孙丽丽	**责任发行**	董　倩

出版发行	中国财富出版社有限公司		
社　　址	北京市丰台区南四环西路 188 号 5 区 20 楼	**邮政编码**	100070
电　　话	010 - 52227588 转 2098（发行部）		010 - 52227588 转 321（总编室）
	010 - 52227566（24 小时读者服务）		010 - 52227588 转 305（质检部）
网　　址	http：//www. cfpress. com. cn	**排　　版**	宝蕾元
经　　销	新华书店	**印　　刷**	北京九州迅驰传媒文化有限公司
书　　号	ISBN 978 - 7 - 5047 - 8117 - 8/F · 3662		
开　　本	710mm × 1000mm　1/16	**版　　次**	2025 年 6 月第 1 版
印　　张	16. 5	**印　　次**	2025 年 6 月第 1 次印刷
字　　数	270 千字	**定　　价**	68. 00 元

前　言

改革开放以来，我国经济快速增长，人民生活水平不断提高，取得了举世瞩目的成就。与此同时，进入新时代后，因高速发展而积累的一些问题也凸显出来，如区域发展不平衡、收入分配差距过大、房价高企等。税收作为一项重要的财政政策工具，在经济和社会发展中发挥着重要的作用，而税制结构是税收制度在社会各领域变化的集中反映。1994 年，我国税制进行了大规模调整，基本形成了以间接税为主的税制结构，在经济转型时期有力地促进了经济增长，然而随着经济、社会环境的变迁，税制结构的合理性不断遭到质疑。理论上讲，税制结构变动的核心是税制结构优化，而税制结构优化是一个不断前进并不断调整的系统工程，它是由一国所处的历史时期的社会经济发展背景所决定的。当前我国已经进入新时代，社会主要矛盾不同于以往，高质量发展亟待推进，面对复杂的国内外环境，研究如何进一步优化税制结构具有重要的理论意义和现实意义。基于此，本书开展了如下工作。

首先，构建了税制结构优化的理论框架。该框架包括税制结构优化的内涵、目标、衡量指标和基本理论等。税制结构是一个国家根据经济发展水平和政治要求，依照法律、法规设置并形成的税系、税类和税种及税制要素的组合方式和相对地位。经济基础是税制结构优化的客观约束，政策导向是税制结构优化的主观约束，当影响因素发生变化时，税制结构就会产生优化的驱动力，在此基础上，本书进一步探讨了税制结构对经济增长和收入分配的影响效应，包括相应理论、科学观点、传导机制和实现路径。

其次，剖析了税制结构优化的现状和问题。结合新时代税制结构优化的国内外环境，本书进一步分析了我国税制结构优化的方向，与此同时，回顾了我国税制结构优化的演进过程和现状，并提出了目前存在的问题。税制结构优化是为了更好地满足经济社会发展的需要。我国当前的社会主要矛盾已发生变化，收入差距有不断扩大的趋势，因此，改革税制、优化结构势在必行；而现实存在的问题是企业与自然人税负不协调，直接税和间接税比例不合理，地方缺少主体税种，民众对于税制结构改革的参与程度不高，征管手段仍然需要加强，等等，这些都对我国税制结构优化提出了新的挑战。

再次，进行了实证分析和国际比较。本书通过对我国经济增长的现状进行统计性分析，结合税制结构，采用省级面板模型，实证检验了我国税制结构对经济增长的影响效应；通过对我国收入分配差距进行现状分析和描述，找出了当前经济发展“不平衡不充分”的原因；通过建立动态面板模型，实证检验了我国税制结构对收入分配的影响效应。“他山之石，可以攻玉”，本书还借鉴了英、法、美、日等发达国家和金砖国家发展中国家的税制结构优化经验，以从中汲取好的做法。

最后，提出了新时代我国税制结构优化的政策建议。在现状分析、实证检验、国际比较、经验借鉴的基础上，结合我国新时代的特点，提出了我国税制结构优化的整体思路、框架和措施，包括：税系结构中，建立“双主体”税制结构体系符合新时代的要求；税类结构中，结合减税降费，继续降低货劳税的比重，增加所得税和财产税的比重；税种结构中，改革增值税、消费税中的不合理要素，降低企业所得税、稳定个人所得税，完善房产税和资源税，尽快立法社会保障税，等等。税制结构优化不可能一蹴而就，要尊重现实、循序渐进，税制结构优化还要进行配套改革，加强税收征管，新时代的税制结构优化就是要找到促进经济高质量发展和收入分配公平的均衡点。

目　录

图目录

表目录

第1章 绪 论

1.1 选题背景与研究意义

1.1.1 选题背景

从党的十八大开始，中国特色社会主义进入新时代。新时代既同改革开放一脉相承，又与时俱进，突出表现在社会主要矛盾变化和经济增长方式转变两个方面。党的十八届三中全会对完善税收制度进行了重新定位——从建立与社会主义市场经济体制相适应的税收制度基本框架到建立与国家治理体系和治理能力现代化相匹配的现代税收制度。科学的财税体制是优化资源配置、维护市场统一、促进社会公平、实现国家长治久安的制度保障，不仅要在经济领域，还要在政治、文化、社会和生态文明等各领域发挥作用。同时，我国对新一轮税制改革进行了系统性的部署，即深化税收制度改革，完善地方税体系，逐步提高直接税比重。由此可见，税制结构优化已经成为现代税收制度改革的核心问题。

税收作为经济调控的重要手段，2021 年 GDP 总量实现人民币 117.38 万亿元，其中税收收入总额突破 17.27 万亿元[①]，同比增长 11.94%。由此可见，国家税收在宏观调控中的回旋余地在增大，无论是征税环节还是结构性减税

---

① 见国家统计局网站数据。

调整环节，税收调控能力都在不断增强，而税制结构可以通过税类、税种及税制要素的不同组合发挥其在经济和社会领域的调控职能，鉴于税制结构在经济增长和收入分配领域的特定职能，以及税制结构的现状，进行税制结构优化研究，解决当前存在的经济和社会问题，不仅是必要的，而且是可行的。

1994 年税制改革后，尽管税制结构不断得到优化，但不可否认的是，随着经济的发展，我国以间接税为主的税制结构与经济社会发展的矛盾日益突出。从税收收入结构和税收来源结构来看，2021 年税制结构总体表现为：67. 56% 的税收来源于间接税，32. 44% 的税收来源于直接税；超过 90% 的税收来源于企业缴税，不足 10% 的税收来源于自然人缴税。如果任由这样的税制结构长期存在，一方面，无法有效解决目前存在的收入差距问题；另一方面，企业税负过重，不利于企业的创新发展，进而直接影响我国经济的高质量发展。我们需要加快税制改革的步伐，进一步优化税制结构，提高直接税比重，然而针对目前我国税制结构的现状，要进行改革和优化还需要充分考虑国内和国际形势。

从国内来看，新时代财税体制改革定位已经发生了变化，中国特色社会主义进入新时代，两个重要的论断让我们对当前的国内形势有了更为清晰的认识：一是我国社会的主要矛盾已经转化为人民日益增长的美好生活需要和不平衡不充分的发展之间的矛盾——不平衡不充分突出表现为地区发展不平衡，行业结构发展不平衡，收入差距过大，因此，促进社会公平成为我国税制结构优化改革的方向之一。二是经济发展进入新常态，突出表现为经济增长由高速增长向高质量发展转变。而经济发展新常态下的税制改革与以往大不相同，原因在于改革的重点既不是增收，也不是净减税（因为财政支出的规模要维持一定的基数，净减税只能使预算增加赤字），而是在税收收入总量不变的前提下进行内部结构调整，也就是通常所说的“税制结构优化”。

从国际来看，自 2008 年金融危机以来，世界各国税制改革主要围绕降低所得税税负、强化征管、堵塞税收漏洞来进行。2020 年 10 月，经济合作与发展组织（OECD）发布了《2020 年税制改革报告》，该报告显示：个人所得税和企业所得税税率继续呈下降趋势；社会保障税在数量和范围上的变动均较少；增值税标准税率逐步趋稳，但税基的扩大和缩小兼而有之；消费税增税明显；与环境有关的税制改革在 2020 年继续缓慢发展；财产税增税趋势明显；数字经济征税问题成为国际税改核心。总之，各国税制改革的重点依旧是促进经济增长，并辅以增进公平和改善人们行为两个目标。2018 年 1 月 1 日，由美国总统特朗普力推的《减税与就业法案》正式实施，这是美国政府近 30 年来减税力度最大的一次税改，这次税改主要体现在两个方面：一是降低居民个人的税收，调整后的个人及家庭的标准扣除额提高了约一倍，分别为 1.2 万美元和 2.4 万美元；二是降低企业所得税，税率从 35% 降至 21%。截至 2019 年 6 月，"一带一路"倡议共建的 64 个国家中，已经开征增值税的国家达到了 53 个，其中有些国家也在为开征增值税进行论证，以增值税为主的间接税成为各国税制间协调的重点。从国际税制结构变动的总体趋势来看，以所得税为主体的直接税税制结构模式已经有所撼动，而以货劳税为主体的间接税地位正在悄然发生变化。

我国的税收实践表明，新时代以货劳税为主体的税制结构虽然在筹集财政收入方面成效显著，但间接税比重偏高，税制结构的内部非平衡性影响着税收调节作用的有效发挥，不利于各种税之间的协调配合，也引发了许多负面效应，比如个人所得税比重偏低，不利于调节收入与分配；增值税在生产流通的上游环节征收，尽管能转嫁给消费者，但是会导致一般物价水平偏高，从而阻碍商品和服务的流转，抑制居民消费，等等，实际上与新时代我国整体经济改革的方向相背离。为此，新时代税制结构优化成为我国财税改革领域研究的重点课题之一。

1.1.2　研究意义

1.1.2.1　理论意义

第一，有利于明确税制结构优化的内在形成机制。税制结构有宏观、中观和微观之分。从宏观角度来看，税制结构是指不同税系（直接税系和间接税系）在总税收中所占的比重；从中观角度来看，税制结构是指各税类的总体安排；从微观角度来看，税制结构就是各税种和税制要素的安排。优化税制结构的出发点就是要确保税收制度的功能有效发挥，由于不同税系、税类和税种在各自领域发挥的作用是不同的，通过对税制结构中不同税系、税类和税种对生产、收入、分配、交换、消费、积累等各环节的影响研究，可以更好地理解税制结构优化的内在机制，完善税制结构理论。

第二，有利于构建新时代我国税制结构优化的理论框架。进入新时代，内外环境发生变化，税制结构的优化已经不同于以往，承担调节经济发展和收入分配任务的税收被赋予了更多的功能。党的十八届三中全会把财税体制改革提升到了国家治理层面，提高直接税比重成为税制结构改革的明确指向，因此，加强税制结构对收入分配、经济发展的影响研究，优化税制结构，是现代财税体制改革的必然要求，税制结构优化研究可以为构建我国新时代的税制结构提供框架依据。

第三，有利于促进相关学科的融合发展。一方面，税制结构优化研究不仅涉及对居民收入分配的微观分析和对经济发展影响的宏观分析，而且在研究的过程中会应用分配理论、价格理论、消费理论、生产理论等，由此可见，通过税制结构优化研究，可以把微观经济理论串联起来。另一方面，税收的公平理论属于公共经济学范畴，通过税制结构优化来调节收入分配，既能促进公平，也涉及宏观经济理论和微观经济理论。因此，税制结构优化研究有利于整个经济理论的融合和完善。

1.1.2.2 实践意义

第一，有利于更好地发挥税制的调控职能。近年来，世界各国纷纷制订减税计划，采取减税措施，给新兴市场经济国家的财政开支带来了不小的压力，我国也不例外。为应对来自国际市场的竞争压力，合理调整税制结构，为企业减负，追求更深层次的收入分配公平，已经成为我国激发企业创新活力、提升企业国际竞争力的必然选择。同时，面对数字经济的发展、新兴商业模式的出现，进行税制结构优化研究，不仅可以更好地发挥税制的调控职能，而且具有很强的时代感和现实意义。

第二，为政府部门制定税制结构优化政策提供参考。税制结构优化是一个不断向前推进又不断变化的系统工程，现阶段如何通过税制结构优化来促进经济增长、调节收入分配，进而为国家实施减税降费、促进经济结构转型升级提供智力支持，可以说是仁者见仁、智者见智。本书从税制结构优化的视角分析其经济增长效应和收入分配效应，并通过比较发达国家和发展中国家的税制结构演变，总结规律，为政府部门进一步调整国家税收制度提供了参考。

1.2　相关概念界定

1.2.1　新时代

1.2.1.1　新时代的界定

2017年10月18日，习近平总书记在党的十九大上作了题为《决胜全面建成小康社会　夺取新时代中国特色社会主义伟大的胜利》的报告，指出“中国特色社会主义进入新时代”，这一重大理论判断是以马克思主义时代观为理论指导，以党的十八大以来全方位的、开创性的成就和深层次、根本性变革为根据，实现了马克思主义基本原理同中国具体实际相结合的历史性飞跃。马克思指出，我们判断这样一个变革时代不能以它的意识为根据，恰恰相反，这个意识必须结合物质生活，从社会生产力和生产关系之间的现存冲突中去解释。历史唯物主义者认为，社会主要矛盾是时代变革的基本动力和显著标志，它也成为时代划分的根本尺度——社会主要矛盾不变，则时代不变；社会主要矛盾发生变化，则时代发生变化。

1.2.1.2　新时代的特征

社会主要矛盾发生变化。中国特色社会主义进入新时代，我国社会主要矛盾已经转化为人民日益增长的美好生活需要和不平衡不充分的发展之间的矛盾。党的十九大对我国社会主要矛盾发生历史性变化的重大政治论断，深刻揭示出我国经济社会发展的阶段性特征，为我们准确把握新时代发展的新要求提供了重要依据和实践遵循。“美好生活需要”反映了人们对美好生活的追求，即不再满足于温饱，而是将提质增效作为新的目标，由此可见，中国的物质供给、精神供给已经由数量不足转变为质量不高，这对我们的经济发展提出了新的要求。“不平衡不充分”体现出我国在地区间、行业间、城乡间、群体间、人与自然、物质与精神等各个方面还存在着差异和不平衡，追求社会的公平正义成为新时代的主题。

经济发展方式发生变化。经济发展方式在《现代经济词典》中被定义为生产要素的分配、投入、组合和使用的方式。它是实现经济发展的方法、手段和模式，不仅包括经济增长方式，还包括经济结构、产业结构、环境保护、城市化进程、工业化水平等诸多方面。经济发展方式发生转变，不仅体现在经济领域中“数量”的变化上，而且强调和追求经济运行中“质量”的提升和“结构”的优化。党的十九大报告中指出：我国经济已由高速增长阶段转向高质量发展阶段，正处在转变发展方式、优化经济结构、转换增长动力的攻关期。必须坚持质量第一、效益优先，以供给侧结构性改革为主线，推动经济发展质量变革、效率变革、动力变革，提高全要素生产率。

1.2.1.3　新时代的税收职能

新时代的税收应与我国的经济发展水平相适应，以更好地促进经济发展和社会公平。经济发展方式的变化要求不断创新，但是与传统经济发展方式相比，新兴的高新技术行业、现代服务行业、信息技术行业等更易形成发展的“不平衡不充分”，特别是个人收入差距有扩大的趋势，所以，经济发展方式的转变并不能对当前我国社会主要矛盾中的收入分配不均起到积极的作用，然而在众多的宏观调控手段中，税收政策恰恰具有调控经济发展和收入分配的双重职能。由此看来，税收政策调节不仅可以促进经济发展方式转变，同时能缓解社会主要矛盾，是新时代国家宏观调控的重要手段。

党的十八届三中全会将新时代的税收职能归纳为四点，即“优化资源配置、维护市场统一、促进社会公平、实现国家长治久安”，如此全面、深刻的概括，表明税收制度已经不再仅仅是一个经济层面的概念，而是上升到了国家治理的层面，特别是具有优化资源配置和促进社会公平的职能。优化资源配置与新时代的特征紧密相连，利用税收来配置资源，不仅要配置经济领域的资源，而且要配置包括分配相关资产在内的各领域资源，进而优化经济结构和产业结构，实现经济发展方式的转变；促进社会公平，要求税收不仅要调节居民收入的流量，而且要发挥对居民存量资产的调节作用，实现更广泛意义上的公平。

1.2.2 税制结构

1.2.2.1 税制结构的含义

税制结构概念的研究由来已久，但学者对其内涵的认识并不一致，较有代表性的有三类。第一类认为，税制结构是关于税种的分布和主体税种的选择，即税种在质方面的结合方式和量方面的比例关系。第二类认为，税制结构除了税种结构，还包括多个层次的税收安排，如税系结构、要素结构、征管构成等（胡怡建，1996①；李文，1998②；朱广俊、刘佐，1998；陈共、匡小平，2001③；朱为群、刘鹏，2016）。第三类认为，税制结构不仅包括税种结构、税制要素，还包括中央税和地方税的关系（国家税收教材编写组，1995④；庞凤喜，2006⑤）。第一类界定了税制结构的基本含义，第二类和第三类都是在第一类基础上的扩展。从研究的角度来看，学者力求从各个层面对税制结构进行全面阐释，但随着研究的深化和细化，税收制度本身及其与政府间关系的研究成为税收学的独立研究方向，只不过前者成为影响微观主体的研究重点，而后者通常和财政分权被放在一起研究。

---

① 税制结构的内容包括三个层次：一是各个税系之间的关系，二是同一税系各个税种之间的关系，三是同一税种各个要素之间的关系。

② 税制结构是指一个税收体系中的税收构成及不同税种的地位和相互关系。

③ 税制结构是一国税制体系中具有不同性质和作用的税种之间的相互关系，税种结构是主要内容。

④ 税制结构包括三项内容：一是税种之间的关系，二是税制要素之间的关系，三是中央税和地方税的关系。

⑤ 税制结构按不同的标准进行分类，其中按照税收管理权限，税制结构可分为中央税制结构和地方税制结构。

本书参考胡怡建（1996）、高培勇（2010）、杨志勇（2011）、马国强（2015）、安体富（2015）、吕冰洋（2017）等多位学者的观点，对税制结构的定义如下：税制结构是指一个国家根据经济发展水平和政治要求，依照法律、法规设置并形成的税系、税类和税种及税制要素的组合方式和相对地位。这些税系、税类和税种及税制要素之间相互联结、相互协调、相互补充，最终形成税制结构体系。因此，本书界定的税制结构至少应包括税系结构、税类结构和税种结构三个部分。而税系结构、税类结构和税种结构都是从政府的征税角度来展示，充分体现了国家意志和政策取向。

研究税制结构不仅要研究税制结构的组合问题，还要考虑税制结构中不同税系结构、税类结构和税种结构的合理性问题、适应性问题，只有不断优化税系结构、税类结构和税种结构，才能使更深层次的税制结构得到优化。为此，本书对税系结构、税类结构和税种结构的自身优化也进行了研究并提出了改进的意见和建议。

1.2.2.2 税制结构的层级

关于税制结构的层级问题，学者们从不同视角对其进行了大量研究，其中较早进行全面、系统分类的有岳树民、李建清等（2007）、国家税务总局课题组（2009）和安体富（2010）。三者均认为税制结构包括宏观、中观和微观三个层次。

（1）税类结构（宏观层次），又称税系结构，按转嫁程度可分为直接税系和间接税系，按征税对象的性质又进一步分为货劳税、所得税、财产税和其他税，按管理权限分为中央税、地方税和中央地方共享税，等等。

（2）税种结构（中观层次），指不同税种的主次搭配。

（3）税种要素结构（微观层次），指每个税种的要素构成及其关系，一般包括纳税人、税率、纳税环节等。

本书在研究过程中，借鉴韩彬、吴俊培、李淼淼（2019）的观点，将税制结构从两个层面进行研究。一是按照传统的税负转嫁进行分类，将税制结构分为直接税和间接税，这种分类研究比较普遍，同时与“逐步提高直接税比重”的税制改革目标一致，本书将其定义为税系结构。二是按照课税对象的性质，将税制结构划分为货劳税、所得税、财产税和其他税，这与目前国际上 OECD 和国际货币基金组织（IMF）的划分较为一致，也便于进行国际比较，本书将其定义为税类结构。微观层次的税种结构主要研究我国主体税种的结构搭配。

1. 税系结构——直接税和间接税

直接税和间接税是理论和实务界在税制结构分类中经常使用的一种划分方式。但是目前学术界对二者的划分以及如何分配不同的税种还存在很多争议，其根源在于税负转嫁的程度不能准确界定①。从国内已有的研究②来看，直接税和间接税已有多数主要税种达成共识，如增值税、消费税、城市维护建设税、资源税、关税和环境保护税（2018 年开征）被归为间接税，企业所得税、个人所得税、房产税、契税、车船税、耕地占用税、城镇土地使用税被归为直接税，目前争议较多的主要有烟叶税、印花税、车辆购置税、船舶吨税和土地增值税五种税。具体观点如表 1－1 所示。

表 1－1　　直接税和间接税中部分税种的划分观点

税种	直接税观点	间接税观点
印花税	刘佐（2010），肖伟娜（2014），马海涛、段琦（2016），高珂（2019），韩彬、吴俊培、李淼淼（2019）	崔军（2014），朱志钢、高梦莹（2013）
车辆购置税	崔军（2014），朱志钢、高梦莹（2013），刘佐（2010），肖伟娜（2014），胡洪曙、王宝顺（2017），马海涛、段琦（2016），刘海庆、高凌江（2011）	李心源（2011），郭月梅（2014），安体富（2015），卜海涛（2019），国家税务总局课题组（2009），高珂（2019）

① 现代税收转嫁理论（相对转嫁理论）认为，一种税的经济负担能否转嫁取决于应税商品的性质、供求弹性及税种类型等多种因素。在多种因素的作用下，一种税的经济负担可能一部分转嫁、另一部分不转嫁，也可能全部转嫁或全部无法转嫁，这取决于供求双方的谈判结果，因此，笼统地把所有税种强制分为直接税和间接税实际上并不科学。另外，所得税和财产税被划归为直接税，但二者在影响效应上存在一定的矛盾，如在促进经济增长方面，二者的作用可能是相反的。

② 刘佐．改革开放以来我国直接税和间接税比重的变化［J］．中国财政，2010（12）：46－48；国家税务总局税收科学研究所课题组．我国直接税和间接税关系的发展和展望［J］．税务研究，2005（1）：47－52.

续 表

税种	直接税观点	间接税观点
烟叶税	崔军、朱晓璐（2014），朱志钢、高梦莹（2013），刘佐（2010），肖伟娜（2014），马海涛、段琦（2016）	朱志钢、高梦莹（2013），国家税务总局课题组（2009），韩仁月（2011）
船舶吨税	朱志钢、高梦莹（2013），刘佐（2010），肖伟娜（2014），高珂（2019）	朱志钢、高梦莹（2013），崔军等（2014）
土地增值税	刘佐（2010），肖伟娜（2014），储德银、吕炜（2016），高珂（2019），韩彬、吴俊培、李淼淼（2019），刘海庆、高凌江（2011）	崔军、朱晓璐（2014），朱志钢、高梦莹（2013），胡洪曙、王宝顺（2017），马海涛、段琦（2016）

一般情况下，最终形成后且不再重新进入市场进行交易的已纳税额，若不发生或很难发生转嫁，那么这样的税为直接税，反之则为间接税，因此本书在写作过程中把烟叶税归为间接税，把印花税、船舶吨税、车辆购置税和土地增值税归为直接税，理由如下。

（1）烟叶税是针对境内收购烟叶的单位征收的一种税，其计税依据是收购烟叶的价格，由于烟叶本身还需要再加工，在出售烟叶的制成品时，能够或很容易把税负转嫁出去，因此将其归为间接税。

（2）印花税是对经济活动中领受和订立法律效力的凭证而征收的一种税，相比订立活动的凭证，金额极低，由于凭证的领受和订立本身就是最终结果，不发生或很难发生税负转嫁，因此将其归为直接税；船舶吨税是对自我国境外港口进入境内港口的船舶征收的一种税，由海关从量征收，而且纳税人和负税人保持一致，因此将其归为直接税；车辆购置税是对在境内购买规定车辆的单位和个人征收的一种税，纳税人购置车辆即为最终的车辆使用者，不易发生税负转嫁，故将车辆购置税归为直接税；土地增值税是以转让房地产取得的收入减除法定扣除项目金额后的增值额作为计税依据，其本身就具有所得税的特征，并且房地产转让后已经完成交易，纳税人很少立即再次转让房地产，因此将其归为直接税。

综上所述，我国现行的 18 个税种（含关税、环境保护税，不含营业税）

中，属于间接税的有7个（增值税、消费税、关税、城市维护建设税、资源税、烟叶税、环境保护税），其余11个则属于直接税。

具体分类如表1－2所示。

表1－2　　税系结构——直接税和间接税

税系结构	间接税（7个）	直接税（11个）
具体包含税种	增值税、消费税、关税、城市维护建设税、资源税、烟叶税、环境保护税	企业所得税、个人所得税、房产税、车船税、契税、城镇土地使用税、土地增值税、印花税、车辆购置税、耕地占用税和船舶吨税

注：1. 2016年5月1日，我国已经全面实施“营改增”，因此现行税制中剔除了营业税；2. 限于数据的可得性和实证研究的方便性，本书在实证分析时剔除了关税（海关征收，并没有直接分配到各省）、船舶吨税（海关征收，并没有直接分配到各省）和环境保护税（我国于2018年1月1日施行，开征较晚，存在缺失数据）。无特殊说明，相关数据分析以表1－2为准。

2. 税类结构——货劳税、所得税、财产税和其他税

我国学者除按税负转嫁结果将税制结构划分为直接税和间接税，还根据课税对象的性质（功能）进一步分为货劳税、所得税、财产税和其他税。该分类方法相对清晰，和国际通行分类方法也比较接近，但并不完全一致。目前国际上较为认可的税制结构分类方法是OECD和IMF的分类法。OECD把税分为所得税，社会保险缴款，工资与劳动力税，财产税，货物与劳务税和其他税；而IMF把税分为所得、利润和资本利得税，工薪税，财产税，货物与劳务税，国际贸易税和其他税。二者的主要区别在于：一是OECD分类中的货物与劳务税等于IMF分类中的货物与劳务税和国际贸易税之和；二是OECD分类中的社会保险缴款的大部分内容IMF分类中不作为税收收入。为方便比较和对比分析，具体分类如表1－3所示。

表1－3　　OECD、IMF和我国税制结构分类对比

OECD税制结构分类		IMF税制结构分类		我国税制结构分类	
所得税	个人所得税，公司所得税	所得、利润和资本利得税	个人所得税，公司所得税	所得税	个人所得税，企业所得税，土地增值税
工资与劳动力税		工薪税			

续 表

OECD 税制结构分类		IMF 税制结构分类		我国税制结构分类	
货物与劳务税	货物与劳务税，生产销售供应税，进出口税	货物与劳务税	货物与劳务税	货劳税	增值税，消费税，营业税（停），城市维护建设税，关税
		国际贸易税	进出口税		
财产税	经常性不动产税，经常性净财富税，其他经常性财产税，遗产、继承与赠与税	财产税	经常性不动产税，经常性净财富税，其他经常性财产税，遗产、继承与赠与税	财产税	房产税，车船税，契税，车辆购置税，土地使用税
其他税	企业和非企业缴纳	其他税	企业和非企业缴纳	其他税	印花税，耕地占用税，资源税，船舶吨税，烟叶税和环境保护税
社会保险缴款					

资料来源：OECD 网站 Revenue Statistics（1965—2018）和 IMF 网站 Government Finance Statistics Yearbook（2010）。

注：参考马国强（2015），国家税务总局课题组（2009），安体富（2010）。无特殊说明，本书在数据分析时以表 1－3 为准。

对上述分类有五点说明：第一，限于我国社会保障税尚未开征，且社会保障税属于专款专用，本质上具有费的性质，因此，在进行国际比较时，剔除了国外社会保险缴款的数据；第二，同样限于数据的可得性和研究的便利性，在进行实证研究时，剔除了关税、船舶吨税和环境保护税，由于城市维护建设税为增值税和消费税的附加税，在此将其归为货劳税；第三，财产税是对财产的持有和转让征收的税，考虑到车辆购置税、契税都是为取得财产而支付的一次性税，本书在研究过程中将其统归为财产税的范畴；第四，烟叶税是对烟叶商品征税，但是带有明显的特定目的，因此把它归为其他税；第五，工薪税是指对工资薪金所得征税，属于个人所得税的一种，参考李昕凝（2016）的分类，本书把工薪税划入所得税的范畴。

3. 税种结构

税制结构由不同的税种组成，而它们又在各自的领域发挥着不同的作用，我国现行的税制结构中，除增值税、消费税、关税、企业所得税和个人所得税这些主体税种，还包括城市维护建设税、房产税、车船税、土地使用税、契税、印花税、土地增值税、车辆购置税、资源税、烟叶税、耕地占用税、船舶吨税和环境保护税，共计 18 种。

需要说明的是，本书实证研究采用的是面板数据，一方面，有些税种，如关税、车辆购置税、环境保护税有些年份的数据并没有被统计到各省市，而有些税种，如烟叶税在一些省份存在数据缺失；另一方面，从研究角度看，除增值税、消费税、企业所得税、个人所得税、房产税和资源税占比较高，其他税种在税制结构中的占比都比较低。因此，为了突出主体税种的影响效应，本书在税种结构实证分析时主要选择了增值税、消费税、企业所得税、个人所得税、房产税和资源税来研究。

1.2.3　税制结构模式及优化标准

税制结构的模式是税制结构优化的最终结果，但在模式的选择上，目前还没有统一的标准。较为常见的主要是“主体”模式的选择，大多数学者倾向于按照税负的转嫁性分为以直接税为主体的税制结构模式、以间接税为主体的税制结构模式，以及二者相结合的“双主体”税制结构模式。马国强（2015）按照所得税和商品税的比重关系，将世界各国的税制结构模式分为 5 类：单一所得税为主，所得税与商品税主次搭配，所得税与商品税并重或商品税与所得税并重，商品税与所得税主次搭配，单一商品税为主。

关于“主体”的具体占比，学界尚无一致表述，但一般认为，某类税收在总税收中的占比明显高于另一类，则税制结构就是该类税收为“主体”的税制结构模式，若两类税收在总税收中的占比基本相当，则该税制结构为“双主体”的税制结构模式。李华、樊丽明等（2015）对税制结构进行了量化定义：假设所有税种均可划分为直接税和间接税，即“总税收 = 直接税 + 间接税”，当直接税占总税收的比重为 $T_d < 0.4$ 时，则税制结构以间接税为主体；当 $0.4 \leqslant T_d < 0.6$ 时，则税制结构以直接税和间接税为主体；当 $0.6 \leqslant T_d < 1$ 时，则税制结构以直接税为主体。李昕凝（2016）在综合上述两种方法的基础上，以相对比值的形式对税制结构模式进行了分类：若直接税比重 T_d 大于等于间接税比重 T_i 的 1.5 倍，则税制结构以直接税为主体；若间接税比重 T_i 大于等于直接税比重 T_d 的 1.5 倍，则税制结构以间接税为主体；若 $1 \leqslant T_d / T_i \leqslant 1.5$，则税制结构为间接税和直接税“双主体”；若 $1 \leqslant T_i / T_d \leqslant 1.5$，则税制结构为直接税和间接税“双主体”。

本书借鉴以上两种衡量标准，在直接税和间接税的模式选择上，以 T_d 代表直接税在总税收中的占比，以 T_i 代表间接税在总税收中的占比，若 $T_d \geqslant 0.55$，则税制结构以直接税为主体；若 $T_i \geqslant 0.55$，则税制结构以间接税为主体；若 $T_d \geqslant 0.45$，$T_i \geqslant 0.45$ 且 $T_d > T_i$，则税制结构为直接税和间接税“双主体”税制结构；若 $T_d \geqslant 0.45$，$T_i \geqslant 0.45$ 且 $T_d < T_i$，则税制结构为间接税和直接税“双主体”税制结构。具体衡量标准如表 1－4 所示。

表 1－4　　税制结构模式衡量标准

层级	税制结构模式	具体衡量标准
税系结构	以直接税为主体	$T_d \geqslant 0.55$
	以间接税为主体	$T_i \geqslant 0.55$
	直接税和间接税“双主体”	$T_d \geqslant 0.45$，$T_i \geqslant 0.45$ 且 $T_d > T_i$
	间接税和直接税“双主体”	$T_d \geqslant 0.45$，$T_i \geqslant 0.45$ 且 $T_d < T_i$
	以某一类税为主体	$T_1 \geqslant 0.55$
	以某两类税为主体	$T_1 \geqslant 0.45$，$T_2 \geqslant 0.45$

注：1. T_d 代表直接税在总税收中的占比，T_i 代表间接税在总税收中的占比，T_1 代表在总税收中占比最高的一类税，T_2 代表在总税收中占比第二高的一类税。2. 本书在税制结构模式选择上，以“双主体”为税制结构优化的方向，不再区分“双主体”中直接税和间接税的先后顺序。

1.3　文献述评

1.3.1　国内研究综述

1.3.1.1　税制结构优化

已有诸多学者对税制结构优化进行了研究，主要聚焦在以下四个方面。

第一，税制结构优化判断标准的研究。韩庆玲、李万甫（1993）认为良好、合理的税制结构应具备功能的整体性、现实的适应性、内在的协调性和相对的稳定性这四个特征。王振宁（1995）认为，整体的税制结构是不同的具体税种的有机结合，理想的税制结构的多元目标和整体效应要通过各个税种的具体目标相互结合而实现。张馨、杨志勇、郝联峰等（2000）提出，税制结构优化在逻辑上应包括四个层次：一是确定的财政规模，二是确定需要通过哪些税种来筹集收入，三是筹集收入的各税种应该如何设置，四是如何对已经确定的税种进行有效征管。胡怡建（2012）认为，优化税制结构的目标模式既要符合税制结构变化的国际趋势，也要适应我国经济社会发展的需要。李曦（2012）把公平原则、效率原则、足额适度原则、便利原则和透明原则这五大原则作为判别税制结构合理与否的标准。张念明（2014）提出，税制结构优化的衡量标准分为形式和实质两个方面，他认为筹措满足政府公共支出的足额税收是税制结构在形式上实现了优化，而能否有助于经济增长、促进社会公平和正义则是衡量税制结构优化的实质性标准。

第二，税制结构优化影响因素的研究。国内众多学者（庞凤喜，2006；吕炜，2004；李志远，2008；李华、樊丽明，2014）一致认为，税制结构优化受到经济发展和征管水平的制约。此外，庞凤喜（2006）认为，税制结构优化还受诸多现实因素的制约，如经济结构、经济运行机制、政策导向、政治文化水平等。岳树民、李建清等（2007）将税制结构优化的内在成因归结为经济、制度和社会因素三个方面。刘广波（2008）进一步将形成税制结构优化的经济因素分为经济结构、商品化程度和经济效率。李志远（2008）认为，经济发展水平、对税收政策目标侧重点的差异、税收征管水平是影响税制结构优化的三大因素。李华、樊丽明（2014）认为，税制结构优化受到客观（社会文化习俗、国际税收等）和主观（筹集财政收入、社会公平、生态文明等）两个层面的影响，为此，政府应采取“自然转化”加“主动调整”的变迁思路来优化税制结构。

第三，税系结构优化的研究。已有税系结构优化的文献中有两点共性：一是提高我国的直接税比重、降低间接税比重成为大多国内学者（高培勇，2015；贾康，2015；安体富，2015）的一致观点。二是建立直接税和间接税的“双主体”税制结构成为学者（李林木，2009；樊丽明、葛玉御、李昕凝，2014；张念明，2014；韩彬、吴俊培、李淼淼，2019；高珂，2019）的主要观点。此外，从税类结构研究出发，胡怡建、徐曙娜（2014）认为，我国现行以间接税为主体的税制结构虽然具有能保障财政收入、征管简易可行、征收成本低等优势，但也存在不公平、不合理、价格扭曲、逆向调节等制度性缺陷，需要通过税制改革来提高间接税比重，优化税制结构。李升（2015）从税负归宿的角度来审视税制结构，认为当前税制存在税负累退性和调节分配弱化的问题，因此应改善直接税和间接税的关系，并在货劳税分成的基础上构建地方税体系。田效先、鲍洋（2016）认为，新常态下我国税制结构改革应适当提高直接税税额，同时在保障财政收入的前提下，适当地降低间接税收入。高珂（2019）认为，我国以间接税为主的税制结构对价格的扭曲作用较大，不利于经济新旧动能转换，因此应降低间接税比重，坚持结构性减税。

第四，税种结构优化的研究。目前我国施行的税收有 18 种，为保证财政收入的稳定，促进经济增长和税负公平，在具体税种的设置和比例调整方面，学者也进行了不断的探索。王振宁（1995）认为，在我国税制结构中，应选择增值税为基础，所得税为主导，资源税、特定行为税为补充的税制结构。李志远（2008）通过税制结构优化理论分析，认为我国税制结构应实行消费型增值税；针对消费税调整征税范围；改革辅助税种，完善财产税体系。刘佐（2009）认为，我国在优化税制方面应当将重点放在合理设置税种上，加快地方税改革的研究。李艳芝（2017）认为，伴随着近年来系列减税政策的实施，在现行减税政策背景下，应注重优化流转税（货劳税）内部税种结构，加大推进所得税的改革力度，构建现代意义上的财产税。胡洪曙、王宝顺（2017）认为，最优税制结构要符合效率和公平两个标准，借鉴国际实践经验，我国未来必须提高直接税以及自然人纳税人的比重，改革个人所得税，构建财产税体系，并强化征管机制。

经过上述梳理，我们发现以下特点：一是税制结构优化伴随着政治经济形势的变化，呈现快速上升的趋势；二是税制结构优化在研究角度上越来越侧重实证研究和从国际视野的角度进行分析；三是税制结构优化的路径还是基于公平和效率，侧重收入分配和经济增长两个方面；四是税制结构优化的总体研究聚焦于税系结构和税种结构两个方面，但不能忽略的是，税制结构优化是一个系统工程，征管措施、现代信息技术的运用等外部条件的具备也是税制结构优化的关键。

1.3.1.2 税制结构与经济增长

第一，税制结构与经济增长关系的理论研究。从宏观层面看，经济增长的动力来自劳动、资本和技术进步，税制结构的优化通过作用于这三个因素而对经济增长产生影响。理论研究呈现出两个特点。一是税制结构与经济增长关系的理论研究的发展得益于实证研究。理论和实证研究紧密结合，已有的研究表明，税制结构本身对经济增长产生的作用是明显的，而且在不同地区、不同的经济发展水平下，其作用也是不同的。二是税制结构与经济增长关系的理论研究主要发生在2011年之后，并且大多从间接税和直接税的角度进行分析。余红艳、沈坤荣（2016）以税制结构与经济增长的理论分析为基础，通过梳理税制改革20年的实践，发现间接税为主的“效率型”税制结构显著降低了经济增长绩效。姚春芸、钟萍（2016）通过税制结构调整对宏观经济增长的影响分析，发现税制结构调整的经济增长效应存在显著差异——间接税中，增值税促进作用显著，消费税次之，而营业税则阻碍了经济增长。刘海庆、高凌江（2011）通过构建税制结构与经济增长关系的内生增长模型，发现我国目前税负水平没有对经济增长产生消极作用，各税类、税种对经济增长的作用差异很大。

第二，税制结构与经济增长关系的实证研究。詹新宇、吴琼（2018）基于新发展理念的视角，利用2000—2015年省级面板数据，构建系统GMM模型，对税制结构变迁的经济增长质量与效应进行了研究。孙英杰、林春（2018）选择我国29个省（市、自治区）2000—2015年的面板数据，采用动态面板模型和门槛效应模型探讨税制结构变迁对我国经济增长质量的影响。刘海庆、高凌江（2011）通过构建税制结构与经济增长关系的内生增长模型进行实证分析。梁红梅、郭晓辉、张卫峰（2016）根据1995—2012年的省级面板数据，应用PVAR模型，考察税制结构变动对我国经济增长的影响。张卫峰、郭晓辉（2016）选取1995—2014年29个省的面板数据，运用面板门槛模型考察了劳动收入、资本收入和消费支出对经济增长的非线性效应。韩彬、吴俊培、李淼淼（2019）依据人均GDP、GDP增长率、各省夜间灯光亮度值和各省全社会用电量这四个指标来度量经济增长，利用1998—2016年省级面板数据，从税系结构、税类结构和税种结构三个层面来实证分析我国税制结构对经济增长的影响。

关于税制结构对经济增长的影响，尽管实证研究有很多，但主要结论还是围绕直接税和间接税的影响展开的，一种观点认为，直接税对经济增长的影响有限，而间接税中的货劳税则有正向影响。如郭婧（2015）基于税基分类法，归纳了近年来有关税制结构对经济增长影响的规范分析文献，发现大多数理论研究支持劳动税和资本税不利于经济增长，消费税相对有利于经济增长。张荐华、禄晓龙（2013）利用1994—2011年的时间序列数据，实证分析了1994年税制改革以来我国税制结构与经济增长的关系，结果表明，现行税制下，直接税对经济增长的影响非常有限，而间接税对经济增长具有正向的促进作用。另一种观点则正好相反。如韩彬、吴俊培、李淼淼（2019）利用1998—2016年省级面板数据，采用人均GDP增长率等四个指标来度量经济增长，实证分析了我国税制结构对经济增长的影响，研究发现，间接税占直接税的比重和货劳税占比对经济增长产生负效应，而所得税类占比则产生正效应。

1.3.1.3 税制结构与收入分配

第一，税制结构与收入分配关系的理论研究。已有研究表明：增值税、消费税等间接税具有较大的累退性，对收入分配的调节作用不明显。闻媛（2009）认为，在税制结构中，个人所得税对工薪收入的过分关注以及对财产性收入调节的缺位，增强了个人所得税对收入分配的逆向调节，财产税的缺位导致富裕家庭大量财产游离于税收调节之外。高培勇（2010）、李心源（2011）认为，由于直接税针对收入和财产征税，且税负具有不易转嫁的特点，一般而言，直接税更符合量能负担的原则，能更好地体现税收的公平性，也更有利于调节收入分配差距。常世旺、杨德强（2011）认为，贫富差距扩大，主要体现在收入、消费和财产三个层面上。税收调节是扭转贫富差距扩大的有效手段，应该建立一套调节收入、消费和财产差距的税收体系，优化我国的税制结构。韩仁月（2011）认为，税制结构优化的目标和取向应以保证财政收入为前提，促进资源配置，调节收入分配。刘虎（2012）认为，在现行税制中，增值税所占份额过大，个人所得税规模偏小，这些都使得税收制度呈现收入分配逆向调节的特征。高凤勤（2014）以公平正义理论和税收公平理论为理论工具，分析了税收促进居民收入公平分配的作用机理和运行机制，在阐述公平分配度量指标的基础上揭示了我国居民收入分配的现状、成因和发展趋势。李英伟（2018）认为，我国调节居民收入分配的主体税种功能缺失，现行税制对居民收入分配存在逆向调节的倾向。

第二，税制结构与收入分配关系的实证研究。在实证研究方面，学者们主要以时间序列数据进行回归分析。王乔、汪柱旺（2008）通过实证分析发现，以货劳税为主体的现行税制结构对居民收入分配差距的影响并不显著，只有增加所得税比重，相应降低货劳税比重，税收负担才有可能向高收入转移。周克清、毛锐（2014）通过实证研究发现，我国税制整体上对收入分配呈现逆向调节作用，其中货劳税和所得税对收入分配具有逆向调节作用，而财产税对收入分配具有正向调节作用。刘成龙、王周飞（2014）通过构建税收收入分配效应、税收累进性模型，实证分析了我国整体税制及主要税种的收入分配效应，研究表明，我国直接税对收入分配为正效应，间接税为负效应。潘文轩（2015）基于我国城镇居民按收入七等分的收入和支出数据，综合运用了税负累进测度、税前和税后收入差距比较、多元回归分析等定量研究方法，对 2002—2012 年我国直接税对居民收入分配效应进行了实证分析，结果发现，我国个人直接税负具有一定程度的累进性，直接税降低收入不平等的总体效果并不十分明显。王德祥、赵婷（2016）根据间接税的再分配原理建立模型，运用广义熵指数和2002—2012年的数据测算了我国三种主要间接税对城乡居民收入分配的作用，研究发现，我国现行间接税对城乡居民收入分配不具有正向调节作用，而具有逆向调节作用。王茜萌（2017）通过引入增值税抵扣机制的投入产出价格模型，对间接税的收入分配效应进行分析，结果表明，增值税、消费税和城市维护建设税相对于收入分配来说呈现明显的累退性，即收入越高，承担的税收负担越轻；收入越低，承担的税收负担越重。

1.3.2 国外研究综述

国外关于税制结构优化的研究，因为经济发展的原因，所以起步较早，文献梳理主要分为三个方面：一是税制结构优化，二是税制结构与经济增长，三是税制结构与收入分配。

1.3.2.1 税制结构优化

第一，关于税制结构优化原则的研究。税制改革使得税制结构不断得到优化，与此同时，税收原则也是税制结构优化的指导原则。在原则方面，威廉·配第（Petty，1662）最早提出税收原则的基本思想，即公平、缴纳方便和最少征收费用基本原则，以建立简洁、有效的税制结构；亚当·斯密（Smith，1776）提出按照平等、确定（非结构优化的原则）、便利、节省四原则来设置税制，同样适用税制结构的选择；阿道夫·瓦格纳（Wagner，1872）针对税收提出了财政收入原则、国民经济原则和社会正义原则，在税收的结构方面体现了不同税种选择的一致性；萨缪尔森（Samuelson，1948）提出了利益原则和牺牲原则，主张按照横向公平和纵向公平的原则来征税，同时体现了税制结构间不同税种分配的合理性；马斯格雷夫（Musgrave，1959）通过分析资金循环，提出了税负平衡、税制公平、税制结构要有利于促进经济增长、低征管费用等原则；布坎南（Buchanan，1975，1998）认为税制结构优化应遵循程序民主，在实践中应遵循普遍一致性原则。

第二，对最优税制结构的研究。关于最优税制结构，在税类、税种搭配上，主要遵循以下三个模式。第一个模式是效率视角的最优税制结构。马歇尔（Marshall，1890）认为，在给定的条件下，商品的税收负担率与供给弹性的大小呈反比例关系，税收的经济归宿由市场供给和需求弹性决定。第二个模式是基于公平视角的最优税制结构。威廉·配第（Petty，1662）认为，人头税看似公平，实际并不公平，因为它没有关注人的实际负担能力，而消费税则符合自然正义的要求；罗尔斯（Rawls，1971）认为，应通过征收遗产赠与税来平衡起点的不公平，从而实现社会公平正义；马斯格雷夫（Musgrave，1959）认为，应把财产税作为地方财政的主体财力来源，而一般消费税应被放在次要位置。第三个模式是公平与效率并重的最优税制结构。凯恩斯（Keynes，1936）认为，从宏观经济理论出发，在税基选择上，应由间接税不断转型为直接税为主的税制结构。费尔德斯坦（Feldstein，1972）和米尔利斯（Mirrlees，1976）提出平衡性的最优商品税原则，认为在税制设计上，应该兼顾效率和公平的平衡。

第三，关于税制结构优化的有效性研究。维托·坦兹（Tanzi，1987）认为，衡量税制结构有效性的 8 个指标是较高的税收集中度、税基的客观性、较低的税收分散度、税基的侵蚀度、较低的从量指标、较低的征收时滞、适当的罚则和较低的征收成本；斯蒂格利茨（Stiglitz，2000）认为，有效税制结构应包括 5 个特征，即经济效率、管理简化、富有弹性、政治透明度和公平。

1.3.2.2　税制结构与经济增长

韦德马尔（Widmalm，2001）考察了 1965—1990 年 23 个 OECD 国家的经济增长，发现在税制结构中，个人所得税所占比重与经济增长负相关，而消费税与经济增长正相关，他认为对高收入者征收高税率，降低了对个人的投资回报，从而扭曲了个人教育投入，降低了经济增长。约翰·纳什（Nash，2001）估计了最大化的经济增长率下的税收负担和税收组合，他认为，随着时间变化的最优税收负担应为 22.5%，最优的税收组合均值应为 0.54，即直接税比重占税收总收入的平均比重为65%。Arnold（2008）通过引入税制结构指数实证分析了不同税种与经济增长的关系，同时考虑到影响经济增长的人力资本和物质资本积累，实证结果表明，相对消费税和财产税而言，所得税对经济增长的促进作用较弱，各种税对经济的扭曲作用由小到大排序如下：企业所得税—个人所得税—消费税—不动产财产税，因此，研究建议以税收中性为目标的税制改革应将税基从所得税转向货劳税。Konstantinos 和 James（2008）运用动态随机一般均衡模型分析了税制结构与经济增长的关系，结果显示，如果税收政策的目标是通过改变税率促进经济增长，那么应降低对劳动的课税，同时提高对资本或消费的课税，以保持对税收收入的中性。Bâzgan（2018）基于罗马尼亚2009—2017年的相关统计数据，通过使用VAR模型研究了直接税和间接税对经济增长的影响，结果显示，间接税对经济增长产生了积极影响，当税制结构发生变化后，直接税对经济增长产生了消极影响。Hakim（2020）应用GMM法分析了1992—2016年51个国家的直接税和间接税对经济增长的影响，结果表明，直接税与经济增长显著负相关，而间接税对经济增长的正向影响并不显著。Yanikkaya 和 Turan（2020）使用GMM估计方法，利用100多个高、中、低收入国家数据，检验了税制结构对经济增长的影响，结果显示，从收入税到消费税和财产税的转变对经济增长有显著的正向影响，而从消费税和财产税转到所得税，对低收入国家有正向影响。

1.3.2.3 税制结构与收入分配

第一，发展中国家与发达国家的税制结构对收入分配的影响存在差异。Gordon 和 Li（2009）认为，发展中国家与发达国家相比，对劳动力收入征税调节收入分配的作用不大，通过金融部门征税，形成一个书面记录，可以促进税收的执行，非正规化的经济往往可以通过现金来避税。Emran 和 Stiglitz（2005）认为，发展中国家推行间接税改革应持选择性改革的思路，因为发展中国家的一个不利于增值税可取性的结构特征是对贸易存在双重扭曲，既干预消费者价格，又干预生产者价格，从而影响收入分配，减少福利。Bird 和 Zolt（2014）认为，发达国家的个人所得税长期以来一直是收入再分配的主要手段，但是对于发展中国家，个人所得税是否对收入分配有意义存在异议，原因是个税在减少发展中国家不公平分配方面收效甚微，而且为实现精准的再分配调节，存在很大的机会成本。Stoilova（2017）认为税制结构的优化设计取决于许多因素，而各国情况不同，通过对欧盟28个成员国1996—2013年税收负担面板数据进行回归分析，发现税制结构不同，其影响的结果也是不同的。N. Sukanya（2018）通过比较直接税与间接税的相对份额，采用回归模型分析发现，人均收入水平低的发展中国家，间接税占税收总额的份额相对较高，随着经济发展和人均收入水平的提高，直接税在总税收中的份额往往会增加。

第二，税制结构对收入分配的影响不同。Davies（1963）最早提出税收与收入分配之间存在一定的关系，通常将税收变动与收入变动成反比的结构称为累退税；相反，将税收变动与收入变动成正比的结构称为累进税。Borge（2004）利用挪威分权政府中人头税和财产税的数据，通过计量经济学分析，解释了收入水平和收入分配的内生性，结果显示，收入分配越不平等，税收负担越应该更多从人头税转移到财产税，从而调节再分配。Atkinson 和 Stiglitz（1976）通过构建直接税和间接税的框架，重新分析了税收与效率、纵向公平与横向公平之间的关系，他认为，如果政府没有调节分配的目标，只关心效率，应该只采用间接税。Breeden 和 Hunter（1985）利用37个大城市的数据开发并测试了一个模型，实证检验表明，依赖弹性税基的城市，人均收入往往较低，而依赖非弹性税基的城市，人均收入往往较高。Hettich（1979）认为，公平税收理论尽管提出了全面所得税制，但是在许多情况下，不同政策对收入的影响是不同的，实现平等纳税是一个税制结构性问题。Saez（2002）认为间接税工具调整的是初次分配，仅以收入为基础的劳动税收，间接税调节分配证明是无效的，从长期来看，调节收入分配，直接税应优先于间接税，以增加收入分配的公平性。Adam，Kammas 和 Lapatinas（2015）通过对75个发达国家和发展中国家的横截面数据研究，发现收入不平等的国家更多依赖资本税，与此同时，这些国家往往会就此减轻劳动力的税收负担。

1.3.3 对文献结果的述评

税制结构优化是税制改革永恒的主题，各国都是在特定的历史背景下，选择适合本国国情的税制结构，西方税制结构经历了古老的直接税为主—间接税为主—现代直接税为主—直接税和间接税并重的发展历程，与此同时，税制结构优化的原则也与时俱进、不断演化，由最早的平等、便利到如今的民主、普遍、公平和效率，每一个时代都有进步。西方学者针对“最优”的税制结构提出了自己的见解，并从理论和实证角度进行了论证和分析，这些科学的结论和实证研究过程无疑对我国的税制结构优化研究具有借鉴意义。在1994年税制改革以后，我国的学者对税制结构优化问题开展研究涉及的广度和深度不断扩大，研究领域主要聚焦在税制结构与经济增长、税制结构与收入分配两个层面。这些研究成果在实现我国经济可持续增长、促进收入分配公平等方面都起到了积极的作用。

1.4 研究思路、主要内容和研究方法

1.4.1 研究思路

本书的研究主要分为三个阶段，如图1-1所示。

首先，通过文献阅读、框架构思，提出问题。以切实优化我国税制结构，推动经济增长和收入分配为目标导向，以税制结构优化的一般形成理论为研究基础，通过梳理我国税制结构优化的演进脉络，结合国内和国际背景，找到当前税制结构中存在的问题。

其次，通过实证检验和国际比较分析问题。通过构建面板数据模型，研究我国税制结构对经济增长和收入分配的影响效应，试图找到税制结构中影响我国经济增长和收入分配的可靠经验证据，同时，在借鉴世界主要发达和发展中国家税制结构变迁的基础上，进一步调整和优化目前我国存在的对经

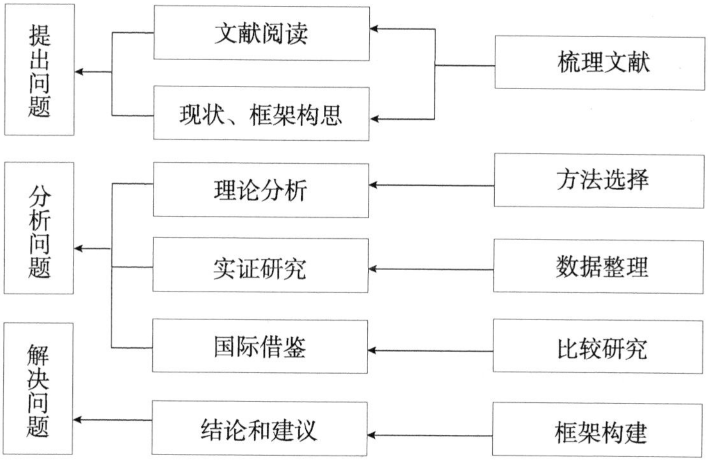

图 1－1　本书的研究思路

济增长和收入分配有不利影响的税类、税种，并提出我国的最优税制结构。

最后，构建框架，解决问题。通过上述研究，构建适合新时代我国国情的税制结构框架，为我国政府进行税制改革、完善税制结构提供理论和实践参考。

1.4.2　主要内容

本书共分为 8 章，各章的研究内容如下：

第 1 章，绪论。主要介绍本书的写作背景、研究意义、相关概念界定、文献综述、研究思路、主要内容和创新点。

第 2 章，税制结构优化的理论研究。首先，对税制结构优化的内涵、目标及衡量指标进行分析和阐述；其次，较为详细地描述和分析了税制结构优化的基本理论，包括最优商品税、最优所得税和最优资本税理论，以及直接税和间接税的最优搭配理论；再次，从税制结构优化的约束因素展开讨论——经济社会基础是税制结构优化的客观约束，政策导向是税制结构优化的主观约束，当影响因素发生变化时，税制结构就会产生优化的驱动力；最后，探讨税制结构优化对经济增长和收入分配的影响效应、传导机制和实现路径，为后面章节的实证分析提供理论框架。

第3章，新时代中国税制结构优化的现状与问题。首先，结合税制结构优化的国内和国际环境进行分析，为新时代我国税制结构优化提供方向支持；其次，具体描述和分析了我国税制结构优化的整体现状，还从税系结构、税类结构和税种结构三个层面进行了具体发展现状的分析；最后，提出我国税制结构中依然存在的问题。上述分析为后续优化税制结构，解决新时代税制结构中存在的问题提供背景支撑。

第4章，新时代税制结构对经济增长影响效应的实证分析。沿续前两章的分析思路，通过对我国经济增长的现状进行统计分析，并结合对税制结构（税系结构、税类结构和税种结构）变动的考察，采用面板模型实证分析税制结构对经济增长的影响效应，总结得出新时代促进经济增长应如何优化税制结构。

第5章，新时代税制结构对收入分配影响效应的实证分析。首先，对我国收入分配差距进行现状分析和描述性统计分析，找出我国当前经济发展不平衡不充分的原因，特别是目前收入差距大，分配不合理的原因；其次，本章主要从城乡居民收入分配层面进行分析，通过建立动态面板模型，对我国税制结构的收入分配效应进行更深入的实证检验，进一步验证收入分配差距是否存在“马太效应”，以便为调整及优化税制结构提供更确凿的经验证据。

第6章，世界主要国家税制结构演进及经验借鉴。比较英、法、美、日发达国家和“金砖四国”发展中国家税制结构的演进及现行发展阶段的差异，汲取好的经验和做法，得出启示：税制结构应与发展水平相适应，调整及优化应循序渐进，不断提高征管水平，向“双主体”税制结构转变。最终，为我国税制结构优化提供国际借鉴。

第7章，新时代中国税制结构优化的提升路径。在前期通过现状分析、实证检验，以及国际比较、经验借鉴，结合我国新时代的特点，提出我国税制结构优化的整体思路，包括：税类结构中，建立“双主体”税制结构体系符合新时代的要求；税种结构中，改革货劳税、所得税和其他税种，并在此基础上提出相关政策建议。税制结构优化不可能一蹴而就，要尊重现实、循序渐进，税制结构优化更要进行配套改革，加强征管，当然，税制结构优化更多地要找到促进经济发展和收入分配公平的平衡点。

第8章，研究结论和展望。基于前7章的研究和分析，提出本书的研究结论，并针对税制结构优化研究的角度、研究内容提出展望。

本书的分析框架如图1－2所示。

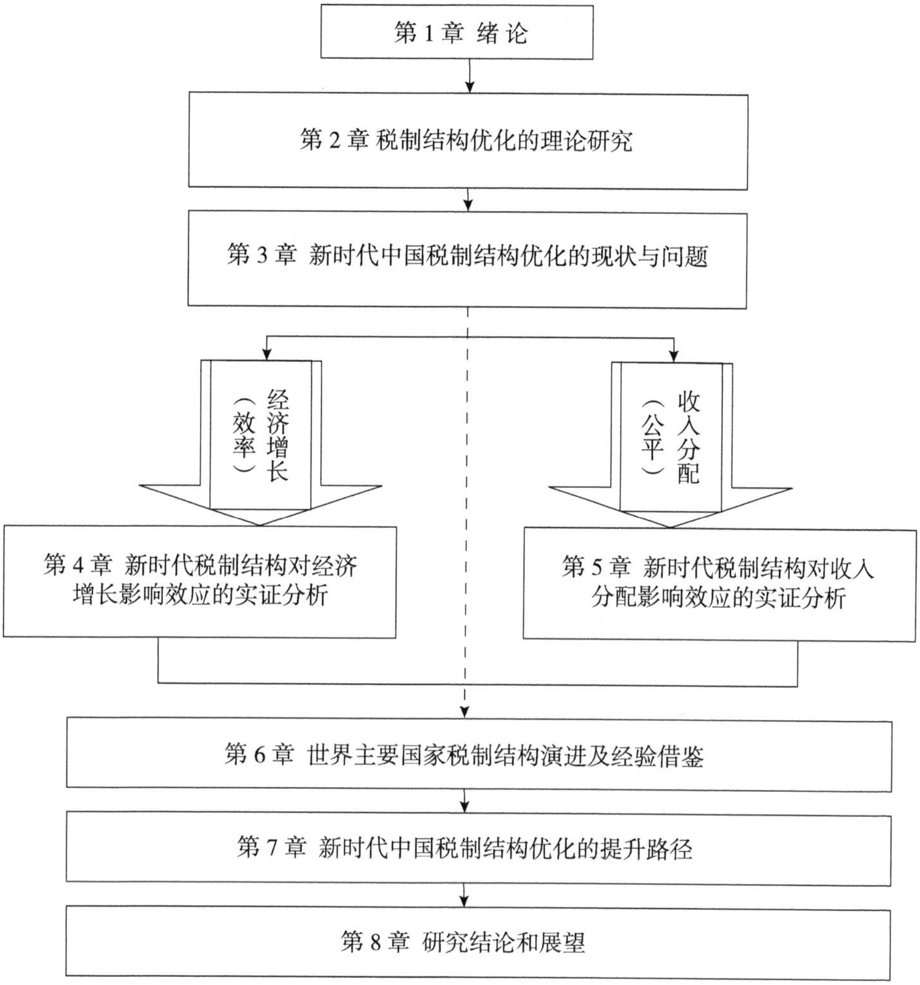

图1－2　本书的分析框架

1.4.3　研究方法

1.4.3.1　文献研究法

广泛收集国内外税制结构及其优化的研究资料，特别是重要学者的文献，一方面针对国内文献，梳理我国税制结构演进的脉络，分析现状并找出问题；另一方面针对国外文献，在借鉴前人研究成果的基础上，得出更符合我国国情和实际的结论。

1.4.3.2 实证研究法

通过收集、整理最近17年的数据，采用面板模型，应用Stata软件，分析税制结构中，不同税系、税类和主要税种对经济增长、收入分配的影响，并通过对城乡间、地区间多角度的数据实证分析，得出我国税制结构优化的路径。

1.4.3.3 比较研究法

本书采用了纵向和横向双重比较方法，既有时间上的比较，又有空间上的比较，一是对我国税制结构的演进路径进行阶段性比较，把我国税制结构的演进分为三个阶段——1994年之前，1994年到党的十八大召开的2012年，2013年至今，并纵向比较这三个阶段的历史特点和现实基础；二是借鉴发达国家（英、法、美、日）和发展中国家（金砖国家）成功的税制结构，以相关税收理论为基础，横向比较世界主要国家的经验和做法，最终找到我国在税制结构方面的不足，并提出有借鉴意义的建议。

1.5 创新点和不足

1.5.1 创新点

本书在以下三个方面有新的尝试。

第一，研究角度较为新颖。以往的税制结构优化研究多数是从税制结构与收入分配之间的关系的角度来研究税制结构优化，或者从税制结构与经济增长的视角来研究税制结构优化，从税制结构与经济增长、收入分配视角研究税制结构优化的则较少，且在分析税制结构时，主要以主体税种进行分类研究，全面研究现行所有税种的较少。本书在新时代背景下，尝试从税系结构、税类结构和税种结构三个层次全面分析税制结构对经济增长和收入分配的影响效应，并按照国际标准（OECD 和 IMF 标准）对税制结构模式进行分类，通过对比、分析发达国家和发展中国家及同一经济发展水平上的不同国家税制结构的特点，找到我国可借鉴之处。

第二，和以往的分析指标不同，本书突出应用了高质量经济增长指标和泰尔指数来分析税制结构对经济增长和收入分配的影响效应。新时代的突出特点表现为社会主要矛盾的转化和经济增长方式的转变，因此在研究税制结构时，多数学者从直接税和间接税、商品税和所得税以及各个税种的角度选择 GDP 和居民收入分配差距指标进行研究，本书选择指标的角度多样，比如在经济增长方面，除了自行计算高质量经济增长指标，还选择了人均 GDP、全社会用电量、全社会存货周转额等指标，较为全面地展现了税制结构对经济增长的影响效应；在收入分配方面，除了选择泰尔指数，还选择了居民收入分配差距指标。此外，本书还补充、完善了新时代的减税降费、提高直接税比重等具体措施，通过理论和实证分析，丰富和完善了该领域的研究成果。

第三，提出了新时代中国税制结构优化的基本框架。本书使用 2002—2018 年这 17 年的数据，构建面板模型（包括动态面板），实证研究税制结构对高质量经济增长、收入分配的影响效应，同时考虑到税制结构的优化原则中得到最广泛认可的是效率和公平，本书尝试在新时代背景下，从经济增长方式转变和社会主要矛盾转化两个层面进行分析，利用长面板数据，特别是最近 5 年的数据，进一步充实了实证研究的文献，与以往学者的文献相比，本书采用的数据更符合回归要求，实证拟合度更高，也更符合当前我国的实际，在此基础上，本书尝试建立在新时代背景下适合我国的税制结构优化框架。

1.5.2 不足

第一，由于作者的研究水平所限，在选择计量指标、设计模型和运用实证分析方法方面相对单一，以至于在实证分析中距离得出完全准确和可靠的结论还存在一定程度的偏差，需要在接下来的研究中继续努力。此外，在面板数据收集过程中，存在个别数据缺失，用 17 年的数据来刻画我国税制结构的变迁，整体来看还不够充分，仍应继续补充、完善。

第二，关于税制结构优化研究的文献很多，研究角度多，研究内容也很丰富，但鉴于时间和篇幅所限，作者只是从经济增长和收入分配两个视角对税制结构优化进行了探讨，没能从更多的角度进行分析。此外，经济增长和收入分配之间存在很强的关联性，在分析税制结构对经济增长、收入分配的影响效应时，由于篇幅所限，没有从实证角度去分析二者之间的影响，有待进一步补充。

第 2 章　税制结构优化的理论研究

“优化”本义是指采取一定的措施使其变得更“好”，“好”就是“优”。然而“优”一直就没有固定的标准，最适合的就是最优的，所以税制结构优化没有一个固定的标准。当一国内忧外患、财力紧张时，能筹集到钱的税制结构就是最优的；当一国经济发展受阻、资源配置失效时，能盘活经济的税制结构就是最优的；当一国收入分配失衡、阶级矛盾升级时，能促进公平的税制结构就是最优的。因此，税制结构优化必须放在特定的历史背景下进行研究。

2.1　税制结构优化的内涵、目标及衡量指标

2.1.1　税制结构优化的内涵

政府对什么征税、征多少税、如何征税，需要税收制度来规定。历史上任何制度的规范都是利益双方博弈的结果，税收制度也不例外。在不同的历史时期，由于各种因素的限制，税收制度选择的结果也不同，它只会随着时代的变化而不断向前演进，其实质是税制的不断优化。税制结构体现的是不同税制的最优组合，它最能体现当时时代背景下的人们利益的选择和取向。因此本书认为，所谓的税制结构优化，是指在特定的政治经济背景下，能充分发挥税制的筹集收入、调节经济和收入分配的职能，并在税系、税类和税种方面合理组合搭配，在比例上最优的结合方式。

2.1.2 税制结构优化的目标

通俗地讲，税制结构优化的目标就是建立一个好的税收制度。这个税收制度一定是适应当时的时代背景，从多个角度满足各方利益的需求，达到征纳双方博弈的均衡。从效率和公平的角度分析，税制结构优化的目标就是实现对经济增长和收入分配的协调，但在实践中，税制结构优化是与时俱进的，在不断调整中得到优化。

1. 税制结构优化目标的不同观点

最优税收理论强调效率目标，更多考虑的是税收干扰资源配置产生的效率损失，而对再分配的公平问题则较少关注；供给学派更多强调的是供给因素对经济的决定作用，在税制建设上不仅重视效率，而且关注公平；公共选择学派对税收问题的研究基于公平选择理论，认为最优税制就是参与公平选择的人至少对税制在理论上达成一致，而且一致的程度越高，税收就越有效率，也越具有公平性。

2. 税制结构优化目标征纳双方要求

政府作为征税人，主要有两个目标：一是收入目标，二是调控经济目标。围绕这两个目标，一般在优化税制时要求税制能够取得充足的税收收入、促进收入分配公平、有效调控经济和降低税收征管成本。纳税人追求的目标则是在一定条件下，尽可能少纳税或不纳税。因此，在税制设计的要求上不同于政府，纳税人希望有较低的税负水平，方便纳税和降低纳税成本，甚至所有纳税人具有相同的税收待遇。

3. 新时代中国税制结构优化的目标

税制结构优化是一个不断前进又不断变化的过程。中国以往的税制改革大多是将税收视为经济范畴，将税制结构优化作为一种经济制度的调整。进入新时代，新一轮的税制改革则是在财政被赋予了“国家治理的基础和重要支柱”的全新定位基础上的改革。税制结构优化的目标就是建立现代税收制度。

那么，现代意义上的税制结构是什么样的？这个问题的回答离不开现代税收制度功能和作用的定位。党的十八届三中全会站在国家治理的总体角度，认为科学的财税体制应是优化资源配置、维护经济统一、促进社会公平、实现国家长治久安的制度，中国目前的税制结构体系是否实现了优化，上述四个功能定位既是目标，也是判断标准。对照 OECD 国家相对均衡的税收制度结构，中国现行的税制格局显然处于严重的失衡状态，故而难言“现代”二字（高培勇，2015）。

我国间接税比重偏高是不争的事实，从优化资源配置的角度来讲，间接税需要通过“价格”进行转嫁，这就意味着无论是商品还是劳务，价格的升降和税收制度的变化都高度关联，一定程度上可能会扭曲价格机制，不利于资源优化配置。从维护市场统一的角度来看，尽可能保持税收中性，不干扰企业决策，无疑是维护市场统一的重要基础，然而一方面，目前第一大税种——增值税仍然存在着多档税率，抵扣链条并未完全打通；另一方面，企业纳税仍然存在着不同的优惠政策，由此带来的差异，自然会成为阻碍市场统一的因素。从大方向上看，税制结构是否能优化资源配置、维护市场统一，要看税制结构组成是否在新时代有效促进了经济增长。

从促进社会公平的角度讲，中国现行的税制结构中，只有大约 6% 的税收收入来自自然人，这就意味着要直接调节自然人之间的差距，几乎没有有效的对接渠道，间接税的累退性一定程度上加剧了社会不公平的程度。因此，税制结构优化应优化对自然人的征税，加大定向调节的力度。从实现国家长治久安的角度来看，让税收负担实现公平和公正，无疑是保证社会和谐与稳定的重要前提。由此可见，税制结构是否能促进社会公平、实现国家长治久安，要看税制结构组成是否在新时代有效实现了收入分配的公平。

2.1.3　税制结构优化的衡量指标

我们要分析税制结构优化，讨论税制结构的变动趋势，可是用什么指标来进行衡量，并得出结论呢？这需要做出一个选择。以下是从理论和实践两个角度来衡量税制结构优化的一些指标。

2.1.3.1 理论衡量指标

1. 税收负担水平

税收负担是指纳税人因税收而承担的福利损失或经济利益的牺牲。税收负担一般指政府税收，但现行政府收入除了税收收入还有非税收入，就政府而言，无论是税收收入，还是非税收入，均用于政府的公共支出。税收负担既可以从全体纳税人角度来进行考察，也可以从个别纳税人角度来进行分析，前者称为宏观税负，后者称为微观税负。宏观税负是指一国所有的纳税人税收负担的总和，它反映了一个国家或地区税收负担的整体情况，主要指标有国民生产总值税负率等。微观税负是指纳税人缴纳税收占总税收的比重，包括企业税负和个人税负。

2. 税收收入弹性

税收收入弹性是西方经济理论中的概念，是指税收收入变化与经济发展变化的比率，其宗旨是对税收和经济关系进行定量分析研究。税收收入弹性体现了税收收入对经济增长的反映程度，一般表示为税收收入的变化率和国内生产总值（GDP）的变化率之比。进行税收收入弹性的研究，有助于国家对征管社会的宏观税收负担程度进行比较分析，了解和掌握整体税负的变化，既能从宏观上对全社会经济效益比较研究，也能从动态上分析税收相对经济变化的量变及其运动规律。

税收收入弹性用公式表示为：$Et = \dfrac{\Delta T/T}{\Delta Y/Y}$

其中 Et 为税收收入弹性，T 为税收总量，ΔT 为税收收入的增量，Y 为 GDP，ΔY 为 GDP 的增量。

根据弹性理论，可以得出如下结论：$Et = 0$ 时为税收无弹性，说明税收收入对经济增长没有反应；$Et = 1$ 时为单一弹性，说明税收收入与经济增长呈现同一幅度变化；$Et = \infty$ 时为无穷弹性，说明经济增长的一个微小变化就会引起税收收入的无穷变化；$Et > 1$ 时为税收富于弹性，说明税收收入变化的幅度大于经济增长的幅度，即经济的发展能带来税收收入更大幅度的增加；$Et < 1$ 则为缺乏弹性，说明税收收入变化的幅度小于经济增长的幅度，即经济的发

展不仅不能带来税收收入增加，反而会造成税收收入下降。

税收收入弹性由很多因素决定，既有总量上的，也有结构上的；既有体制上的，也有征管上的；既有政策的，也有非政策的。如果税收收入增长低于经济增长且能满足财政支出的需要，表明税收对经济的干预小，反之则对经济发展存在一定的干扰。当然，如果税收收入长期出现高弹性增长①，税收对经济发展会产生极为不利的影响，其后果很可能会造成经济与税收之间的恶性循环，税收本质上过多汲取了经济发展的果实。因此，必须按照经济发展的要求，根据税收中性原则适时调整税制结构，使税收与经济得到协调发展。

3. HP 指数和 HHI 指数

税制结构变动的 HP 指数可以用来测算税制结构年度间的变化情况。

考虑到 n 种不同的税，t 年度的税制结构表示为：$R_t = (R_{1,t}, R_{2,t}, \cdots, R_{n,t})$。

$R_{j,t}$ 为 j 税种 t 年度在总税收收入中所占的份额。

$$1 \geqslant R_{j,t} \geqslant 0 \text{ , } j = 1,2,\cdots,n \text{ , 且 } \sum_{j=1}^{n} R_{j,t} = 1$$

税制结构变动指数 $\Delta R_t = \sum_{j=1}^{n} |R_{j,t} - R_{j,t-1}|$, $2 \geqslant \Delta R_t \geqslant 0$

税制结构变动指数可以衡量税制结构的动态变化。当税制结构出现较大波动时，意味着主体税种发生较大变化。

HHI 指数最初被用来测算市场集中度，研究中将其引入税收体系，用以衡量税收体系的集中度。

$$HHI = S_1^2 + S_2^2 + S_3^2 + \cdots + S_n^2$$

S_n 为第 n 个税种在税收总收入中所占的比重；$0 \leqslant HHI \leqslant 1$ ，该值越大，表明税收越集中于少数税种，税制结构越简单；该值越小，表明税额越分散，税制结构越复杂。

2.1.3.2　实践衡量指标

1. 国民生产总值（GNP）

税制结构是否优化要看它是否适应经济发展的要求，是否能够促进经济

① 税收收入的增加超过了经济增长的幅度。

增长，而在所有衡量经济增长的指标中，国民生产总值是最能反映一个国家经济水平的指标——它反映了一个国家（或地区）所有常住单位在一定时期（通常为一年）内收入初次分配的最终结果，是一定时期（通常为一年）本国的生产要素所有者占有的最终产品和服务的总价值，等于国内生产总值加上来自国外的净要素收入。国民生产总值反映了一个国家的经济水平，按可比价格计算的国民生产总值，可以反映不同时期、不同地区的经济发展速度（经济增长率）。

国民生产总值 $= Q_1 P_1 + Q_2 P_2 + Q_3 P_3 + \cdots + Q_n P_n$

其中，Q 代表各种劳务与最终产品，P 代表劳务与最终产品的价格。

2. 洛伦兹曲线与基尼系数（GINI）

税制结构优化的另一个判断标准为：是否有效降低了收入分配的差距。如何测度收入分配差距是收入分配差距调节的基础和出发点。西方经济学者提出了很多方法，其中最为常见的是洛伦兹曲线、基尼系数和泰尔指数①。

为了研究收入在国民之间的分配问题，美国统计学家洛伦兹（Lorenz，1905）提出了著名的洛伦兹曲线。该曲线是指在一个国家内，最贫穷的人口到最富有的人口的人口百分比对应各个人口百分比的收入百分比的点组成的曲线。该曲线作为一个总结收入和分配信息的便利图形得到了广泛应用，通过洛伦兹曲线，可以直观地看到一个国家收入分配平等和不平等的状况，即该线的弯曲程度越大，体现的收入分配越不平等。具体图形如图 2－1 所示。

基尼系数是意大利统计学家基尼（Gini，1912）在洛伦兹曲线的基础上提出的，是衡量一个国家收入差距的常用指标。基尼系数最大为 1，最小为 0，基尼系数越接近 0，表明收入分配越趋向平等——国际上把 0.2 以下视为收入绝对平等，0.2～<0.3 视为收入比较平均，0.3～<0.4 视为收入相对合理，0.4～<0.5 视为收入差距较大，基尼系数达到 0.5 及以上表示收入差距悬殊。

如图 2－1 所示，洛伦兹曲线与 45 度线之间的部分（A）叫作“不平等

① 泰尔指数在本书第 5 章有专门介绍。

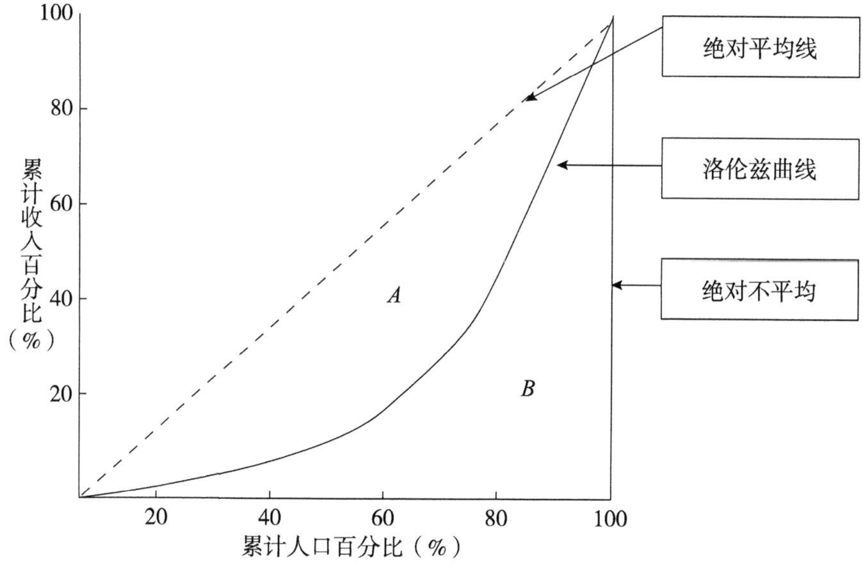

图 2－1　洛伦兹曲线和基尼系数示意图

面积”，当收入分配达到完全不平等时，洛伦兹曲线与 45 度线之间的面积（$A+B$）叫作“完全不平等面积”，不平等面积与完全不平等面积之比就是基尼系数，因此基尼系数也可通过洛伦兹曲线的作图和积分求得，公式为 $G=A/(A+B)$，从公式上判断，基尼系数不会大于 1，也不会小于 0。

3. 等分法

等分法也是国际上经常使用的研究手段之一。其原理是将全体居民（家庭）按其收入水平由低到高顺次排列，然后依次按相同人数分组。在一个国家或地区中，按收入分配水平最高和最低的各 20% 家庭或人口来测度社会的收入分配差别，这样就把全部家庭或居民的收入分为了最低收入、次低收入、中等收入、较高收入和最高收入。通过计算和比较各收入组的收入在总收入中的份额或者不同收入组的平均收入的差距，可以得到全体居民总收入按收入组分布的情况。该方法相对简单、直观和容易理解，能够被用于各类收入主体的收入关系研究中，但是，等分法没有形成一个综合数值来体现总体收入分配的均等性，为了弥补这一缺陷，学者们在等分法的基础上，对其中的部分等分内容自行进行了定义。

2.2 税制结构优化的基本理论

税制结构是税收制度的核心问题。从宏观经济的有机循环看，政府征税的节点有收入实现环节（流量）、消费支出环节（流量）和财产持有环节（存量），因此在设置主要税类时，也将其基本固定在所得税、货劳税和财产税三个方面，从高度简化的经济体循环中，我们可以看到政府在哪些经济节点设置“税楔”。

由图2-2可知，宏观税制结构的选择与形成的基本逻辑是，在财政支出既定、税收收入相对稳定的前提下，应该如何分配收入流量、支出流量和财产存量的课税比重，如果政府把课税的重心转移到流转税上，由企业缴纳、家庭负担，那么必然会弱化要素市场的投放，影响企业投资规模的扩大，从而形成以间接税为主的税制结构模式；如果政府把课税的重心转移到所得税、财产税上，由企业和个人承担，那么在税率累进的影响下，会相对减少流转税对价格分配领域的扭曲，更加体现分配公平，从而形成以直接税为主的税制结构模式。在简化的经济体“税楔”循环中，我们可以发现税制结构优化受到商品和服务流转、劳动所得、财富分配三个方面的影响，但这三类税收在“税楔”循环中是否达到了最优？前人给我们提供了一定的理论基础：以

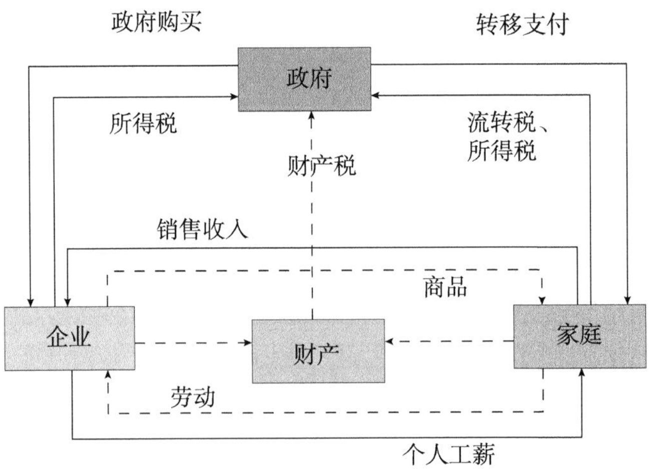

图2-2 简化的经济体“税楔”循环

福利经济学为基础的新古典经济学框架下的税制结构优化理论主要包括最优商品税和最优所得税理论，以新增长理论为基础的税制结构主要是指最优资本税理论，还有现代意义的直接税和间接税最优搭配理论。

2.2.1 最优商品税理论

最优商品税的目标是，在选择两个商品 X 和 Y 的适用税率时，让筹措所需税收收入的超额负担[①]尽可能地小。出于简化目的，我们假设对于甲消费者而言，X 和 Y 商品既不是替代品也不是互补品，即二者不相关，也就是说，任何一种商品的价格变化只影响自身的需求，而不影响另一种商品的需求。假定对 X 商品课征商品税，税率为 u_x ，使 X 商品的需求量从 X_0 降到 X_1 ，即需求量为 ΔX ，税收的超额负担是三角形 abc 的面积，现假定把税率提高 1，变成（u_x+1），则总价格是 $P_0+(u_x+1)$；需求量下降到 X_2 ，降低了 Δx ，相应的超额负担是三角形 fec 的面积。边际超额负担是这两个三角形的差额，即 $fbae$ 的面积，$fbae$ 的面积 $=1/2\Delta x[u_x+(u_x+1)]$ 。小三角形 fbi 相当小，可以忽略不计，因此，边际超额负担近似为 ΔX 。

下面我们来看税收收入。税率从 u_x 提高到(u_x+1)，税收收入从 $u_x X_1$ 提高到（u_x+1）X_2 。

边际税收收入 $=X_2-(X_2-X_1)u_x=X_1-\Delta X$ 。

每增加 1 元税收收入的边际超额负担 $=\dfrac{\Delta X}{X_1-\Delta X}$。同样的推理表明，如果对 Y 征收税率为 u_y ，则每增加 1 元税收收入的边际超额负担 $=\dfrac{\Delta Y}{Y_1-\Delta Y}$。那么总体超额负担最小化的条件是，每一种商品最后 1 元税收收入的边际超

① 税收的超额负担是指政府通过征税将社会资源从纳税人转向政府部门的过程中，给纳税人造成了纳税税款以外的负担，即国家课税后，会直接减少纳税人的收入，不可避免地会对纳税人的行为选择造成一定的影响，如果国家征税后增加的社会效益小于将相应税款留给纳税人而增加的效益，则税制就没有效率。同样，如果征税对市场经济运行造成不良影响，干扰经济主体的生产、经营决策，造成经济运行紊乱和低效，也是没有效率的。税制改革的目标就是实现税收超额负担最小化和尽量增加税收的额外收益。

额负担都是相同的，即 $\frac{\Delta X}{X_1 - \Delta X} = \frac{\Delta Y}{Y_1 - \Delta Y}$。

这就意味着 $\frac{\Delta X}{X_1} = \frac{\Delta Y}{Y_1}$。由此可见，要使总体超额负担最小化，税率设置应当使各种商品的需求量按相同比例减少，这一结论就是拉姆齐法则（Ramsey Rule），见图 2－3。

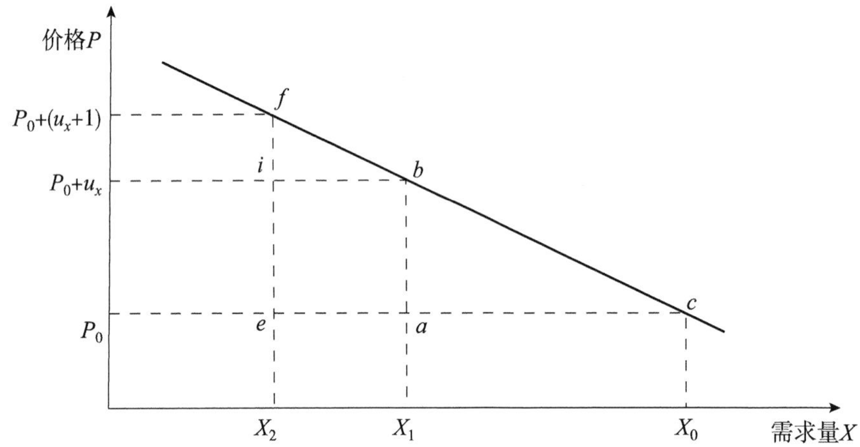

图 2－3　边际超额负担

拉姆齐法则是在严格的假设条件下进行的推导，忽视了税收的收入效应①和商品间的替代效应②，还忽视了一个前提，即劳动的供给是不变的，同时对闲暇也无法征税，这都显示出拉姆齐法则的最优商品税忽视了收入分配问题。

科利特和黑格（Corlett，Hague，1953）在拉姆齐法则的基础上，增加了一种商品，即闲暇，他们提出可以通过对与闲暇有互补关系的商品（如高尔夫球及球具、滑雪板、游乐场设施等）征税来间接实现对闲暇征税，并且对

---

① 收入效应是指在货币收入不变的情况下，某种商品价格变化对其需求量的影响。如果某种商品价格上涨，而消费者的货币收入不变，那么就意味着消费者的实际收入相对于该种商品的价格上升而言在减少，购买能力在下降，从而对这种商品的需求会减少。反之则增加。

② 替代效应是指实际收入不变的情况下，某种商品价格变化对其替代品需求量的影响。例如，苹果和梨互为替代品。如果苹果的价格上涨，而梨的价格不变，那么相对于苹果而言，梨的价格在下降，消费者就会用梨来代替苹果，从而减少对苹果的需求。

劳动互补性商品（如公共交通、劳保产品）征收较低的税率，从而在一定程度上矫正了税收的税收收入效应和替代效应。

戴蒙德和米尔利斯（Diamond，Mirrlees，1971）把拉姆齐法则从单人经济推广到多人，进一步把公平纳入考虑范围，改变了拉姆齐法则同比例减少的原则。在研究过程中，他们得出结论：穷人对一种商品的消费量占全部消费量的比重较大时，税制设计时应考虑对这种商品的影响较小；富人对一种商品的消费量占全部消费量的比重较大时，税制设计时应考虑对这种商品的影响较大，最终实现对生活必需品课以轻税，对奢侈品课以重税。

2.2.2　最优所得税理论

最优所得税针对收入为税基的税制，它提供了一个方向舵，也就是提供一个系统的思考方法来分析公平和效率的权衡取舍关系。埃奇沃斯（Edgeworth）用一个简单的模型考察了最优所得税课税问题。该模型有三个严格的假设条件：一是在取得必要税收的前提下，目标是个人效用之和最大；二是人们的效用函数完全相同，且效用仅取决于他们的收入，这些效用函数表现出的边际收入递减；三是可获得的收入总额是固定的。严格的假设条件表明，只有每个人的收入相等时，边际收入效用才相同，总效用才最大。这要求税种的设置应当使税后收入分配尽可能平等，尤其是应该首先从富人身上取得收入，因为他们的边际效用损失相对小于穷人，即在所得税税制设计时，考虑采用累进税率较能体现公平。

使最优所得税制使社会福利最大化，必须考虑到实现更加平等所付出的代价。曼昆（Mankiw）在埃奇沃斯模型的基础上，考虑了个人在收入和休闲之间可以进行选择。为了简化分析，假定从某人征收上来的税收收入 $T = -a + tY$。

其中 a 和 t 均为正数，Y 为收入。

如图 2-4 所示，横轴表示收入，纵轴表示税收收入。当收入为零时，税收负担为负数，此时从政府那里可以拿到 a 元的补助；而获得 1 元收入，个人要向政府交纳 t 元的税，由于该图形形成一条直线，故称为线性所得税制。

线性所得税制的边际税率是不变的，个人所得收入越高，收入交税的比例

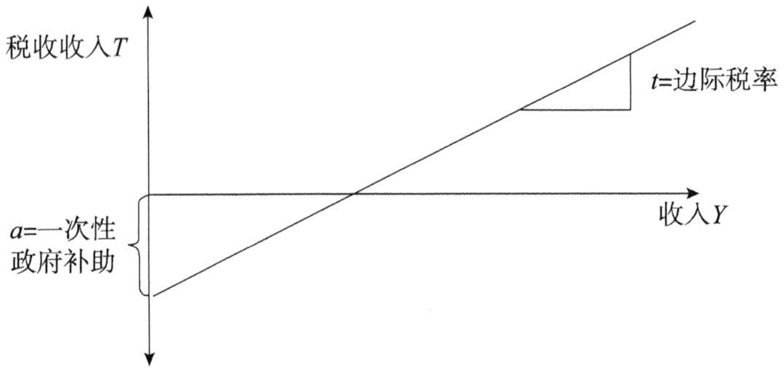

图 2－4　线性所得税制

相对也越高，由此可见，线性所得税制还是有累进性的，但累进程度到底有多大，这取决于 a 和 t 的精确度，再加上社会福利函数的多样性和有关行为的弹性具有极大的不确定性，因此最优边际税率在现实中很难作为决策的依据。

而非线性所得税制，其税率不再是一个固定的常数，随着收入的提高，边际税率也不断提高，这样的税率结构就是累进性的，反之，则是累退性的。虽然累进性的税率结构有助于纵向公平的实现，但也应该有一定的度，如果最大边际税率达到 100%，对于富人来说，最大的可能性是放弃工作，选择闲暇，政府的收入反而在总体上会减少。

米尔利斯（Mirrlees）用数理推导出了最优累进税率的一般结构，得出的重要结论是：对于最高收入者和最低收入者，边际税率都应该为零，而中等收入者的边际税率应该较高。事实上，这样的结论还应该有赖于社会福利函数——社会福利函数对穷人赋予的效用要高，而对富人赋予的效用要低。因为富人被拿走的收入的边际效用比穷人的要低，所以为平衡效用，在税制设计时，应当使人们税后的收入分配尽可能相等。

2.2.3　最优资本税理论

20 世纪 80 年代，新增长理论兴起，它强调促进经济增长的技术进步是经济内部因素决定的内生变量，是人力资本和物质资本积累的结果。经济政策[①]

① 包括财政政策和货币政策。

可以通过作用于人力资本和物质资本的积累影响技术进步，进而对经济增长产生一定的影响。

经济增长产生的收入分为两部分——劳动收入和资本收入，一般而言，劳动收入占 GDP 的2/3，而资本收入占 GDP 的1/3[①]。因此，很有必要单独考虑对资本收入征税的问题。资本是一个广义的名词，一般来说分为物质资本和金融资本，它们都是一个时点的静止形态，所以对资本征税也就是对资本的存量征税，比如财产税、资源税、遗产税等。那么如何分析资本税的最优水平呢？切米利（Chamley）假定人们的存在是无限期的，即代代相传，因为如果人们的存在是有限期的，只考虑自己，就没有必要存续更多的资本，征收资本税可能就没有必要了。

假定人们的生命期限是有限的，并且不会把财富代代相传，政府则有能力将资本存量定在最优水平上，这就要求在社会最优状态下，资本密度（资金量）必须维持在一个水平，即利息率或资本的回报率应该等于人口的自然增长率，这被称为黄金律（Golden Rule），然而在哈罗德－多马模型中，由于"刀锋问题"[②] 的存在，最优资本密度很难稳定下来。这恰恰给政府通过资本税（或者财政补贴与税式支出）来影响储蓄率，进而影响资本的积累提供了理论基础，这样的税制设计可以使经济基本接近黄金律。但在实际中，针对储蓄（包括存量房产、资源等资本）进行征税可能会产生两个不同的效应——储蓄的收入效应和替代效应[③]，不过这两种结果很难计量。而且政府征收资本税的用途同样会对资本积累的结果产生影响：如果用来对年老期进行补贴，那可能会鼓励年轻时储蓄，因为自己的还是自己的；如果是补贴年轻时的消费，那么就可能抑制年轻时的储蓄，因为自己将来也得不到。无论如何，政府很难在实践中对最优资本税进行准确的判断。但如果假设人们的生

---

① Chamley C. Optimal taxation of capital income in general equilibrium with infinite lives. Econometrica, 1986.

② 指该模型条件苛刻，均衡状态是极不稳定的。

③ 收入效应：对储蓄征税，会导致税后储蓄减少，老年使用不足，因此人们在年轻时会增加储蓄，努力工作，以降低征税的损失，来满足年老使用。替代效应：对储蓄征税，人们可能会减少储蓄，增加即期消费。

命周期是无限的，财富可以代代相传，无论偏好怎么变化，资本税都不可能达到最优，因为资本税会以一种非常激烈的方式改变人们对即期消费和远期消费的选择。

对于最优资本税，西方国家提出的建议是减税，事实上，欧洲许多国家以及美国近年来的确掀起了减税的浪潮，但同样也引起了一些西方政治家的抱怨，原因是只降低资本税，劳动税却在不断增加，他们认为这是不公平的。由此可见，无论理论推导还是经验数据实证分析，都没有得出关于最优资本税的确切结论。这表明，在经济增长和收入分配的共同约束下，最优资本税理论还有待进一步完善和发展。

2.2.4 直接税和间接税的最优搭配理论

该理论强调，直接税与间接税之间的关系不是相互替代，而是相互补充的，二者往往基于不同的政府政策目标来有效发挥其主辅作用——在提高资源配置效率、调节宏观经济方面，应以间接税为主，直接税为辅；在促进收入公平分配方面，应以直接税为主，间接税为辅。

间接税是指纳税人不是税负的实际承担者的税种，与直接税相比，间接税通常具有税负隐蔽、容易转嫁、易于征收的优点。从国家治理的角度讲，随着经济发展水平的提高，间接税和直接税的最优搭配也在不断发生变化。该理论的内涵主要体现在以下三个方面。

一是间接税隐蔽性强，纳税人的税负痛苦小。间接税随着商品和劳务的价格进行流转，嵌入商品和劳务价格中，不了解税收制度的纳税人，实际很难察觉税收的负担——间接税通过销售价格转嫁给消费者，消费者一般并不清楚。从短期来看，间接税的确能降低纳税人的痛苦，也易于国家收税，但从长远来看，间接税并不利于培养纳税人的纳税意识，也不利于广大人民群众参与国家治理，而现代化的财政治理应当“还政于民”，这取决于政府的政策导向和国家的治理取向。

二是间接税对市场资源配置存在扭曲效应。科学合理的税制应保持“税收中性”的特点，但间接税嵌入在价格中，对价格产生影响，价格再传导给市场中配置的资源，最终由消费者承担，消费者得到的福利少，而付出的代价大，必然会抑制居民的再次消费，实际上对扩大内需不利。从政府宏观调控的角度看，较高的间接税会在一定程度上提升政府调控物价的难度，阻碍政策传达的效果。税收和物价绑定，降低价格必然影响税收，但提高价格会抑制内需，基于此，政府在权衡二者时会出现两难选择。因此，间接税对市场资源配置存在扭曲效应。到底如何权衡？这与社会经济发展水平和政府的政策导向密切相关。

三是直接税对收入分配公平的效果更明显。间接税具有税负易于转嫁和累退性的特点，对于不同的收入对象，生活必需品的需求弹性小，若对同样的商品和服务被动地征收相同的税，会使不同收入对象的收入分配差距扩大，从而产生逆向调节作用。直接税则不同，如果设计合理，收入高的征税多，收入低的征税少，若采取累进税率，则能缩小收入分配差距，这也符合量能负担的原则。从国家治理现代化的角度看，构建促进社会公平的税收体制不仅可以缓解社会矛盾，而且可以实现国家的长治久安，随着经济发展水平的提高，在征收管理条件成熟时，提高直接税占比、降低间接税占比可以更好地促进社会公平。

2.3　税制结构优化的约束因素分析

一个国家选择何种税收制度，并最终形成何种税制结构，除了受到本国经济社会基础的客观约束，还受到政府政策导向等其他主观因素的约束。

2.3.1　税制结构优化的客观约束因素

2.3.1.1　经济发展水平是客观约束的根本

经济发展水平是决定一国税制结构的重要因素，它制约着税收收入的总量，经济发展水平的重要指标是人均 GDP，它直接制约税收收入占 GDP 的高低，从而进一步制约税种的选择，以及税目、税率的确定与组合，最终对一个国家选择何种税制结构起着制约作用。经济发达的国家，人均 GDP 较高，国民承受税收负担的能力强，自然可以维持较高的税收占 GDP 的比重；而发展中国家的 GDP 较低，特别是人均 GDP 较低，整个社会对税收的承受能力较低，税收占 GDP 的比重也只能维持在较低水平。人均 GDP 不仅决定着一个国家的税收收入水平，也决定着这个国家税制结构的选择，在大多数发展中国家，由于人均 GDP 较低，就不大可能普遍开征个人所得税，因而只能实行以货劳税为主的税制结构，反之，发达国家的人均 GDP 较高，具备了实行以个人所得税为主的税制结构。经济的发展必然带来收入的变化和经济的波动，政府为了实现收入公平和稳定经济，一般会通过提高直接税比重来公平收入分配，通过降低间接税比重来稳定经济增长。

2.3.1.2 国民经济结构是客观约束的核心

国民经济结构是指以产业结构为中心的国民经济生产组织结构，它反映了国民经济各部门的生产力构成及其比例关系。它对税制结构的影响有两个方面，一方面是产业结构对税制结构有制约作用。伴随着科技水平的发展，新兴的产业逐渐引领了经济的发展，产业结构也变得日益复杂，要推动经济稳步增长，就必须进行产业结构转型，而要实现产业结构转型，就必须找到适合产业结构发展的税制结构，在我国互联网、电子通信、人工智能、生物制药等产业大力发展之时，应减少对这些产业的征税。另一方面是产品结构对税制结构也有制约作用。我国工农业产品存在剪刀差，农产品附加值低，国家应减少对农产品的征税，而工业制造产品附加值高，国家应加大对价高、利大的工业产品的征收力度，包括在生产、交换、消费和利润实现环节征收。因此，产品结构尤其对税种的设置、税率的高低和税基的宽窄有很强的制约作用。

2.3.1.3 社会文化传统是客观约束的理念

纳税人的税收意识、对政府提供公共产品和服务的认同度以及传统理念等社会文化影响一国的税制结构。直接税对收入分配的公平性更强，但纳税人意识不强，反而对直接税产生抵触情绪，导致直接税征收困难；间接税不利于收入分配公平，但带有很强的隐蔽性，征收难度较小，因此公民的文化水平、纳税意识对税制结构也会产生影响。公共财政制度下，随着政府民生服务的开支增多，公民直接受益的特征更加明显，但是纳税和实际的直接受益并不完全对等，如果政府的公共产品和服务正好契合公民的要求，认可度就高，反之则低。2012 年，日本批准了一项税制改革，根据改革方案，2014 年起，日本将消费税税率由 5% 提高到 8%，并明确将消费税收入额用于养老金、医疗费、老人看护费和少子化对策费 4 项社会保障支出，而明确与收支挂钩的税制改革更容易获得公民的信任和支持。可见，传统理念也会影响税制结构。一般而言，公民如果对财富的个人私有和继承具有较强的认可，自然就会对征税比较抵制，那么与之相关的财产税、遗产和赠与税征收也就比较困难，因而很难保证征税的普遍性和规模。

2.3.1.4　征收管理水平是客观约束的工具

税收的征管水平对税制结构有较大的影响。一般而言，间接税对流转额征税，金额是明确的，在以票控税的前提下，很难发生直接的偷逃税；而直接税则需要计算收入与支出的差额，面对的个人分散程度较高，监管难度大，征管成本高，因此选择间接税为主的国家往往税收征管水平低、技术水平相对落后，而征管水平比较高的国家在金融管理、会计核算、征管技术上都处于领先，能够保证以直接税为主体税种的合理性和科学性。从纵向来看，随着技术水平的不断提高，直接税为主的征管体系将成为可能。以所得税为例，源泉扣缴、财产监控、建立纳税信息系统、永久账号、网络报税等征税工具为提高征税精确度提供了基础支撑。巴西在 1997 年成为世界上第一个大规模使用网络报税的国家，这一改进使所得税占比从 2001 年的 15.63% 提高到 2002 年的 17.96%。

2.3.2　税制结构优化的主观约束因素

2.3.2.1　政策目标导向是主观约束的前提

政府的宏观政策目标，尤其是财政政策的目标，主要集中于筹集财政收入、稳定经济增长、缩小贫富差距和保护生态环境等方面。财政收入是政府一切事务的物质前提，一般情况下，政府为了维护稳定的财政开支，会选择税源稳定、课税基础广泛、筹资能力强的税种，在特定历史条件下，也会因为筹集财政收入的需要而不断调整税制结构。如日本，自第一次世界大战开始，由于战争经费大量增加，普通百姓生活困苦，要求地方政府增加社会救济支出，不得已，中央政府开始设置独立的地方税。稳定经济增长是政府的主要目标，因为只有经济增长稳定，税收收入才能稳定，政府才有运转的基础——为了促进投资，激发企业活力，各国普遍采用低税率政策；为了刺激消费，降低个人所得税的比重；为了减少税收的扭曲作用，扩大增值税的应用范围，坚持税收的“中性”原则。政府还有一项重要的任务，就是保持社会稳定，缓解社会矛盾。贫富差距扩大在某种程度上会激化社会矛盾，政府为了实现调节收入差距的政策目标，通过个人所得税调节个人的收入，使之维持在一个合理的区间；通过财产税调节财富的存量差距，通过遗产税、赠与税调节代际之间的收入差距，最终实现收入差距相对缩小，缓解社会矛盾的目的。当然，政府的政策目标还有很多，为了实现经济的可持续发展、保护环境、节约资源，世界各国都在节能减排、抑制气候变暖等方面展开了切实的行动，环境税类的开征无疑是当前世界各国政策目标选择的结果。

2.3.2.2 政策目标权衡是主观约束的结果

尽管政府的政策目标有很多，但在层次地位上是有主次之分的，同时也和当时的经济形势、国际形势有很大关系。因此，世界各国在确定本国的税制结构时要对基础目标和职能目标做出权衡，综合选择，而不是照抄照搬别国的税制结构。毫无疑问，保证财政收入的目标是首选，在这个前提下，既要提高经济的效率，又可以忍受收入差距，那么选择以间接税为主的税制结构应该再好不过了。但是，如果以收入水平为主要目标，为了缓解当前的社会矛盾，调节功能较强的直接税比重将显著增强，例如经济发达的美国将调节收入分配、促进社会公平作为税制结构建设的首要目标，这样一来，直接税作为主体税种，个人所得税的比重较高，间接税反而成了补充的税种。同样是发达国家的法国则实行中央集权的财税体制，因为政府对经济的干预较多，自然需要更为雄厚的财力作为支撑，所以就更加注重征税的效率，间接税正好满足了这一目标，所以法国不仅开征增值税，而且增值税的比例也是较高的，这和法国的政策目标权衡不无关系。当然，一国的政策目标不是永恒不变的，随着经济与政治形势的变化，政府会不断予以调整。从纵向的历史变迁来看，世界各国都对本国的税制结构做过调整。以我国为例，尽管长期以来我国以间接税为主体，但是不同时期的社会矛盾重点不一样，税制结构的主导方向也会发生变化，从党的方针政策就能看出，进入新时代，我国税制结构优化的主基调是增加直接税比重。当然，一个国家权衡的政策目标也可能是多元化的，但不管政策目标是什么、有多少，税制结构一定是政策目标主观权衡的结果。

2.4　税制结构优化的影响效应分析

税制结构优化的动力源自对经济和社会的贡献度，而在众多的影响效应中，税制结构能否实现对经济增长和收入分配的调节是考量税制结构是否得到优化的重要标准。

2.4.1　对经济增长的影响效应分析

2.4.1.1　经济增长的潜在动力

经济增长代表的是一国潜在的 GDP 或国民产出的增加。但经济增长背后的力量到底是什么？尽管世界各国发展经济的情况各不相同，但经济曾经快速增长的国家有一个共同点，即经济增长和经济发展的基本机制都是一样的——经济增长的发动机必须安装在相同的四个轮子上，即人力资源（劳动力供给、教育、纪律、激励），自然资源（土地、矿产、燃料、环境质量），资本（机器、工厂、道路）和技术（科学、管理、企业家才能）①。

① 保罗·萨缪尔森，威廉·诺德豪斯. 宏观经济学（第十六版）[M]. 萧琛，等译. 北京：华夏出版社，2003.

经济学家通常使用总生产函数（Aggregate Production Function）来表明这些因素之间的关系，即

$$Q = AF(K,L,R)$$

其中，Q代表产出，K代表资本对产出的贡献，L代表投入的劳动力，R代表投入的自然资源，A代表经济中的技术水平，F代表生产函数。随着劳动、资本、资源（不可控）等要素的持续投入，产出会增加。随着新发明的出现或对国外先进技术的引进，技术水平有所提高，而技术水平会对劳动、资本、资源产生影响，因此技术的进步可以使一国在相同的投入水平下生产出更多的产品，即促进经济快速增长。

2.4.1.2 典型的经济增长理论

经济增长的根源到底是什么？尽管古典经济增长论、新古典经济增长论和内生经济增长理论对其的表述各不相同，但有一点是相通的，即经济增长是影响生产要素的产出效率带来的，而生产要素提高的根源是社会的专业化和劳动分工。

1. 古典经济增长理论

早期以亚当·斯密和T. R. 马尔萨斯为代表的经济学家更强调土地在经济增长中的作用，因为最初的田园时代，一切事物都处于最初状态，没有土地的限制和资本的积累。随着人口增长，土地无限的黄金时代不可能持久。斯密的劳动“分工时代”认为，有限的土地下，即使人口翻番，由于劳动分工、专业化程度增加，会使产出的食物和衣物翻番，从而满足需求。马尔萨斯的“悲观科学”则认为，有限的土地下，随着人口增长，收益递减规律开始发挥作用。

斯密认为，劳动生产力上最大的增进，以及运用劳动的时代所表现的更大的熟练、技巧和判断力似乎都是分工的结果①。尽管人口增多，但是由于分工的出现，同数量的劳动者能完成比过去多得多的工作量。随后，在斯密分

① 亚当·斯密．国民财富的性质和原因的研究（上卷）［M］．郭大力，王亚南，译．北京：商务印书馆，2017.

工理论研究的基础上，大卫·李嘉图分析了外生比较优势与分工的关系，指出国家之间按照分工比较优势展开贸易对双方都有好处[①]。Allyn A. Young 在论文《报酬递增与经济进步》中明确指出，报酬递增取决于劳动分工[②]。由此可见，早期是专业化和分工而不是其他因素带来了经济增长。

2. 新古典经济增长理论

很显然，马尔萨斯的预言落空了，因为他没有认识到技术创新和资本投资可以打破收益递减规律。土地已经不再成为产出的制约因素，取而代之的是，工业革命带来了动力机器。资本积累和新技术成为经济增长的支配力量。以罗伯特·M. 索洛为代表的经济学家提出了新古典经济增长模型，而新古典经济增长模型的新成分是资本和技术变革。我们假定技术保持不变，单独分析资本在经济增长中所发挥的作用。实践中，资本由已经生产出来的、可用于生成其他物品的耐用品组成，包括建筑物（如厂房和房屋）、设备（如计算机和机械工具）、存货（如成品与半成品）。假定只有一个资本 K , L 是劳动力的数量，那么 K/L 就是人均资本量，也称为资本 - 劳动比率，由此我们得到技术不变时新古典经济增长模型中各因素的关系为：

$$Q = F(K,L)$$

关于经济增长问题，经济学家更强调资本深化的必要性。资本深化是指人均资本量随着时间而增长的进程。为什么会这样？因为政府的公共投入，比如铁路、公路、农业灌溉等，都极大提高了人均持有的资本量，其结果就是人均产出提高。新古典经济增长模型尽管考虑了技术进步，但是所解释的经济增长中的技术是外生的，而外生的经济增长模式显然不能很好地实现经济的可持续增长。

3. 内生经济增长理论

内生经济增长理论产生于 20 世纪 80 年代，其核心思想是经济能够不依赖外力推动实现持续增长，而内生的技术进步是保证经济持续增长的决定因

---

① 大卫·李嘉图. 政治经济学及赋税原理［M］. 郭大力，王亚南，译. 北京：商务印书馆，1962.

② Young A. Increasing returns and economic progress［J］. The Economic Journal，1928.

素。典型的内生经济增长理论是罗默模型，它较为系统地分析了知识和技术对经济增长的作用。在罗默模型中，除了资本和劳动两个生产要素，还有另外两个要素，就是人力资本和技术进步。人力资本和技术进步之所以能促进经济增长，原因就在于人力资本和技术进步本身既具有内部效应，又具有外部效应。内部效应是指人力资本和技术进步可以大幅提高投资者本身投入劳动和物质资本的生产效率，而外部效应是指人力资本和技术进步可以通过“知识溢出”在整个经济体内进行传递，其结果不仅提高了自身的生产效率，也提高了整个经济的产出效率。

在内生经济增长理论中，一个重要的影响因素就是政府公共支出，巴罗（Barro，1990）把“公共部门”引入具有不变规模收益的AK模型，提出了以公共支出为中心的内生经济增长模型。在这一模型中，政府的公共支出引入生产函数，完全被内生化，认为政府向社会提供的公共产品是公共供给，目的是矫正市场失灵，优化资源配置，在社会再生产中的角色和定位同样是社会分工的结果。

4. 制度经济增长理论

在经济学发展历史上，从亚当·斯密开始，各种经济增长理论和模型都是建立在劳动分工和专业化基础上的，对于专业化和劳动分工的交易费用一直都未予以考虑，而社会实际上是一个有摩擦、有制度的社会，一切交易都建立在获得信息成本、尽可能消除不确定性的基础上，这就需要考虑交易费用的存在。开创新制度经济学的道格拉斯·诺斯（Douglass North，1993）首次将交易费用对经济增长的作用进行了全新的解释，他认为决定交易费用的制度是内生的，是经济增长不可缺少的必要条件，对经济增长影响重大。相比劳动、资本和技术等生产要素，制度是支持经济长期增长的根本因素。制度的影响也从另一个层面解释了为什么有的国家一直贫困，而有的国家却可以走向繁荣。

新制度经济学认为，制度本身在一个不确定的世界里发挥着十分重要的作用，市场是否有效，直接受到制度框架的制约。国家制定的制度是一些根本性的竞赛规则，一方面规定竞争和合作的机制，维护市场所有权结构；另一方面在基本框架内提供公共产品和服务，以减少交易费用，促进社会产出最大化目标的实现。由于市场独立运行中会出现“市场失灵”，价格机制的自动调节不能使资源得到有效配置，制度作为一种信息传导机制，可以对价格产生影响，所以制度本身也是市场运行体系的一部分。

2.4.1.3　税制结构影响经济增长的路径

通过典型的经济增长理论分析，我们清楚了经济增长的影响因素，但无论何种因素带来经济增长，都是通过提高生产要素的产出效率来实现的，而生产要素产出效率的提高又源于社会的专业化和劳动分工。税收制度本身是一种经济制度安排，它直接影响着社会的专业化和劳动分工，在社会再生产环节中发挥着重要的调节作用，而税收制度对经济增长的调节主要是通过调整税率和税制结构，进而影响生产要素的产出效率来实现的。

1. 税制结构影响资本积累

加速资本周转，提高资本积累量和使用效率可以有效促进经济增长。卡尔·马克思认为，社会总产品分为两大部类——生产资料和消费资料，每一部类全年产品的价值和每个个别产品的价值都一样，也分成不变资本 c 和全部劳动价值的部分，其中后者又分为补偿预付可变资本 v 的部分和超过可变资本形成剩余价值 m 的部分，即 $c + v + m$ 。由于商品资本转化为货币代表着剩余价值的实现，资本家把转化为剩余价值的货币再追加为实物要素资本，这个增大的资本在生产的下一个周期内会提供更多的产品。马克思认为，产品出售回收货币资本是资本循环中“惊险的一跃”，它直接关系到资本周转能否顺利实现，以及政府税收的实现。扩大再生产征税流程如图 2－5 所示。

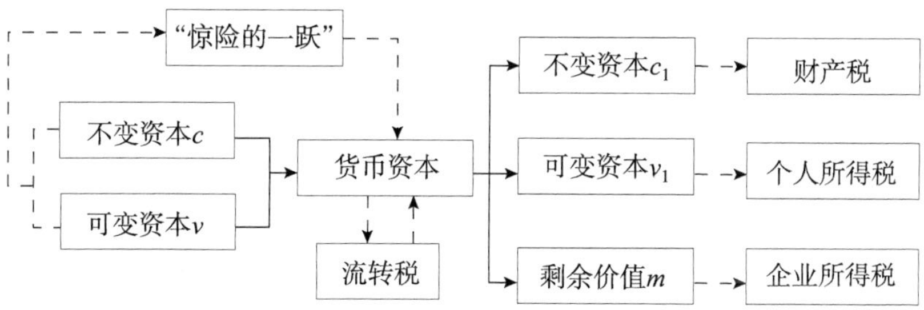

图 2－5　扩大再生产征税流程

税制结构是税收的组合安排。间接税类的征收环节主要集中在资本流通过程中，是资本流通中的“摩擦成本”（邓文硕，2019），影响资本的周转速度。而直接税主要集中在法人的利润环节和自然人的收入与储蓄环节，如果直接税负过重，可能会减少法人和自然人的资本积累，导致投资减少，也可能会驱使沉淀的财富投入运转，扩大社会资本的投入规模；如果直接税负过低，可能会让法人和自然人积累更多的财富，导致投资增加，也可能会驱使沉淀的财富继续沉淀，降低社会资本的投入规模。资本主义的扩大再生产流程需要持续不断地扩大规模，由于征税环节的存在，源源不断的增值部分被上缴税收，很大程度上，积累的资本会减少，特别是资本的增值环节以及分配环节受到了税制的影响，从而影响了资本积累。经济增长理论已经告诉我们，资本积累是经济增长的重要因素，因此，税制结构在一定程度上影响着经济增长。

2. 税制结构影响技术进步

新古典经济增长模型显示，资本的边际报酬率递减会导致资本积累的动力逐渐减弱，除非存在技术进步，否则经济将不可能持续增长（王银屏，2012）。那么影响技术进步的因素是什么呢？技术进步体现的是生产力水平的提升，因此，生产力发展的制约因素必然会影响技术进步。从社会再生产的过程看，技术进步所代表的生产力的发展受到交换、分配和消费等环节的作用和影响，同时生产力的发展还受到生产关系的作用和影响，这两个方面构成了影响技术进步的经济因素和制度因素（方敏、李梁，2018）。

经济因素主要指影响技术进步的要素禀赋、消费需求、市场化水平等，税制结构因影响资本积累而间接对经济因素产生影响，然后影响技术进步。唯物主义告诉我们，生产力决定生产关系，生产关系反作用于生产力，影响和反作用于生产力（技术进步）的生产关系具体表现为各种制度因素，其中就包括政府层面的制度安排，而税制结构显然属于制度安排。技术进步要靠资金的投入和人力资本的提高。在资金投入方面，政府不仅有财政补贴，还有税收优惠，无论是直接税，还是间接税，国家对技术创新都进行了政策支持；在人力资本方面，针对个人，所得税可以加计扣除继续教育等支出，人力资本积累增多，素质不断得到提高，新技术的掌握明显加快。

3. 税制结构影响价格体系

市场机制中，价格是市场运行的核心和风向标。税制结构中，不同税种对商品价格的影响是极为敏感的——间接税发生在商品的流转环节，以流转的价格为计税依据，因此对商品价格的影响最为直接。而商品价格的变化进一步传递给整个经济系统，影响社会总需求和总供给的平衡，最终对经济增长产生影响。直接税对价格的影响相对复杂，对于企业来说，在生产成本不变的情况下，所得税冲减了企业的利润，为了维持原有的利润水平，企业有提高价格的冲动，当企业所得税降低时，在保持原有利润水平的前提下，企业还有降低价格的空间，为了扩大销售、占领市场，企业也可能会降低商品的价格。

税收本身在市场经济条件下就属于交易费用①的一部分，流转税产生于企业的流转环节，不需要考虑纳税人的成本费用、盈利与否，只要有销售，产生了商品和劳务的流转就要交纳，特别是增值税，以增值额为计税依据，税收中性的原则会鼓励企业分工和进行专业化生产，因此，流转税的内生交易费用的特点明显。相比流转税来说，所得税则更为复杂，征收管理成本较高，对税务人员的素质要求也较高，因此，所得税的外生交易费用更突出。无论是哪种税，交易费用都不可能是零，在价格体系中都不能不加以考虑，而价格结构的改变必然会引起整个社会资源配置结构的改变，甚至是社会分工和专业化的改变，从而对经济增长产生深远的影响。

4. 税制结构影响经济增长的传导机制

综上所述，我们不难发现：税制结构对经济增长的影响不是直接产生的，而是通过一系列的传导变量实现的，具体包括资本积累、技术创新、交易费用、价格体系等，其中，价格体系和交易费用会影响企业的分工和专业化，最终影响生产要素的产出弹性和效率提高，从而影响经济增长。

在当前经济背景下，选择的税制结构如果从总体上能够促进资本积累、技术创新，特别是降低了交易费用，使价格体系更合理地运行，传导机制的

---

① 科斯认为市场交易是有费用的，交易费用是通过价格机制组织生产的费用。杨小凯等经济学家把交易费用进一步区分为外生交易费用和内生交易费用。外生交易费用是指在决策前可以由各方明确计算的，内生交易费用是在决策的交互作用发生后才能看到的。

链条就能畅通并发挥作用；反之，当选择的税制结构不能促进资本积累、技术创新，无法降低交易费用，价格体系不能合理运行，传导机制就会受阻。资本、劳动和技术创新是经济增长的重要影响因素，所选择的税制结构若不能提升资本积累、技术创新，降低交易费用和完善价格体系，无法通过降低交易费用实现更为有效的分工，这种选择就不会长久，也必然在促进经济增长方面出现这样或那样的问题。传导机制如图2－6所示。

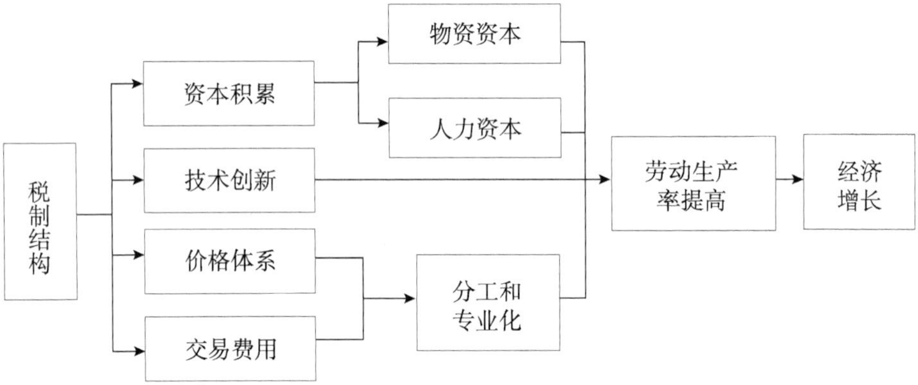

图2－6 税制结构影响经济增长的传导机制

具体来说，我们可以从上述传导机制的微观和宏观两个方面来理解。从微观层面看，税制结构影响的主体是企业和个人，其传导媒介是价格，由于税收本身是交易费用的一部分，税制结构的调整必然会改变不同生产要素（资本 K，劳动 L）的实际使用价格及相互间的对比关系，在一定程度上影响企业和个人对生产要素投入的决策，进而影响劳动生产率的提高，最终影响经济增长。从宏观层面看，税制结构的调整影响价格体系，必然会带来资源配置的重新组合，另外，税制结构通过交易费用影响劳动分工和社会专业化的边界①，从而影响劳动分工、社会专业化以及生产要素的产出效率，最终影响经济增长。

---

① 在市场经济充分发展的前提下，企业的最优边界应是各企业内部形成完全的专业分工，企业间通过外包等形式形成产业链，使整个产业链实现效率最大化。参见：谢学仁，陶文丽．企业效率边界的界定及变化趋势——基于专业化分工视角［J］．生产力研究，2013（2）：26－29.

2.4.2　对收入分配的影响效应分析

2.4.2.1　收入分配的代表观点

1. 西方的收入分配正义观

西方的收入分配正义思想最早可以追溯到两千多年前，亚里士多德和柏拉图都曾对此问题提出自己的观点。近现代以来，西方对收入分配正义的讨论涉及政治学、哲学、经济学等多个学科，形成了很多流派，最具有代表性的有功利主义、罗尔斯主义、能力平等主义和机会平等主义等。

功利主义产生于 18 世纪末、19 世纪初，由杰里米·边沁（Jeremy Bentham，1789）创立。功利主义从快乐和个人利益原则出发，认为人们的幸福和痛苦可以用一定单位的效用来衡量，如果一个社会能给所有人带来最大的效用，那它就是公正的。按照功利主义的原则，富人如果把财富集中在自己手中，就会出现边际效用递减，而把这些财富分配给穷人则可以增加全社会的整体效用。20 世纪 70 年代，约翰·罗尔斯（John Bordley Rawls，1971）发表了著名的《正义论》，他认为，自由平等的权利、公平竞争的机会和财产都是人类具有的不可侵犯和不可剥夺的基本权利。为此他提出了正义的两个原则：一是在政治领域，每个人应享有自由、平等的权利；二是在经济领域，每个人应享有机会和利益分配的平等权利。能力平等主义主张能力平等的前提是机会平等，只有机会平等，才能使能力得到充分发挥，而能力平等是真正实现社会公平的必要保障。以布坎南、阿瑟·奥肯为代表的机会平等主义认为，机会平等之所以重要，原因在于：一是机会平等问题，一步赶不上，步步赶不上；二是机会和结果紧密联系，只有机会平等，才会有收入平等；三是即使不考虑收入平等和效率的作用，机会平等本身也是一种价值。

尽管西方学者的收入分配思想在许多方面还不完善，带有很强的理想色彩，但他们的收入分配正义思想对西方国家收入分配政策的设计和实施发挥了重要的作用，对解决我国当前存在的贫富差距问题也有一定的参考价值。

2. 马克思收入分配公平观

卡尔·马克思认为，劳动是一切财富和文化的源泉，人类只有在共产主义社会才能实现按需分配。马克思设想的共产主义无疑是一个美好的理想，目前来看，按需分配距离我们还比较遥远，但是按需分配的根本意义在于实现人的内在本质和价值——马克思认为，“普遍的公平原则”决不能和“粗陋的平均主义”混淆在一起，按劳分配是按劳动创造的价值分配，不是无谓的按时间分配。现实的经济运行过程是由生产、消费、交换和分配等多个环节组成的，各个环节紧密联系，不可分割，分配仅是其中的一个环节。

马克思的公平分配理论至少包括两层含义：一是看收入分配是否有利于生产力的发展，不同的经济发展阶段，表现出来的生产方式是不同的，劳动工具也有所差别，但是这些生产方式所孕育的收入分配模式只要解放和发展了生产力，就是公平的、科学的，这是判断收入分配是否合理的根本标准之一；二是收入分配的公平应体现在绝大多数人身上，只有绝大多数人认可，收入分配才是公平的。由此可见，上述两层含义的分析思想是一致的，只有生产力发展了，才能给人的分配提供物质基础；反之，只有公平的分配才能调动人的积极性，从而为生产力的发展提供动力支持。马克思的公平分配观及其蕴含的基本精神内涵对我国现代公平的收入分配政策具有重要的理论价值和指导意义。

3. 中国当代的收入分配观

自新中国成立以来，历届党和国家领导人都把实现公平的收入分配作为社会主义建设的重要内容加以推进，并在实践中不断创新，走出了一条具有中国特色的社会主义收入分配公平之路。毛泽东同志高度重视社会主义收入分配的公平性，他一贯主张财富公平分配，认为一定要走节制资本和平均地权的道路。改革开放的先行者邓小平同志明确指出，社会主义的本质是解放生产力，发展生产力，消灭剥削，消除两极分化，最终实现共同富裕。把发展生产力和共同富裕联系起来，并提出允许一部分人、一部分地区先富起来，先富带动后富，贫穷不是社会主义的论断。党的第三代领导集体提出“三个代表”重要思想，强调通过政策、制度和社会保障来逐步实现和满足人民的利益，把收入分配作为涉及全社会的重要战略问题加以解决。党的第四代领导集体在推动社会主义现代化建设的过程中，提出了一系列关于分配公平的新思想、新观点和新论断，形成了以科学发展观为基础的权利公平、机会公平、规则公平和分配公平的四大公平原则。党的十八大以来，中国特色社会主义进入了新时代，社会主要矛盾发生变化，以习近平同志为核心的党中央坚持以人民为中心的新时代收入分配改革主基调，坚持“在经济增长的同时实现居民收入同步增长”的分配主思路，为我国新时代收入分配制度改革指明了方向。

2.4.2.2　税收收入分配的理论

1. 基于税负归宿的宏观经济均衡理论

税收如何影响收入分配？这个问题的实质是税收如何引起相对价格的变化，这就要从商品流转和所得两个方面分析。

首先来看局部均衡的从价税，即流转税。对同一个商品的流转环节征税，影响收入分配的主要是买卖双方的价格，也就是说，由于税收的存在，消费者支付的价格和生产者收到的价格是不同的，而且双方的境况都变差了。为了更好地说明这个问题，我们可以先分析单一的供求市场。假定购买一个单位的食物，在需求线 D 上取一点 a，所征收的税为 u，消费者愿意支付的价格 P_a（含税），则生产者得到的价格为 $(P_a - u)$，对应 b 点。同理，我们再找到一个 m 点，所征收的税仍为 u，消费者愿意支付的价格 P_m（含税），则生产者得到的价格为 $(P_m - u)$，对应 n 点。以此类推，我们把 b 点和 n 点连起来，就可以得到一条新的需求线 D_1，如图2－7所示。这说明，征税引起商品成本上升，即使消费者能接受，但因为价格中增加了税收成本，需求量就会较之前有所下降，需求线沿着供给线 S 向左移动，供求平衡点就会出现需求数量的减少。

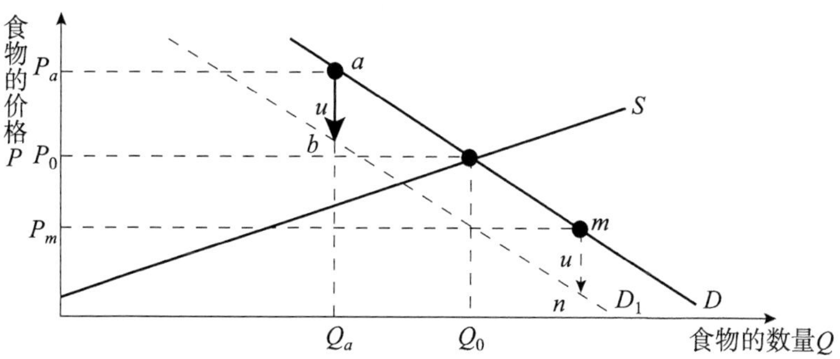

图2－7　单一商品需求税前税后价格对比

其实真正需要考虑的是需求线 D_1，因为对于生产者来说，新的供求平衡点决定了他们每销售一个单位的食物能收到多少钱。因为征税的原因，供求平衡点从 E_0 移到了 E_1，此时生产者收到的价格为 E_1 对应的价格 P_1，而消费者支付的价格为（P_1+u），即 P_g 的价格，此时的 P_g 是含税价格，税收收入为 $E_1FP_gP_1$ 的面积，如图2－8所示。由此可见，消费者的境况变差了，他们支付的价格 $P_g>P_0$，但是，消费者并没有支付所有的税，因为（P_g-P_0）$<u$；生产者也支付了部分税收，表现为实际商品价格的下跌，生产者得到的 $P_1<P_0$。综上所述，这种商品税最终使生产者和消费者的境况都变差了。

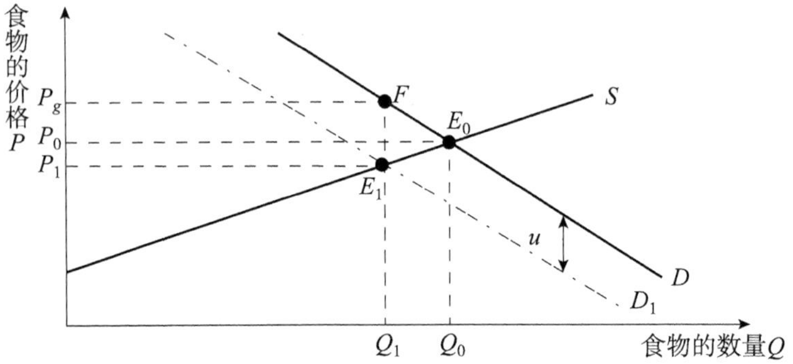

图2－8　局部均衡条件下商品税前税后价格对比

通过分析发现，税收使消费者支付的价格和生产者收到的价格之间存在着一个差额，这个差额被称为“税收楔子”，正是这个“税收楔子”的存在，使价格在供求双方之间出现了一个税收负担的分配差异，那么到底供求双方谁负担得更多？一般来说，在条件相同的情况下，需求线的弹性越大，消费者负担的税收就越少，反之，生产者负担的税收就越少。

下面再来分析要素税，即所得税。个人所得税对不同的人群征收的税率存在累进特征，能直接调节收入差距，因此选择工薪税为例进行分析。首先假定市场上有两个人，一个工资高，一个工资低，D_0 是劳动需求，S_0 是劳动供给。当 S_0 为完全无弹性时，对工薪征税，征税前工资为 W，征税后，需求线会向左下方移动至 D_1，征税后员工得到工资为 W_n，EF 就是需求者（企业）支付的价格与供给者（员工）收到的价格之间的“税收楔子”。

由图2－9可知，征税后，员工的工资下降到 W_n，而企业支付的工资仍

然为 W，员工实际得到的工资为税后收入，很明显工薪税全部由员工承担。我们进一步分析，一般情况下，富人多为收入高的人员，富人人群数量要少于穷人，在劳动供给上也自然要少于穷人，此时劳动供给线 S_0 平行向左移动到 S_1，对收入高的人采用累进税率征税，这也就是需求线 D_0 和 D_1 不平行的原因，显然征税后富人的收入由 V 下降到 V_n，其产生的"税收楔子"为 E_1F_1，此时我们发现，富人缴纳的税收 E_1F_1 大于穷人的税收 EF，在其他条件不变的情况下，实现了对富人和穷人收入分配的调节。

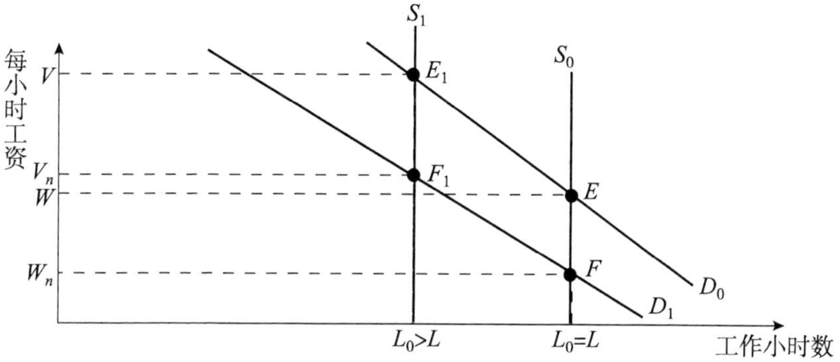

图 2－9　劳动供给无弹性时工薪税前和税后对比

一般均衡条件下，商品税的征收会引起替代效应的出现——对食品价格征税，食品价格上升，消费者会转移到食品的替代品上来，食品的替代品产量增加，食品的生产量下降，食品的替代品就会吸收来自食品行业的资本，包括人力资本，除非商品税针对所有的商品且征税是相同的。这种情况下，对收入不同的人来说，相同的税负由于边际效应的存在，收入分配的调节反而是累退的。而对于所得税，劳动供给是完全固定的，这种税无法转嫁，因此对调节收入分配是最为有力的。

2. 基于税收公平的西方经济理论

亚当·斯密于 1776 年发表了著名的《国富论》，他认为税收公平应当是政府课税的首要原则。亚当·斯密之后，西方学者进一步对税收公平进行了探索，并逐渐分为两大流派——一是"受益说"学派，二是"能力说"学派。

早期的"受益说"主要由休谟、卢梭为代表的契约论者提出，他们认为税收是纳税人为了得到政府的保护而付出的代价，因此，应该按纳税人从政府获得的利益程度来分配税负，即受益多的多缴税，受益少的少缴税，受益相同时缴纳的税也应该一样。西斯蒙明确指出，赋税是公平换得享受的代价，所以不应该向得不到任何享受的人征税（郝春虹，2007）。不过令人遗憾的是，早期的学者只是对理论进行了探讨，并没有给出受益数量和受益程度的度量指标，导致“受益说”在公平问题上变得较为含糊，存在实施的难题。正是基于此，林达尔于1919年提出了林达尔均衡①，他认为，只有纳税人支付的税收价格等于他从某一公共产品中得到的边际效用价值，并且其所纳税收的总和等于提供公共产品的总成本时，才是公平的收税。在税率的设计上，维克赛尔、林达尔主张比例税率，而西斯蒙则主张采用累进税率，由此可见，在税率设计上，“受益说”内部观点并不一致，更为重要的是，“受益说”理论虽然具有说服力，但受益公共产品的数量和程度在现实中很难衡量。

正是由于“受益说”的上述缺陷，“能力说”应运而生，其代表人物是瓦格纳。瓦格纳主张政府应发挥税收在调节所得和财富分配方面的作用，他认为，既然纳税能力是随着所得和财产的增大而提高的，那么就应该实行累进税，而且应区分不同的来源所得，对财产和偶然所得征重税，对劳动所得征轻税。此外，他还主张，除对所得普遍征税，还要对奢侈品、其他财产和资本征税，其目的就是加重富人的税收负担，减轻穷人的税收负担，从而矫正经济社会中发生的分配不公现象。

综上所述，西方经济学家对税收公平进行了不同角度的研究，“受益说”和“能力说”是税收公平分配的最为具体的体现——“受益说”从政府公共支出的角度考虑税收公平，“能力说”则从纳税人的角度来探讨税收公平。尽管这些税收分配的公平理论还存在着这样或那样的不足和遗憾，但是对我国目前的税制结构设计及制度安排来说，无疑具有重要的理论价值和现实意义。

2.4.2.3 税制结构影响收入分配的路径

税制结构中的间接税依据流转额来征收，在征税后有扩大收入差距、对

---

① 林达尔均衡指个人对公共产品的供给水平以及它们之间的成本分配进行讨价还价，并实现讨价还价的均衡。

调节收入有累退性的特点，而直接税无法转嫁，虽然对收入差距调节有利，但是如果税制设计不当，往往也不能很好地解决调节收入差距的问题。那么，到底什么样的税制结构对收入分配有益，它的传导路径又是怎样的呢？我们可以从以下三个方面进行分析。

1. 间接税对收入分配的影响路径

假设 A_1 代表高收入者的收入，B_1 代表低收入者的收入，则 $A_1 > B_1 > 0$ 。如果我们对流转额征税 t ，购买商品不含税流转额为 a ，则 $A_1 > B_1 > a > 0$ 。在购买商品之前，$\frac{A_1}{A_1} = \frac{B_1}{B_1} = 1$ 。

$$A_1 \text{购买商品后，} \frac{A_1 - a(1+t)}{A_1} = 1 - \frac{a(1+t)}{A_1}; \tag{2-1}$$

$$B_1 \text{购买商品后，} \frac{B_1 - a(1+t)}{B_1} = 1 - \frac{a(1+t)}{B_1}; \tag{2-2}$$

因为 $A_1 > B_1 > a > 0$ ，所以 $\frac{a(1+t)}{A_1} < \frac{a(1+t)}{B_1}$ ，进而得出，$\frac{A_1 - a(1+t)}{A_1} > \frac{B_1 - a(1+t)}{B_1}$ ，由此可见，高收入者和低收入者的相对收入差距就会扩大，尤其是在高收入者把绝对收入差额再投资于资源分配领域后，贫富差距就有再次放大的效应。

当然，我们片面地认为高收入者和低收入者购买商品不含税流转额都是 a 可能并不符合实际，一般情况下，高收入者购买的同种类的商品品质可能要高于低收入者，因此 a 可能是不同的，因此我们假设 $a' > a$ ，即高收入者购买商品流转额 a' 要大于低收入者购买商品流转额 a 。则：

$$A_1 \text{购买商品后，} \frac{A_1 - a'(1+t)}{A_1} = 1 - \frac{a'(1+t)}{A_1}; \tag{2-3}$$

$$B_1 \text{购买商品后，} \frac{B_1 - a(1+t)}{B_1} = 1 - \frac{a(1+t)}{B_1}; \tag{2-4}$$

由于 $A_1 > B_1 > a' > a > 0$ ，如果 $\frac{A_1 - B_1}{A_1} < \frac{a' - a}{a}$ ，即高收入者与低收入者的边际收入差额小于二者所购买的两种商品的边际流转额差额，则

$\frac{A_1 - a'(1+t)}{A_1} > \frac{B_1 - a(1+t)}{B_1}$，会出现高收入者和低收入者相对收入扩大，贫富差距进一步拉大的情况；反之，如果 $\frac{A_1 - B_1}{A_1} > \frac{a' - a}{a}$，则 $\frac{A_1 - a'(1+t)}{A_1} < \frac{B_1 - a(1+t)}{B_1}$，相对收入有缩小的趋势。不过我们从常理判断，一般情况下，收入的差额往往高于购买同类商品的差额，就像一个普通的馒头 0.5 元一个，贵的普通馒头也不过 2 元左右一个，而收入的差额却远非这么小。

由此可见，间接税有税收中性的原则，在征税过程中，税收比较隐蔽，但是在缩小贫富差距和实现共同富裕过程中，无疑会起到阻碍和延缓作用。

2. 直接税对收入分配的影响路径

从直接税的角度分析，我们同样假设 A_1 代表高收入者的收入，B_1 代表低收入者的收入，则 $A_1 > B_1 > 0$，对于所得课税，税率为 T。在课征之前，$\frac{A_1}{A_1} = \frac{B_1}{B_1} = 1$；课征之后，$\frac{A_1(1-T)}{A_1} = \frac{B_1(1-T)}{B_1} < 1$，相对差距并没有扩大。

对所得税，我们一般考虑边际问题，采用累进税率进行征收，此时我们对 A_1 课征 T^*，对 B_1 仍然课征 T，令 $T^* > T$，则有 $(1 - T^*) < (1-T)$，两边都乘以 1，即 $\frac{A_1}{A_1}(1 - T^*) < \frac{B_1}{B_1}(1 - T)$，所以 $\frac{A_1(1-T^*)}{A_1} < \frac{B_1(1-T)}{B_1}$。在不考虑其他因素影响的情况下，我们分析发现，相对收入差距出现正面的抵消作用，直接税明显阻碍了贫富差距的扩大，在调节收入差距上优势突出。但是在调节过高收入时，如果超过了一定限度，可能会适得其反，最终的结果就是影响纳税人积极性的发挥。

3. 税制结构对收入分配影响的传导路径

收入分配包括初次分配和再分配。初次分配一般通过商品销售转移给居民各收入阶层，由于流转税的转嫁性质，最终的税收承担者因为存在收入差距，税收在调节收入分配公平方面呈现累退性；而在再分配环节，政府通过转移支付、税式支出等方式进行税收公平的调节。针对收入分配的调节，如果只是集中在流转环节，显然建立的税制结构是不完善的，因此在积累环节，也需要通过财产税对收入分配进行调节，按照税收负担的量能原则，对积累环节进行调节，更能体现公平分配。

税制结构在调整收入分配时，一般有两条途径：一是针对富裕阶层和中产阶层征收个人所得税和财产税，有目的性地调减富人的财富；二是政府通过财政的转移支付、税式支出等优惠措施对低收入者进行补偿。无论哪一条途径，若没有好的税制结构做支撑，都无法取得应有的税收收入，甚至还会引发社会矛盾，最终无法实现调节收入的目的。在实践中，由于间接税通常面向的是全体消费者，而直接税则侧重于高收入人群，降低间接税比重、提高直接税比重的税制结构有利于改善收入分配，通过进一步提高社会整体的边际消费倾向，释放消费内需，还可以拉动经济增长。

2.5　小结

本章主要借鉴了国内外税制结构的理论研究，并将其应用到税制结构优化中。首先，归纳阐述了税制结构优化的含义及具体衡量标准；其次，进一步对税制结构优化的约束因素进行了归纳分析，结果表明，经济社会基础是税制结构优化的客观约束，而政府政策倾向是税制结构优化的主观约束；最后，在税制结构优化原则的基础上，分两个层面对税制结构优化的效应进行了分析——一是税制结构优化的经济增长效应分析，二是税制结构优化的收入分配效应分析。

主要结论如下。

第一，税制结构优化是经济基础和政府政策倾向双重影响的结果。进入新时代，我国在经济上实现了快速增长，与以往的经济基础相比，已经发生了变化，同时，社会主要矛盾也已经改变，坚持以人民为中心成为新时代的主基调，也是政府新的政策倾向，税制结构优化的主客观约束因素都已变化。

第二，在经济增长层面，税制结构优化的效应主要是通过政府的税收制度来影响微观主体的资本积累、技术创新、价格体系和交易费用，进而通过提高劳动生产率这个中介过程，对经济增长产生影响。

第三，在收入分配层面，税制结构优化的效应主要是通过政府的税收制度来影响微观主体，包括不同收入阶层的收入、消费和积累的财富，进而对收入分配产生影响。

第四，实践中，税制结构对经济增长和收入分配的传导机制有时是直接的，有时是间接的，但影响效应是客观存在的。

以上是本章主要结论，以期为后续进行实证分析提供理论支撑。

第3章 新时代中国税制结构优化的现状与问题

历史唯物主义告诉我们，事物的发展是有规律的。中国的历次税制结构优化都与当时的时代背景紧密相关。1994年的税制改革基本奠定了我国现行税制结构的基础，也是新中国成立以来最彻底的一次税制调整，但随着时代的变迁，无论是税系结构、税类结构，还是税种结构，都与新时代社会经济发展的要求存在一定的距离，在许多地方需要调整、改革和完善。深化税制改革、优化税制结构已经成为新时代国家治理的需要。

3.1 新时代中国税制结构优化的环境分析

国内外社会经济环境是税制结构优化的重要考量因素，因此，客观分析新时代国内外的社会经济环境，准确把握税制结构调整的方向、力度和范围是我国税制结构优化的关键。

3.1.1 新时代促进税制结构优化的国内环境

从当前国内社会经济环境来看，中长期增长的经济趋势没有改变，工业化、数字化、城镇化、市场化深入发展，新时代的社会主要矛盾凸显，国内环境中既有税制结构优化的机遇，也面临着一些突出的问题。

3.1.1.1 新时代社会主要矛盾的变化要求继续深化税制改革

党的十九大指出，经过长期努力，中国特色社会主义进入了新时代。这个时代的社会主要矛盾已经发生变化，新的社会主要矛盾需要我们解决发展的不平衡不充分问题，更好地满足人民在经济、政治、文化、社会、生态等方面日益增长的需要，更好地推动人的全面发展和社会的全面进步。社会主要矛盾变化的重要论断对我国的政府职能转变及相应的财税制度改革提出了更高的要求。为满足人民日益增长的美好生活需要，税收制度的制定和实施要符合人民对民主、法治、公平和正义的需要，要有利于解决发展不平衡不充分的问题（张斌，2018）。为此，我们要明确社会主要矛盾为税制改革指引的方向。

一是人民对民主、法治的需要。我国的税制改革要全面落实税收法定的原则，这是人民想要看到的，也是人民所期盼的。通过落实税收法定原则，扩大人民的有序参与，让人民真正认识税收制度是关系到自己的事情，不仅可以增强人民依法纳税的意识，更能在税收征管过程中降低征税的难度。人民对税收法定的呼声既是人民民主法治意识增强的体现，也是社会全面进步的标志。依法征税、依法纳税、依法管税不仅可以保障人民财产的安全，也是满足人民对安全需要的重要内容。

二是人民对公平、正义的需要。物质文化的需要满足之后，人民对公平、正义的需要主要包括两个方面——收入分配的公平，民生和谐与发展。收入分配的差异既有过去多年历史发展的原因，也有地区、行业和个体差异的原因，进入新时代，在解决温饱的前提下，政府应更多关注收入分配的公平，通过税制进行调节，走精细化征管之路，使税制更公平、更具有调控能力，从而建立一个既能鼓励市场公平竞争，又能加强调控力度的税制结构体系。新时代的特点与以往大不一样，人口老龄化的到来，生育政策的放开，人们环境保护意识、节约资源意识的增强，等等，充分说明了人民对美好生活的向往，因此在税制改革方面，政府应加强对民生的关注，增加社会保障税改革，更多关注环保、合理利用资源等，而在政策倾向性方面，要增加偏重人民意愿的税制改革。

三是人民对更多种类、更高质量的物质文化的需要。要实现经济的可持续发展，必须贯彻新的发展理念，建设现代化的经济体系，着力解决发展不平衡不充分的矛盾。在税制改革上，应考虑市场的统一，鼓励创新和加强国际协同，构建有效的市场机制，增强微观主体活力，因此，在减税降费的同时，政府应适时推出有效的地方税收优惠政策，充分发挥税制调控经济的职能，建立适合我国国情的现代税制结构体系。

3.1.1.2　新时代经济发展进入新常态要求完善税制结构体系

党的十八大以来，我国经济发展经历了深刻的变化，呈现出新时代经济发展的新特征，迫切需要我们进一步完善税制结构体系，加快推动税制改革，突出表现为以下三个方面。

一是经济高速增长向高质量发展转变。1994—2011 年，我国经济年均增长 10.08%，2012 年以后，我国经济增速放缓，经济发展进入新常态，2012—2018 年，经济平均增速为 7.16%，但仍然高于世界同期的经济平均增速，GDP 总量在 2018 年突破人民币 90 万亿元，居世界第二位。新时代的中国经济不能再一味追求规模上的增长，而应更多关注经济的微观品质，包括商品品质、工程品质、服务品质和生态环保等方面，这符合人民对美好生活的向往。为此，创新、可持续、友好和谐成为经济发展的主流，这在客观上也要求我们的宏观调控政策要向这方面倾斜，税制结构不仅要对经济进行数量调控，还要兼顾推动新旧动能转换，更快提升经济发展的品质。

二是结构调整从需求端发力转变为需求与供给同时发力。近年来，随着人们生活水平的不断提高，消费方式升级态势十分明显，追求高品质的商品和服务成为经济增长的新动力，消费支出对 GDP 的贡献持续增加，投资结构也逐渐向高品质产业转化，经济增长从主要依靠投资拉动转变为投资和消费共同拉动。单从供给端来看，2015 年以服务业为主的第三产业占 GDP 比重达到 50.5%，2017 年以第三产业为主的税收在全国的占比更是达到 56.3%，无论 GDP 比重还是税收占比，第三产业都已经占据了国民经济的“半壁江山”，成为经济增长和财政收入的主力，而第三产业的主要产能更多来自中小微企业，其行业分布不仅广泛，而且更加贴近老百姓的日常生活，同时吸纳了大量的就业人员，因此，在税制结构的改革上，应考虑中小微企业的实际，制定符合我国国情的具体税制，使税制结构与经济结构调整协调配合。

三是发展动力从要素驱动、投资驱动向技术创新、绿色发展转变（楚尔鸣、曹策，2018）。新时代的核心是“新”，在经济领域，新技术、新产品、新业态、新模式等新事物层出不穷，单纯靠资本、人力、资源等传统要素来驱动经济的发展方式已经无法适应新的时代。党的十八大以来，我国坚持创新驱动、绿色发展的理念，单位能耗明显下降，工业产能利用率明显提高，PM2.5浓度显著下降（相比2013年，2017年京津冀、长三角和珠三角PM2.5平均浓度分别下降了39.6%、34.3%和27.7%①），优良天气持续出现，人民的幸福感增强。新技术方面，5G、人脸识别、数字货币支付、无人驾驶技术等高科技成果相继涌现；新产品方面，机器人、新能源汽车、3D打印产品等需求旺盛；新业态方面，网上交易、快递物流、外卖送餐等火爆持续；新模式方面，网上教育、网络监控、共享中心、数字模拟等已经成为经济发展的新模式。总之，不断创新已经成为这个时代的主旋律，因此，适应这个新时代，税制改革必须持续推进，向有利于企业创新发展、激发市场活力的方向进行改革，不仅要使税制结构进一步优化，还要使税制本身朝着科学化、精细化、服务化和智能化的方向发展。

3.1.1.3 新时代贫富差距扩大的现实要求强化税制调节力度

改革开放后，我国经济快速发展，人民的生活水平持续提高，然而不可忽视的是，贫富差距、收入分配问题凸显，给社会经济发展带来了一些新的困扰。尽管从基尼系数来看，2012年后我国的收入差距有所缓解，但仍保持在0.45的预警线以上。当前，缩小收入分配差距是与我国全面建成小康社会、实现中华民族伟大复兴目标一致的重大问题。进入新时代，贫富差距的问题逐渐呈现出一些新的特点，迫切需要强化税制宏观调节的力度，主要表现在以下三个方面。

一是存量财富差距日益突出。20世纪90年代之前，我国房地产市场尚未完全放开，贫富差距主要表现为收入流量的差距，因为差距不大，政府可以通过转移支付和社会保障来调节，但随着住房制度改革、区域优惠政策差别和不同人群受教育程度的差异，收入流量逐渐过渡为积累的财富存量，积累的财富再投入生产创造更多的收益会导致贫富差距进一步扩大。根据皮凯蒂

---

① 清华大学环境学院郝吉明院士课题组、贺克斌院士课题组、地球系统科学系张强教授课题组合作在《美国国家科学院院刊》在线发表题为《2013—2017年间中国PM2.5空气质量改善的驱动力》的论文。

的分析，以美元计价，我国的人均财富从 2000 年的 5672 美元增加到 2016 年的 22864 美元，上涨了 3 倍多。瑞士信贷发布的《2016 年全球财富报告》显示，中国居民（成年人）财富的基尼系数为 0.819，低于美国的 0.862，但高于日本的 0.631、英国的 0.732 等。对于财富差距，美国、日本等发达国家可以通过征收房产税、遗产税等方式调节，可我国目前尚不具备这些税种的开征条件，然而财富存量差距的现实问题已经存在。如果说收入流量差距还可以通过后天努力有所缩小，那么财富积累的存量差距则可能会造成阶层固化，导致更多的社会不公产生。因此，新时代的税制改革应着眼于财产税改革，继续完善税制结构体系，增加调节财富存量差距的税种，避免因贫富差距进一步扩大产生新的社会矛盾。

二是就业难的问题亟待解决。随着大数据、互联网 +、AI 等技术的发展和应用，低级、重复性劳动的就业岗位逐渐被淘汰，而中低收入的普通劳动者往往就职于传统行业，经济结构调整势必造成传统行业的大批普通劳动者下岗和分流，加之大学生毕业人数增加，经济增速下滑，中低收入人群在一定时期内就业难的问题将更加突出。新时代的新技术、新理念和新模式在空间和时间上对中低收入的劳动者就业形成了直接的影响。尽管技术进步能带来新的就业岗位，但是从空间角度来看，岗位有可能不在本地，如互联网电商的发展把当地的店铺挤垮了，由此产生物流快递、在线客服、计算机操作等工作岗位，但这些岗位可能在外地；从时间角度来看，虽然会产生新的工作岗位，但是掌握新的岗位技能需要时间。上述问题可能还不是最主要的，新时代的就业模式使财富更快地向头部人群集中，换句话说，大量财富流向那些处于金字塔顶端的人，导致“富者越富，穷者越穷”可能加剧。针对就业问题，我国应改革社会保障税，为中低收入人群提供托底保障，增加对高收入人群收入的税收调节，促进收入分配公平。

三是财政托举的作用在减弱。不断提高人民生活水平是政府的职责所在，人民之所向即政府之所为。党的十九大以来，我国采取了一系列保障和改善民生的举措，如加大基础设施、医药卫生、教育、住房等方面的开支，着力做好精准扶贫工作，这些举措无不需要财政支出的大力支持，但是我们也面临财政收入的增速放缓、财政支出的增幅加大的困境。进入新时代，我国的经济面临着结构调整、转型升级，对大量的中小企业要继续减税降费。这不仅意味着在一定时期内，我国的财政收入将继续走低，而用于教育、医疗、卫生和公共服务的开支却并未减少，导致财政收支的矛盾加剧，也意味着未来用于改善民生、加大对特殊地区及特殊人群扶持的财政支付能力可能减弱。为此，我们必须在缩减政府不必要支出的同时，扩大税源，增加对新经济的税收调节，进一步完善税制结构体系。

3.1.2 新时代促进税制结构优化的国际环境

3.1.2.1 世界新一轮减税竞争加剧

2017 年 12 月，《特朗普税改法案》经美国参议院投票表决通过，公司所得税税率由 35% 下调为 21%，个税税率调整了各档税率数值和对应的收入区间，美国政府的税改本意是希望通过减税做大经济蛋糕，最终解决财政赤字过大的问题，但美国作为世界第一大经济体，减税政策必然会产生外溢作用，引起全球减税效应。英国议会在 2021 年的财政预算案中提出，将 2022 年个人所得税高税率（40%）的起征点提升至 50270 英镑，并冻结至 2026 年，尽管遗产税起征点、养老金终生免税额、资本利得税起征点以及注册 VAT 的门槛等都保留当前水平，但企业在未来 2 年内进行投资，可以通过临时的“超级减税”政策减少 130% 的税负。举例来说，根据现有政策，一家建筑企业购买价值 1000 万英镑的新设备，可以减免 260 万英镑的应税收入，而在新宣布的“超级减税”政策下，该企业可以减少 1300 英镑的应税收入，可见，该政策有力地刺激了企业投资。[①] 法国政府自 2019 年起推出一系列减税措施，采取取消“小税种”的行动。为了促进日本经济回升，日本联合执政党制定了《2020 税制改革大纲》，该大纲包含的“促进创新机制”提出，企业向成立不到 10 年的未上市创新企业出资，出资额超过 1 亿日元的大企业、超过 1000 万

① https：//assets. publishing. service. gov. uk/government/uploads/system/uploads/attachment_ data/file/966161/Budget_ 2021_ Web_ accessible. pdf.

日元的中小企业，出资额的 25% 可从应纳税额中扣除。此外，该大纲还确定了促进个人投资的优惠措施①。发达国家的减税计划一方面可以促进海外企业回流，带来新的税收基础；另一方面可以促进企业复苏，刺激消费，解决就业，缓和社会矛盾。对于发展中国家，减税降费已不可避免，2017 年，印度将年收入 25 万～50 万卢比的人群的个人所得税税率从 10% 下调至 5%，大公司的所得税税率降至 25%，这在一定程度上具有减轻税负的作用。中国作为最大的发展中国家，近几年一直处于减税阶段，“十三五”时期累计减税降费超过 7.6 万亿元②，有效激发了市场主体的活力。

由此可见，世界新一轮的减税竞争日益加剧，但我们也要看到，尽管世界各国的减税对经济的发展具有刺激作用，可一味减税又无法降低财政开支的话，必将带来财政赤字的扩大，因此减税需要适度。

3.1.2.2　BEPS（税基侵蚀和利润转移）计划在全世界有序推进

全球化并非新生事物，资本与劳务的自由流动、贸易壁垒的消除、技术与通信的发展、制造业基地从高税地区向低税地区转移等使跨境活动更好地开展。一个客观事实是，各国因为自己的国情，在税收制度上存在着或多或少的差异，这种差异的相互作用会导致贸易和投资的双重征税，而消除双重征税是世界各国都赞同的。现有的各国国内法规和协定表明，凡是涉及跨境利润征税的，都应该能产生积极的结果，不会导致税基侵蚀和利润转移。然而随着时间的推移，现行法规也暴露了一些薄弱环节，比如将利润转移到产生这些利润的经营活动所在地以外的地方，从而出现不缴税或少缴税的状况。同时，数字经济的蓬勃发展也对国际税收提出了挑战——数字经济大量使用数据而无须依赖资产，由此产生了一些基本问题：数字经济与来源国或居民国之间有着怎样的联系？如何从税收的角度对其所得进行定性？部分国家为避免丧失公司征税权，可能会采取单边行动，这意味着双重征税将卷土重来，

---

① 苏海河．促进企业投资　支持新兴产业　日本 2020 年度税改将有大动作［N］．经济日报，2019－12－30.

② 资料来源：国家税务总局网站。

为此，世界各国应携起手来，共同处理税基侵蚀和利润转移问题。二十国集团财政部长呼吁 OECD 制订行动计划，以便各国协调一致地全面应对税基侵蚀和利润转移问题，具体而言，这份 BEPS 行动计划就是各国通过国内和国际途径，更好地行使征税权，使其与经济行为匹配。中国作为世界工厂，又是“一带一路”倡议的发起者，针对国际 BEPS 行动计划，应采取有效措施，明确执行 BEPS 多边公约的具体方案。

3.1.2.3 世界经济一体化趋势方兴未艾

世界经济一体化是指世界经济活动超越了国界，使世界各国、各地区之间的经济活动相互依存、相互关联，形成世界范围内的有机整体。随着市场经济的发展，国际分工逐步明确，跨国公司的影响越来越大。2019 年，世界 500 强的公司无一不是拥有遍及全球网点的超级企业，他们把商品和服务卖向全世界，实现优势互补，缩小了世界经济发展的不平衡性。由于自然条件和经济发展水平的差异，各国所拥有的资本、劳动、技术、土地、自然资源等各不相同，通过生产要素在不同国家的相互转移，使一种生产要素从具有优势的国家流向在这方面不具有优势的国家，与当地具有优势的其他生产要素重新组合和配置，从而实现生产要素的优化组合。各国根据比较优势原理参加国际分工和国际经济协作活动，力争获得最佳经济效益。2019 年，在《财富》杂志公布的世界 500 强中，我国有 129 家企业上榜，首次超越美国，这说明我国融入世界经济的速度在加快，可是我国企业也面临着“走出去”的一系列政策问题，特别是税收机制的协调、税收信息的共享等，因此，加大我国税制与世界范围的接轨势在必行。

3.2 新时代中国税制结构优化的现状分析

3.2.1 新时代中国税制结构优化的整体现状

3.2.1.1 中国税制结构优化的历史演变轨迹

为了衡量新中国成立以来税制结构的变革，本章结合多数学者（如李华罡，2009；韩仁月，2011）的研究用 HP 指数来进行分析。

本章分析税制结构的变化不是为了鉴别某种税的相对变化周期模式，而是要引入一种指标来衡量整体税制结构的每年变化率，通过计算这种指标，测量出我国税制结构在较长一段时间内的变动情况，从而分析我国税制结构变迁的程度及速度，以期为我国进一步优化税制结构提供借鉴。党的十四大明确提出建立社会主义市场经济体制的目标和党的十四届三中全会做出《关于建立社会主义市场经济体制的若干问题的决定》之后，我国的经济体制进入了一个新的时期，而此时的工商税制仍然存在一些不完善的地方，不能完全适应发展市场经济的要求，于是，1994 年我国进行了税制的重大改革，此后为了适应经济形势的发展，税制结构不断得到优化。

由此可见，1994 年的税制结构变动是市场经济改革背景下的变动，对新时代进行税制结构优化最有借鉴意义。故本章选取 1994—2018 年这 25 年的主要税种变动来分析我国税制结构的变动，选取的税种按照直接税和间接税进行分类，间接税主要选取了增值税、消费税、营业税和关税，直接税主要选取了企业所得税和个人所得税——2018 年，这 6 个税种的总和占到了总税收收入的 79.41%。按照 HP 指数计算方法对这 6 个主要税种 25 年的变化进行分析，得出税制结构变动轨迹示意图，见图 3－1。

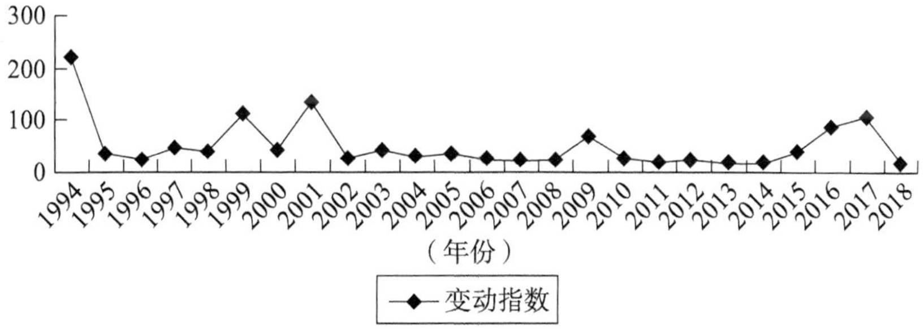

图 3－1　1994—2018 年中国税制结构变动轨迹示意图（6 税类指数）

资料来源：国家统计局网站，根据《中国统计年鉴—2019》进行指数化计算整理。

根据图 3－2，我们可以清楚地看到 1994 年税制改革以来税制结构变动的总体特征。该图的横坐标为年份，纵坐标为变动指数，图中的折线变化反映了税制的变化幅度，折线的高度则反映了税制结构的变化强度。图中有 5 个比较明显的波峰，按对应时间分别是1994年、1999年、2001年、2009年和2016—2017年，依照我们的指数编制理论，中国的税制应该在这些年份发生过较大的变化。结合中国税收制度的变迁历史，我们分析发现，以上指数所反映的税制结构变迁轨迹是符合历史事实的：1994年，适应市场经济的税制改革初步奠定了与市场经济体制相适应的税制结构体系；1999年，首次对利息征收20%个人所得税；2001年，企业所得税扩展到其他所有制企业；2009年，增值税由生产型改为消费型；2016年5月1日，全面实行营业税改征增值税。

整体来看，1978年改革开放至今，税制结构优化大致分为三个阶段。第一阶段（1978—1993年），这一阶段突破了以往税制改革只是强调税制简化的惯性思维，复合税制逐步完善。第二阶段（1994—2012年），这一阶段的基本指导思想为统一税法、合理分权，建立符合社会主义市场经济要求的税制体系。第三阶段（2013年至今），这一阶段属于我国新时代市场经济改革完善时期，无论是直接税，还是间接税，都更加注重税种的细节优化。总体来看，中国历次税制结构改革都与当时的时代背景密切相关，有力地推动了当时社会经济的发展。

3.2.1.2 间接税为主体的税制结构体系未变

1994年，分税制改革基本奠定了我国目前的税制结构体系。2018年，我国税收收入约为17.28万亿元（含关税），占GDP的19.19%。从税系结构来看，我国目前仍然是以间接税为主体的税制结构，这与历史背景有直接关系。1994年，在确立税制结构时就讨论过直接税的可行性，但当时企业会计制度不健全，信息化建设相对滞后，直接税作为主体税系存在一定的限制，所以选择了间接税为主体税系，而且这种模式有两大优点：一是汲取财政收入能力强，税收主要发生在交易的流转环节，只要交易可见，就可以征税，税收收入有保障；二是征收隐蔽，税负转嫁出去，并没有直接的痛感，消费者误解为产品成本，而纳税人又不直接承担税负，二者都乐于配合。

进入新时代，我国经济面临着转型升级，这一时期经济增长的驱动力由传统要素转向科技创新，然而随着工业化的深入，第二产业的利润不断下降，要想引导企业加大研发力度，深化财税体制改革，特别是调整税制结构是一项重要的激励举措。这就需要一方面减税，即减少间接税，使税收政策尽量减少经济下行压力给企业带来的影响；另一方面增税，即增加直接税，持续改革个人所得税和房产税。2019 年 4 月 1 日起，我国制造业等行业增值税率由现行的 16% 降为 13%，交通运输业、建筑业等行业增值税率由现行的 10% 降为 9%，不仅确保了主要行业税负明显降低，实现了 2019 年为企业减税降费 2.36 万亿元①。2018 年的税收总收入中，间接税占比达到 57.19%，接近 60%，直接税占比为 42.81%，而发达国家的间接税比重一般都在 50% 以下。间接税比重过大，很容易引起社会税负由企业承担，从而造成企业生产经营成本增加，特别是在经济下行周期，不利于企业抵御外部环境风险，可能造成企业经营困难，最终对我国经济高质量增长产生负面影响。

从具体税种来看，增值税在间接税中所占比重偏高的特征未变。1994—2018 年中国主要税种结构如图 3 –2 所示。

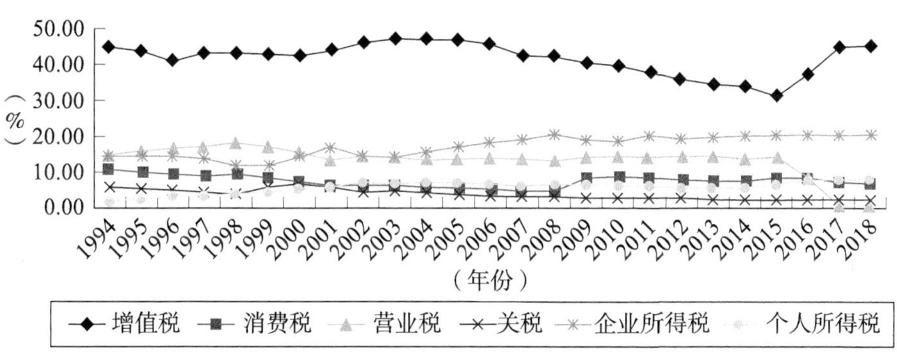

图 3 –2　1994—2018 年中国税种结构

由图 3 –2 可见，自 1994 年分税制改革以来，增值税作为我国第一大税种，在税收总收入中的占比呈明显下降趋势，由 1994 年的 45.22% 下降到 2015 年的 31.09%，下降了 14.13%。但是由于 2016 年“营改增”的全面实施，2016 年增值税又反弹到了 37.07%，2018 年更是达到了 44.95%，继续成

① 参见《2020 年政府工作报告》。

为我国的第一大主体税种。消费税的占比则比较稳定，除2010年高达8.51%以外，2011年以来，持续保持在7%~8%。2016年营业税被取消，但是整体货劳税占比并没有发生大的改变，2015年占比为57.92%，2016年占比为57.47%，2017年占比为56.87%，2018年占比为56.19%，逐年呈微降趋势。关税①占比在2000年高达5.95%，2001年，我国正式加入WTO，从此关税占比呈逐年下降趋势，2017年达到1.89%。所得税类中，企业所得税在2017年的税收总收入中占比为20.54%，是目前我国的第二大税种；个人所得税在实施期间经过几次扣除额和税率的调整，自2010年以来呈现缓慢回升的态势，2018年占比达到8.03%，这也从另一个层面体现了我国居民收入水平的增长。综上，新时代我国税制结构已经不能适应经济结构调整的需要，未来增加直接税比重、降低间接税比重已是大势所趋。

3.2.1.3 税制结构体现了超强组织收入职能

自1978年改革开放以来，我国经济快速增长，税制组织收入的能力不断增强，1994—2018年的GDP年均增长率为9.28%，我国同期的税收收入也快速增长，年均增长率达到17.07%，税收收入总量及占GDP的比重变化情况见表3-1。虽然二者都保持了良好的势头，但税收收入的增长明显高于GDP的增长，被称为"税收超速增长之谜"。这种"税收超速增长之谜"表现为税收弹性较高，经济学界一般认为，税收弹性保持在0.8~1.2是合理的②，然而长期以来，我国的税收弹性都大于1.2，这说明相对经济增长速度而言，纳税人的税负水平过高，此时税收参与国民收入分配的比重会不断上升。"税收超速增长之谜"的根源是税制结构问题，扭曲的结构不利于经济的稳定发展。

---

① 关税数据来自《中国统计年鉴—2019》，其他税收数据来自历年《中国税务年鉴》。这里分析的税制结构含关税。

② 税收弹性表示为 $ET=\dfrac{\frac{\Delta T}{T}}{\left(\frac{\Delta GDP}{GDP}\right)}$，若 $ET=1$，表示税收为单位弹性；若 $ET>1$，表示税收为富有弹性，此时税收参与新增国民收入分配的比重开始上升；若 $ET<1$，表示税收缺乏弹性，新增国民收入中，税收所占比重开始下降。

表 3－1　1994—2018 年中国税收收入总量及占 GDP 的比重变化情况

年份	GDP（亿元）	各项税收（亿元）	税收占 GDP 的比重（%）
1994	48637.5	4893.27	10.06
1995	61339.9	5716.83	9.32
1996	71813.6	6524.72	9.09
1997	79715.0	8112.34	10.18
1998	85195.5	8969.70	10.53
1999	90564.4	10250.10	11.32
2000	100280.1	12606.26	12.57
2001	110863.1	16005.99	14.44
2002	121717.4	17700.83	14.54
2003	137422.0	21389.27	15.56
2004	161840.2	26767.25	16.54
2005	187318.9	31933.20	17.05
2006	219438.5	38778.83	17.67
2007	270092.3	50884.37	18.84
2008	319244.6	59631.75	18.68
2009	348517.7	64587.41	18.53
2010	412119.3	79422.27	19.27
2011	487940.2	98288.58	20.14
2012	538580.0	113547.97	21.08
2013	592963.2	122590.52	20.67
2014	641280.6	132384.53	20.64
2015	685992.9	138582.67	20.20
2016	740060.8	143107.78	19.34
2017	820754.3	158737.14	19.34
2018	900309.5	172806.57	19.19

注：实际 GDP 考虑了平减物价指数。

资料来源：关税和 GDP 数据来自《中国统计年鉴—2019》，其他税收数据来自《中国税务年鉴》，自行整理所得。

如表3－1所示，从税收的绝对值来看，我国2018年的GDP约为90万亿元，是1994年的18倍多，而2018年我国税收收入超过了17万亿元，比1994年增长了大约34倍，很明显，税收收入增长过快，远超过了经济增长。从税收的相对值来看，尽管2012年以后我国的GDP保持了6%～7%的经济增长，但是税收占GDP的比重仍旧保持在19%左右，这充分显示了我国税制结构具有较强组织财政收入的功能。

从图3－3中可以看出，1994—2018年我国GDP增长率最高的年份出现在2007年，达到了14.2%，同年我国的税收增长也是最高的，达到了31.2%。随后的2008年，受全球经济危机的影响，我国GDP增长率和税收增长率双双出现下降，但当年税收增长率仍高于GDP增长率。1994—2018年，除2015年和2016年税收增长率低于GDP增长率外，其余年份的税收增长率都高于GDP增长率，即税收弹性大于1，有些年份甚至大于2（如图3－4所示），为典型的富有弹性。

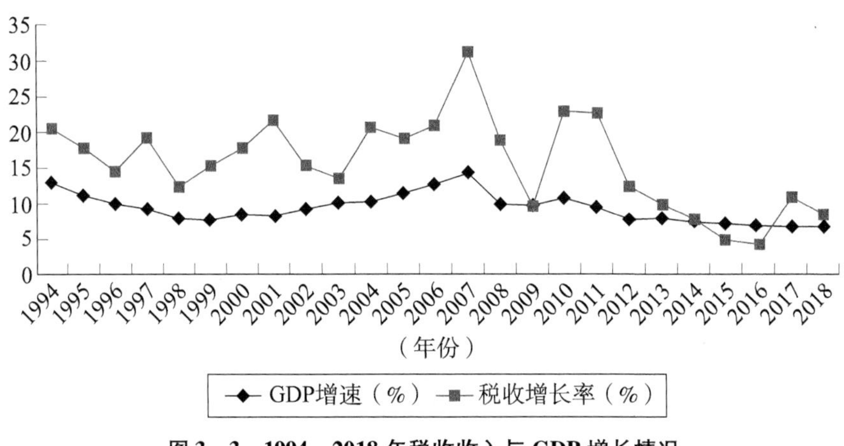

图3－3　1994—2018年税收收入与GDP增长情况

究其原因有以下几点：一是价格和统计的因素。我国GDP在统计时通常采用支出法，GDP中包含的进出口环节为进出口净值，即出口减去进口，进口对GDP产生负向影响，而实际计算税收收入时，进口环节会产生大量的增值税、关税和消费税等，因此进口环节的统计口径对税收增长率和GDP增长率都会产生影响。二是GDP自身的组成结构因素。我国的生产结构分为第一产业、第二产业和第三产业，随着农业税的取消，税收的增加值主要来自第

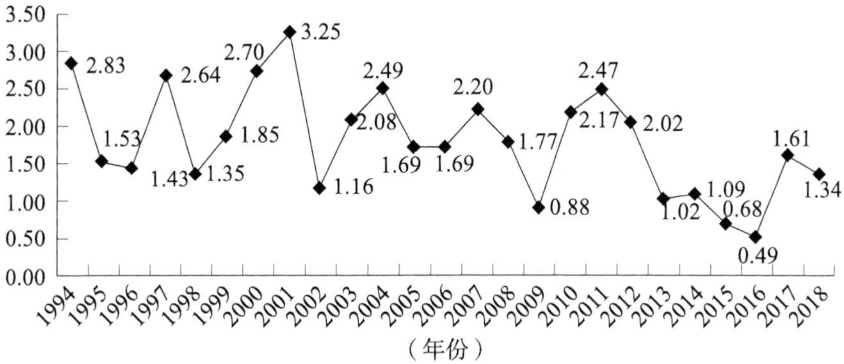

图 3－4　1994—2018 年税收弹性情况

二产业和第三产业，在 GDP 总量一定的情况下，随着经济结构不断优化，第二产业和第三产业快速发展，税收增加的速度就会快于经济增长的速度。三是我国税制结构中累进税制的自动稳定器。实行超额和超率累进税率可以较好地调整收入差距，经济较快增长的区域就会产生税收增长高于应税所得的增长，从而出现税收超经济增长的情况。

2013 年以来，尽管我国一些年份的税收增长仍然高于经济的增长，但税收增长与经济增长的差距在缩小，2018 年的税收弹性为 1.34，说明我国为促进经济健康发展，为了给企业减负而实施的减税降费的政策效果已经在税收收入上有所体现，这既符合我国政府为应对当前经济下行压力而遵循保增长、保发展、保稳定的工作思路，又符合当下国际减税的趋势和时代背景。

3.2.1.4　税制结构中的税制步入法治化轨道

税制结构优化需要税收的法治化来保驾护航，没有法定的税制是不稳定的，也是不能持久的。税收法定原则是税收的核心原则，在《中华人民共和国立法法》中得到确认。依法治税的理念初步建立，之后，我国对各种税收实体法和税收程序法进行修订和完善，依法治税不断取得突破性进展。

2005 年，第十届全国人大常委会第十九次会议决定，自 2006 年 1 月 1 日起废止《中华人民共和国农业税条例》。2007 年，第十届全国人大第五次会议通过了《中华人民共和国企业所得税法》，统一了内外资企业的税负，并将税率统一调整为25%。《中华人民共和国个人所得税法》于1980年经第五届全国人民代表大会第三次会议通过后，历经了七次修订。此外，第十一届人大常委会第十九次会议于2011年2月25日通过了《中华人民共和国车船税法》，于2012年1月1日起施行。

2013年，党的十八届三中全会通过了《中共中央关于全面深化改革若干重大问题的决定》，明确提出“落实税收法定原则”，税制改革和税制立法的进程步入了快车道。2016年，第十二届全国人大常委会第二十五次会议通过了《中华人民共和国环境保护税法》，并于2018年1月1日起施行。2017年，第十二届全国人大常委会第三十一次会议通过了《中华人民共和国烟叶税法》《中华人民共和国船舶吨税法》，这两部法律都于2018年7月1日起施行。2018年，第十三届全国人大常委会第七次会议通过了《中华人民共和国耕地占用税法》，于2019年9月1日起施行。同年，第十三届全国人大常委会第七次会议通过了《中华人民共和国车辆购置税法》，于2019年7月1日起施行。2019年之后，税收立法速度明显加快，2019年8月26日，第十三届全国人大常委会第十二次会议通过了《中华人民共和国资源税法》，2020年8月11日，第十三届全国人大常委会第二十一次会议通过了《中华人民共和国契税法》和《中华人民共和国城市维护建设税法》。至此，我国已有11部税收制度经过立法（不含《中华人民共和国税收征收管理法》），税制结构中的税收制度步入法治化轨道，为我国税制结构进一步优化打下了坚实的基础。

3.2.2 新时代中国税制结构优化的发展现状

从中国税制结构优化具体发展历程看，新时代在税系结构、税类结构和税种结构三个层面分别呈现“三依赖”特征：一是税系结构中税收更依赖间接税；二是税类结构中税收更依赖货劳税；三是税种结构中税收更依赖增值税。

3.2.2.1 税系结构的发展现状——更依赖间接税

新时代中国税制结构改革的突出特点是增加直接税比重，为企业减税降费，这已在理论和实务界达成了共识。但我国形成以间接税为主的税制结构与当时的时代背景相契合，而且在其优化的过程中有力促进了当时社会经济的发展。因此我们不能否认过去的税制结构，而是要辩证地看待现行的税制结构。从发展趋势看，1994 年至今，税系结构的形成大致可分为两个阶段：一是统一税负和简化税制阶段（1994—2012 年）；二是减税降费和提高直接税阶段（2013 年至今）。

1. 统一税负和简化税制阶段（1994—2012 年）

1994 年之前的工商税制仍然存在一些不完善的地方，主要表现在：一是税负不公平，不利于不同所有制、不同地区、不同企业和产品之间展开竞争；二是名目繁多的优惠政策使财政难以承受；三是地方税收体系不健全，规模过小，权力有限；四是内外资企业执行两套税制，矛盾日益突出。为此，1994 年税制改革的指导思想确定为“统一税法，公平税负，简化税制，合理分权，理顺分配关系，保障财政收入，建立符合社会主义市场经济要求的税制体系”。

以 1994 年分税制改革为起点，从直接税和间接税的角度来看 1994—2012 年的税制结构，通过统计分析可以得出表 3 - 2。

表 3 - 2　　1994—2012 年中国直接税、间接税的变化情况

年份	税收总收入		间接税			直接税		
	绝对值（亿元）	增长速度（%）	绝对值（亿元）	增长速度（%）	所占比重（%）	绝对值（亿元）	增长速度（%）	所占比重（%）
1994	4893.27	—	3901.37	—	79.73	991.90	—	20.27
1995	5716.83	16.83	4483.66	14.93	78.43	1233.17	24.32	21.57
1996	6524.72	14.13	4977.10	11.01	76.28	1547.63	25.50	23.72
1997	8112.34	24.33	6194.25	24.46	76.36	1918.09	23.94	23.64
1998	8969.70	10.57	6981.73	12.71	77.84	1987.97	3.64	22.16
1999	10250.10	14.27	7896.57	13.10	77.04	2353.52	18.39	22.96
2000	12606.26	22.99	9268.54	17.37	73.52	3337.72	41.82	26.48
2001	16005.99	26.97	11413.64	23.14	71.31	4592.34	37.59	28.69

续 表

年份	税收总收入		间接税			直接税		
	绝对值（亿元）	增长速度（%）	绝对值（亿元）	增长速度（%）	所占比重（%）	绝对值（亿元）	增长速度（%）	所占比重（%）
2002	17700.83	10.59	12931.61	13.30	73.06	4769.22	3.85	26.94
2003	21389.27	20.84	15743.05	21.74	73.60	5646.22	18.39	26.40
2004	26767.25	25.14	19544.35	24.15	73.02	7222.90	27.92	26.98
2005	31933.20	19.30	22788.73	16.60	71.36	9144.47	26.60	28.64
2006	38778.83	21.44	27207.36	19.39	70.16	11571.47	26.54	29.84
2007	50884.37	31.22	33452.65	22.95	65.74	17431.72	50.64	34.26
2008	59631.75	17.19	39223.92	17.25	65.78	20407.83	17.07	34.22
2009	64587.41	8.31	43790.75	11.64	67.80	20796.66	1.91	32.20
2010	79422.28	22.97	53783.55	22.82	67.72	25638.73	23.28	32.28
2011	98288.58	23.75	64853.67	20.58	65.98	33434.91	30.41	34.02
2012	113547.96	15.53	72022.29	11.05	63.43	41525.67	24.20	36.57

注：1. 现在已经不执行的固定资产投资方向调节税、筵席税、屠宰税、专项调节税等放入其他税收。2. 1994—1999 年的税收收入为工商税收与企业所得税收入之和。

资料来源：关税数据来自历年《中国统计年鉴—2019》，其他基础数据均来自《中国税务年鉴》，并经自行计算整理所得。

由表 3 - 2 中可以看出，我国直接税和间接税的结构变化与税制改革密切相关。纵向来看，1994—2012 年，我国税收总收入增长很快，平均增速达到 19.24%，其中间接税平均增速 17.68%，直接税平均增速 23.67%。尽管随着税制改革的不断推进，直接税比重有所增长，间接税比重不断下降，但是直到 2012 年，我国的税制结构中，间接税占比依然高达 63.43%，而直税比重为 36.57%。这表明，截至 2012 年年底党的十八大召开时，我国依然是以间接税为主的税制结构。

2. 减税降费和提高直接税阶段（2013 年至今）

如表 3 - 3 所示，2013—2018 年，我国税收总收入增长明显放缓，年均增速为 7.28%，同期间接税和直接税的增速也呈下降趋势，年均增速分别为 5.45% 和 10.14%。到 2018 年年底，间接税占税收总收入的比重为 57.19%，直接税占税收总收入的比重为42.81%。整体来看，这一阶段税制结构的特点是间接税比重不断下降，直接税比重缓慢上升，但间接税的比重依然偏高，接近60%。

表3-3 2013—2018年中国直接税、间接税的变化情况

年份	税收总收入		间接税			直接税		
	绝对值（亿元）	增长速度（%）	绝对值（亿元）	增长速度（%）	所占比重（%）	绝对值（亿元）	增长速度（%）	所占比重（%）
2013	122590.52	7.96	75714.45	5.13	61.76	46876.07	12.88	38.24
2014	132384.52	7.99	79886.69	5.51	60.34	52497.83	11.99	39.66
2015	138582.67	4.68	81444.60	1.95	58.77	57138.07	8.84	41.23
2016	143107.78	3.27	83325.67	2.31	58.23	59782.11	4.63	41.77
2017	158737.14	10.92	91738.89	10.10	57.79	66998.25	12.07	42.21
2018	172806.57	8.86	98836.20	7.74	57.19	73970.37	10.41	42.81

资料来源：关税数据来自历年《中国统计年鉴—2019》，其他基础数据均来自《中国税务年鉴》，并经自行计算整理所得。

纵向来看，2018年我国的税收总收入达到了172806.57亿元（含关税），比2012年增长了52.19%，占GDP的比重达到了19.19%，比2012年下降了1.82%，直接税与间接税的占比差距也由2012年的26.86%降到了2018年的14.38%，这表明我国宏观税负在降低，而在税收总收入中，间接税和直接税的占比差距在缩小。

3.2.2.2 税类结构的发展现状——更依赖货劳税

从货劳税、所得税、财产税和其他税的角度来看，我国的税制结构依然偏重货劳税。以党的十八大为界分以下两个阶段进行分析：一是税类结构持续调整阶段（1994—2012年），二是税类结构不断完善阶段（2013年至今）。

1. 税类结构持续调整阶段（1994—2012年）

1994年分税制改革以来，我国以货劳税为主体的税类结构几乎成为常态，如表3-4所示。1994年货劳税占总税收的比重为78.80%，2012年比重上升为62.52%。然而从总的发展趋势来看，所得税占比不断上升，由1994年的15.54%上升到2012年的26.90%；财产税的占比也不断上升，由1994年的

2.13%上升到2012年的7.39%；同期货劳税的占比则不断下降，由1994年的78.80%下降到2012年的62.52%，年均下降0.9%。尽管如此，货劳税的占比依然较高，超过了60%，截至2012年年底，我国依然没有摆脱更依赖货劳税的税类结构。

表3－4　1994—2012年中国货劳税、所得税、财产税和其他税的变化情况

年份	收入（含关税，亿元）	货劳税		所得税		财产税		其他税	
		小计	占比（%）	小计	占比（%）	小计	占比（%）	小计	占比（%）
1994	4893.27	3855.87	78.80	760.53	15.54	104.08	2.13	172.79	3.53
1995	5716.83	4428.60	77.47	959.09	16.78	128.72	2.25	200.42	3.51
1996	6524.72	4919.75	75.40	1110.20	17.02	156.74	2.40	338.03	5.18
1997	8112.35	6137.63	75.66	1337.21	16.48	185.13	2.28	452.38	5.58
1998	8969.71	6919.80	77.15	1381.68	15.40	233.11	2.60	435.12	4.85
1999	10250.09	7833.71	76.43	1648.31	16.08	263.47	2.57	504.60	4.92
2000	12606.26	9204.90	73.02	2439.56	19.35	297.96	2.36	663.84	5.27
2001	16005.99	11346.54	70.89	3640.83	22.75	319.37	2.00	699.25	4.37
2002	17700.84	12856.48	72.63	3820.27	21.58	751.66	4.25	272.43	1.54
2003	21389.28	15659.94	73.21	4502.26	21.05	921.94	4.31	305.14	1.43
2004	26767.25	19445.54	72.65	5886.23	21.99	1042.97	3.90	392.51	1.47
2005	31933.20	22646.52	70.92	7745.58	24.26	1170.35	3.66	370.75	1.16
2006	38778.82	26958.89	69.52	9765.04	25.18	1429.05	3.69	625.84	1.61
2007	50884.38	33144.13	65.14	13263.05	26.07	1905.94	3.75	2571.26	5.05
2008	59631.74	38855.04	65.16	16454.92	27.59	2631.22	4.41	1690.56	2.84
2009	64587.40	43371.86	67.15	16819.40	26.04	3075.03	4.76	1321.11	2.05
2010	79422.27	53287.70	67.09	20664.45	26.02	3932.27	4.95	1537.85	1.94
2011	98288.58	64163.44	65.28	27719.67	28.20	4671.49	4.75	1733.98	1.76
2012	113547.96	70986.31	62.52	30547.25	26.90	8392.36	7.39	3622.04	3.19

资料来源：关税数据来自历年《中国统计年鉴—2019》，其他基础数据均来自《中国税务年鉴》，并经自行计算整理所得。

一般情况下，以货劳税为主的税类结构能够更好地体现政府的调控意图，对生产、流通和消费等环节都有较强的调节作用，可以有效促进资源的优化配置，而且与所得税为主的税制结构相比，前者简单，易于征管，便于政府组织收入，因此，在经济发展水平较低时，实施货劳税为主的税制结构能够更好地满足社会经济发展的需要。但随着经济发展水平的提高，继续施行以货劳税为主的税制结构无法达到促进社会公平的目的。通常情况下，所得税来源更直接，也影响着人们的劳动与闲暇、消费和储蓄、投资和筹资等。货劳税和所得税究竟以哪个为主，它们各有自己的优缺点，因此不是绝对的，而且税类结构的优化也是一个动态的过程，需要适应时代的发展。

2. 税类结构不断完善阶段（2013 年至今）

2013 年后，我国货劳税的比重依然保持了下降的趋势，而所得税的比重不断上升，这得益于税类结构的不断完善。2012 年年底，党的十八大召开，以习近平同志为核心的党中央采取多项措施，推动我国经济由高速增长向高质量发展转变，税类结构不断完善，货劳税中的增值税改革取得突破性进展，尤其是“营改增”全面实施，逐渐下调增值税税率，使货劳税的占比不断降低，有力地促进了产业结构转型。2016 年，我国实施供给侧结构性改革，减税降费成为“三去一降一补”的重要政策，通过降低货劳税中的增值税为企业减负，为实体经济的发展提供了有力的支持。2013—2018 年，我国的税类结构发生了显著变化，如表 3 – 5 所示。

表 3 – 5　2013—2018 年中国货劳税、所得税、财产税和其他税的变化情况

年份	收入（含关税，亿元）	货劳税		所得税		财产税		其他税	
		小计	占比（%）	小计	占比（%）	小计	占比（%）	小计	占比（%）
2013	122590.53	74558.77	60.82	33705.03	27.49	10185.60	8.31	4141.13	3.38
2014	132384.54	78661.98	59.42	37733.09	28.50	11231.54	8.48	4757.93	3.59
2015	138582.67	80266.86	57.92	40161.62	28.98	11483.41	8.29	6670.78	4.81
2016	143107.78	82244.32	57.47	43430.86	30.35	12126.43	8.47	5306.17	3.71
2017	158737.14	90270.05	56.87	49209.98	31.00	13923.69	8.77	5333.42	3.36
2018	172806.57	97095.22	56.19	55006.51	31.83	15289.61	8.85	5415.23	3.13

资料来源：关税数据来自历年《中国统计年鉴—2019》，其他基础数据均来自《中国税务年鉴》，并经自行计算整理所得。

由表3－5可知，2013—2018年，货劳税的比重缓慢下降，所得税的比重缓慢上升，财产税和其他税的比重基本维持稳定。横向比较来看，货劳税2018年占比仍高达56.19%，超过了50%，处于绝对主体地位；所得税占比为31.83%，比2013年提高了4.34%；财产税基本保持稳定。这说明，中国目前的税类结构依然是货劳税为主，所得税为辅，财产税的比重偏低。

3.2.2.3 税种结构的发展现状——更依赖增值税

税制结构优化的根本在于税种的调整和完善。1994年至今，无论是税种本身，还是税种内部的要素，都处于不断调整和完善中，为社会经济的发展提供了有力的政策支持。税种结构大致可分为小幅调整（1994—2012年）和内部持续优化（2013年至今）两个阶段。

1. 税种结构小幅度调整阶段（1994—2012年）

1994年分税制改革以来，随着我国市场经济的逐步完善，税种结构进入了小幅调整阶段。1997年10月1日起施行《中华人民共和国契税暂行条例》。2001年1月1日起开征车辆购置税。在农业税方面，2005年取消农业税，2006年1月1日起执行，2005—2006年又取消了牧业税和屠宰税，同时开征烟叶税，取代了过去的烟叶特产农业税。在流转税方面，2008年修订《中华人民共和国增值税暂行条例》，从2009年1月1日起，增值税实现了由“生产型”向“消费型”的转变，扩展了抵扣链条，降低了增值税收入，并在2012年在全国试点营业税改征增值税；消费税于2006年4月1日起新增高尔夫球及球具、高档手表、游艇、木制一次性筷子、实木地板税目，取消护肤护发品税目，同时调整了部分税目的税率。在所得税方面，随着居民收入水平的提高，自2008年3月1日起，将个人所得税费用扣除标准提高到2000元，自2008年1月1日起，对内外资企业统一开征企业所得税。在财产税方面，2007年，对内外资企业统一合并开征新的车船税；2009年，取消对外征收的城市房地产税，对内外资企业统一合并开征新的房产税；2011年，国务院还修改了资源税，自当年11月1日起施行。

1994—2012年的税种改革适应了市场经济发展的要求，影响深远，但也存在着一些问题：一是税制的城乡统一、内外统一进程缓慢；二是个人所得税、房地产税等重要税种的改革和立法工作比较滞后；三是相应的增值税等流转税没有实质性的改革。

2. 税种结构内部持续优化阶段（2013 年至今）

税种是课税具体而明晰的子目，是税类的具体化，也是税制结构中的基本单元。不同的税种在经济体系中扮演着不同的角色，并在各自的领域发挥着独特的作用。2013 年以后，中国进入了全面深化改革时期，基于原有税制的不足和已有改革的延续，对税种结构持续优化，重点体现在以下几个方面。

一是实行“营改增”。2016 年 5 月 1 日，我国全面实行“营改增”，并修改了增值税条例，调整了增值税的征收率，统一了小规模纳税人的标准。“营改增”不仅能为企业减负，而且有效促进了现代服务业和先进制造业的发展，对培育经济发展的动能提供了巨大的推动作用。

二是加快调整消费税。在消费税上，我国陆续调整了部分税目和税率，如取消普通美容、修饰类化妆品的消费税，将征税的化妆品税率从 30% 下调为 15%，还取消了汽车轮胎、酒精等税目的消费税，上调了卷烟环节的从价税率，从而使消费税在一定程度上更加细化，不仅引导了合理消费，而且促进了节能减排。

三是逐步改革资源税。2016 年，我国对资源税进行改革，如扩大征税范围、将水资源税作为征收重点、实施矿产资源从价计征等，进一步促进了资源的节约利用。

四是开征环保税。2018 年 1 月 1 日起正式实施环保税，征收范围涵盖大气污染、水污染、固体废弃物污染和噪声污染四大类，为我国实施可持续发展战略提供了有力的政策支持。

五是所得税方面更加细化。小微企业所得税的减征范围不断扩大，科技型中小企业研发费用的扣除比例有所提高，单位价值不超过 500 万元的固定资产可一次性扣除等政策陆续出台；对于个人所得税，征收的扣除标准提高到 5000 元，并且细化了加计扣除的标准，此外还包括上市公司股息、红利差别化的个税政策等。这些方面的变动，一方面体现了国家在征税方面的精细化管理，更加注重公平，另一方面也反映了我国的征收管理手段在不断进步。

尽管税种结构得到持续优化，但更依赖增值税的特征未变，2018 年增值税占比依然较高，达到了44.95%，2019年以来，虽然我国持续改革降低增值税，但是由于增值税在生产环节征收，对生产端的价格非常敏感，上游的生产资料价格上涨的直接表现就是增值税的增加，当PPI（工业品出厂价格指数）增长过快时，增值税也会因为价格上涨而快速增长，最终由于PPI上涨速度超过GDP，过于依赖增值税的税收增长超过了GDP的增长速度。反之，如果PPI过快下降，过于依赖增值税就会导致税收总收入快速下降，从而影响财政收入的稳定。

3.3 新时代中国税制结构优化中存在的问题

3.3.1 税制结构中"企业"税负比偏高

国家税务总局公布的数据显示，2018年，在我国15.6万亿元的总税收收入中，来自个人所得税（含个体经营者缴纳的所得税）的收入占比为12.1%，而来自企业法人的税收占比为87.9%，接近90%，这说明我国税收自来企业的比例偏高，来自个人的比例偏低。根据OECD统计的数据，发达国家的总税收收入中，个人缴纳部分的占比约为24%，而企业缴纳部分的占比约为76%。美国实行典型的联邦税收体系，2018年的联邦税收占总税收的96.6%，其中个人所得税占比最高，为50.6%，企业所得税占比为6.1%。美国典型的依赖自然人的税制结构与我国的税制结构正好相反。

企业缴税比例偏高，一种情况是企业把税负转嫁给消费者，另一种情况是企业自己承担。我国长期以来依赖间接税，这种税制结构把税负镶嵌在价格中，在转嫁给消费者时，会增加消费者的税负，同等条件下，如果间接税比重偏高，在国际市场上的价格就可能较高，产品的竞争力就会下降；另外，作为既是生产者又是消费者的小微企业，在转嫁税负时难度较大，最终可能因自己承担的税负较重而影响其可持续发展。进入新时代，随着经济发展水平的提高，我国要想把制造业做大、做强，就需要给企业减负，提高个人缴费比重。客观上讲，1994年分税制改革时，绝大多数人并没有房屋之类的财产，其收入来源主要是工资，由于缺少征税的基础，比较可行的做法就是向企业征税，在消费流转环节征收货劳税，而个人所得税等直接税只占小部分。随着个人财富的积累，富人和有产阶层增多，仍然按原来的税制结构纳税已经无法适应形势的发展，因此，由企业纳税为主向个人纳税为主转变成为现实的需要。

3.3.2　税制结构中的间接税比重偏高

尽管近年来我国不断下调增值税税率，减少税率档次，调整消费税税目，但是间接税的占比依旧偏高，2018 年，我国间接税（除关税外）中增值税、消费税、营业税、城建税、烟叶税、资源税合计占比为 56.5%，直接税（除间接税之外的其他税种）合计占比为 43.5%。

间接税比重偏高无法适应新时代经济的发展。一个国家在工业化初期阶段，贡献的利润主要来自生产企业，此时企业的利润率较高，而且第二产业占 GDP 的比重大，社会增量财富大，存量财富小，收入差距也小，这种情况下，以间接税为主，操作简单，征税成本低，能有效增加财政收入。但随着工业化的进程不断加快，第二产业的利润率逐渐被平均化，企业的财富积累速度放缓，社会的存量财富开始快速增长，而且存量财富再次参与社会分配产生的财富也不断增加，引起收入差距不断扩大，这时税制结构仍然以间接税为主，就会给企业带来较重的负担，一旦企业投入科研的资金有限，竞争力就会下降，既不利于经济高质量增长，也不利于社会各阶层收入分配的缩小。

3.3.3　税制结构中的直接税还不完善

税制结构中，直接税主要指所得税和财产税。所得税包括企业所得税和个人所得税，以及类似所得税性质的土地增值税。由于所得税普遍具有多得多交、少得少交的特点，在实践中体现了量能负担的原则，在调节收入分配方面具有天然的优势，因此，加快完善所得税内部要素的合理性具有重要的意义，如个人所得税在综合征收的基础上应继续完善征收要素，把资本收益也纳入征收范围，持续推进纳税抵扣合理性标准。改革并完善个人所得税，目的不是减税，而是增加征税的合理性，更好地体现直接税调节收入分配差距的作用。

财产税针对自然人调节收入分配差距效果明显，但我国财产税类中的房产税主要针对企业，针对自然人的房产税尚不完善。另外，我国的房产税既不是外来税种，也不是新的税种，但是在实际执行中并没有广泛开征。在我国的一些大中城市，随着房价的持续上涨，拥有房产的数量在一定程度上意味着拥有财富的多寡，通过房产税可以直接调整居民之间的收入差距，效果直接。但我国开征的房产税在定位、征管方面还需要继续完善。此外，财产税中的遗产和赠与税我国也没有开征，遗产和赠与税在调节代际之间的收入分配差距方面效果明显，针对直接税还不完善的情况，开征房产税和试点遗产和赠与税不仅可以在一定程度上缩小收入分配差距，而且可以解决一部分政府财政收入紧张的现实问题。

3.3.4 税制结构中地方主体税种不明确

全面实施“营改增”之前，我国除关税外，共有17个税种①。通过统计2012—2018年各税种占总税收的比重，我们发现17个税种中占比超过10%的有增值税、营业税和企业所得税，占比低于2%的有资源税、房产税、印花税、城镇土地使用税、车船税、车辆购置税、烟叶税和耕地占用税8个税种，而占比在3%左右的有土地增值税和契税。税制中，税种的分散程度针对的是筹资能力低的小税种，特别是低于1%的税种。OECD国家的税制结构中，税种主要集中在所得税、资本利得税、社会保障税、财产税和货劳税五个方面，相较而言，我国应对份额较低的一些税种应进行改革，一般情况下，税制的分散程度高，则税收征管成本也相应较高，一定程度上也会产生重复征税，

① 环境保护税于2018年1月1日起开征，2016年时还没有环保税，因此除关税外为17个税种。

不利于税收的征管。

2016年5月1日之后，我国全面实施“营改增”，自此以营业税为代表的地方主体税种退出历史舞台。目前来看，增值税的比重出现了大幅度上升，增值税成为中央和地方的共享税，而且在完全由地方掌控的税种中，土地增值税和契税占总税收的3%左右，其他都占1%左右，地方主体税种出现明显的空档期。世界上几乎所有的发达国家都以财产税特别是房产税（物业税）作为地方的主体税种，甚至经济转型国家和发展中国家都在推进税制改革，加快财产税成为地方主体税种的进程。进入新时代，我国经济面临着转型升级，地方主体税种欠缺，一方面不利于地方政府有针对性地调节收入差距，另一方面，长期的转移支付导致在地方财政分配方面会产生异质性，同时也不利于调动地方政府的积极性。

3.3.5　税制结构中民众的参与程度不高

税制结构的优化离不开社会人文条件的制约，而人文条件包括税收的价值观念、道德规范、纳税意识和行为准则等。在新时代，我国面临的主要问题是提高直接税比重、优化税制结构、完善地方税体系。直接税直接从纳税人的口袋中拿钱，在税负的“痛点”上更为显著，若纳税人特别是纳税的自然人存在纳税意识不强、道德规范缺失等人文素质，就会增加征税的难度，从而阻碍直接税改革的进程。税制改革通常是使用更符合时代、更先进的税制来代替原有的税制，这是时代发展的需要，但不可忽视的问题是：是否存在适合新时代税制改革的“土壤”？民众的参与程度、支持程度是否满足改革的需要？是否“超越”了原有时代的人文条件？

整体来看，我国民众的税制人文条件还有待提高，集中表现在民众的参与程度不高，这与税法教育、税法宣传不够有关，虽然税收法规条文清清楚楚，但专业以外的人士不可能经常去翻阅法条，这就需要加强税法宣传，提高民众的参与度。另外，我国的税法透明度还不够，导致民众不理解，因此参与的热情不高。比如增值税本身是一项价外税，却偏偏被计入价格，硬生生变成了“价内税”，普通民众本来就不明白价格的组成，这种隐含的税制加重了这种不理解，使大家误以为购买商品没有交税，从而导致其“税负感”普遍偏低，一旦增值税降低，误以为商品价格便宜了是因为供求关系的影响，最终失去参与税改的热情。在这种条件下，大家对于降低间接税没感觉，对增加直接税却感觉非常强烈，本来是一个不增加税负、只是优化税制结构的改革，反而给人一种增加税负的假象，直接税开征的阻力无疑就会比较大，因此，加强宣传和透明度，为税制结构优化营造一个良好的人文环境至关重要。

3.3.6 税制结构中征管手段仍需要加强

新时代税制结构优化的方向是提高直接税，而直接税本身设计复杂，影响因素较多，所以政府在征收环节中最为核心的问题是信息的掌握程度，如果不能充分掌握纳税人的信息，不仅不能实现通过征税调节公平的目的，而且可能造成更大的不公平。在我国这样一个人口众多的国家，以往要实现信息对称，几乎是不可能的事情，因此相比间接税在流转环节征收，直接税征收的条件很难实现，进入新时代后，“大智移云”和全国互联网平台的对接使掌握个人、家庭财产和收入信息成为可能，为实现对直接税的征收提供了技术支撑，税收征管技术的优化如果不能和税制结构优化同步，那么税制结构优化也很难到达预期的目的。

一项新的税制或原有税制的改革都会对特定的人群产生利益影响，一般来说，既得利益的减少会引起这类纳税人对税制改革的抵制，于是政府和纳税人之间就会形成新的博弈关系。从征税人的角度看，征税成本不能超过征税数量的5%，一般限定在2.5%～4.4%（岳树民、李建清等，2007）较为合适，当然越低越好，因为征税成本低意味着税收征管有较高的效率，付出的代价小，而获得税收多；从纳税人的角度来讲，他们也不希望纳税成本过高，纳税成本过高必然会加大纳税人的纳税负担，使纳税人对纳税产生抵触心理，最终引起持续的税收不遵从等问题。目前来看，虽然我国在金税四期、自然人信息平台等多个领域实现了信息共享，能够较好地实现对自然人的信息掌握，但对于关联方等信息的把握还存在一定的欠缺，现金交易还有一定的征管盲区，今后要继续加强征管手段的创新，为税制结构优化提供技术支持。

3.4　小结

通过本章的统计描述分析，我们从总体上对我国的税制结构的现状及其存在的问题有了一个全面的了解和认识，也初步得出了一些直观的结论：目前我国间接税比重仍然偏高、直接税比重偏低；企业缴税比高，个人缴税比低；房产税不完善，遗产和赠与税存在空白；地方主体税种不明确，优惠措施过多；民众参与程度不高；征管手段仍需加强。而在梳理税制结构演化方面，我们还发现，税系结构的演化随着经济的发展而变化，进入新时代后，尽管间接税比重依然偏高，但与直接税比重的差距正在逐渐缩小。

通过对我国税制结构基本情况的描述，我们发现以间接税为主体的税制结构体系未变，目前的税制结构体现了较强的组织收入职能，税制步入了法治化的轨道。进入新时代，无论是国内还是国际环境都发生了深刻的变化，我们应顺应时代，加快税制改革，建立适合我国实际的现代化税制结构体系。总体来看，与发达国家相比，我国税制结构的作用还没有得到充分发挥，特别是在促进经济增长、调整收入分配、实现税收公平方面，我国现行的税制结构还需要不断完善。

本章得出的只是一些直观的初步结论，税制结构是否适合我国经济的发展，能否有效促进收入分配，在统计分析中得出的结论是否准确，以及如何优化税制结构等，都需要建立计量模型进行比较精确的分析来加以印证，而且只有对各税系、税类和税种对经济增长和收入分配的效应进行量化分析，我们才能够对新时代我国应建立什么样的税制结构有一个精确、科学的认识，而这些正是新时代我国完善税制结构的依据，因此，本书将在第 4 章和第 5 章定量分析税制结构对经济增长和收入分配的效应，为最终给出我国税制结构优化的对策建议提供科学的依据。

第 4 章　新时代税制结构对经济增长影响效应的实证分析

在理论分析部分，我们已经注意到，不仅税制结构对经济增长有一定的影响，各区域的经济发展水平、产业结构、区位特点等对经济增长的影响也是不同的，但这只是理论上的初步分析，本章将沿着前两章的分析思路，通过建立计量模型进行更深入的实证检验，以便为我国税制结构优化策略提供经验证据。

4.1　我国经济增长的描述性分析

本书研究的目的是分析现行税制下税制结构对地区经济增长的影响，并基于实证分析的结果得出我国税制结构优化的路径和方向。为进行更为有效的研究，本应选择 1994 年至今的数据进行分析，但是一方面由于笔者数据收集的局限性，另一方面为了突出研究的时效性，本书选择的数据区间为 2002—2018 年这 17 年的面板数据，并以 2012 年为界，分为 2002—2011 年和 2012—2018 年两个区间，具体选取的是中国 31 个省、自治区、直辖市的数据样本。

4.1.1　经济增长的现状描述

4.1.1.1　全国经济增长描述

1. 我国经济增长的趋势描述

改革开放以后，我国经济快速增长，综合国力持续提升，1978—2018

年，GDP 的实际年均增长率达到 9.51%，1978 年我国 GDP 为 3678 亿元，到 2018 年已经超过 90 万亿元，增长了 240 多倍。在 2010 年我国 GDP 总量超过日本，成为世界第二大经济体后，经济发展的步伐并没有减慢，依然保持着较快的增长速度，虽然近些年有所放缓，但平均增速仍然保持在 6% 以上，如图 4－1 所示。

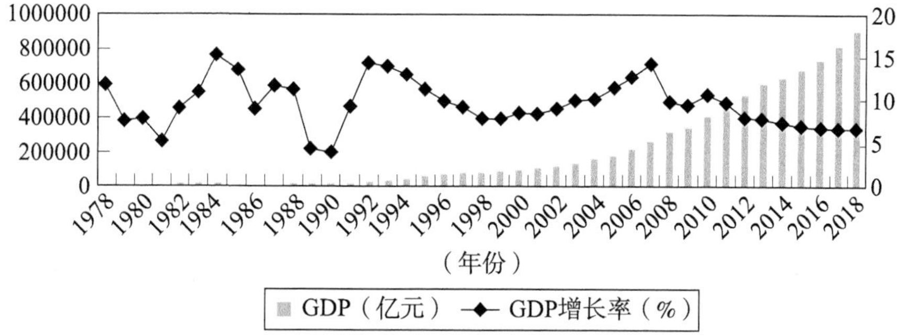

图 4－1　1978—2018 年中国 GDP 与 GDP 增长率趋势

资料来源：《中国统计年鉴—2019》。

从关键年份来看，2000 年是一个爆发点，这一年，我国的经济总量 GDP 进入 10 万亿元序列。从绝对值来看，总量基础稳定，并且在保持一定增长速度的情况下，经济增长优势明显。国家统计局数据显示，在 2000—2018 年，我国的经济增长速度超过了 10%，分别是 2003 年的 10.0%，2004 年的 10.1%，2005 年的 11.4%，2006 年的 12.7%，2007 年的 14.2% 和 2010 年的 10.6%。从绝对增长量来看，GDP 从 1978 年的 3678 亿元增长到 2000 年的超过 10 万亿元，用了 22 年，而从超过 10 万亿元增长到 2020 年的超过 100 万亿元，只用了 20 年。

2020 年是极不平凡的一年，受新冠疫情冲击，2020 年 GDP 的增长速度下滑，尽管如此，我国仍然是世界上增长速度为正的主要经济体。从消费、进出口和投资这“三驾马车”对经济增长的贡献来看，消费仍然是经济稳定运行的压舱石，2020 年社会消费品的零售额接近 40 万亿元，得力于“三驾马车”的迅速归位，中国经济表现出强劲的韧性，最终实现 GDP 突破 100 万亿元。

从图 4－2 来看，1978—2018 年，我国人均 GDP 年均增长率达到 14.71%，人民生活水平持续改善，2018 年人均 GDP 已经接近 1 万美元，跻身世界中等偏上收入国家行列①。改革开放以来，人均 GDP 增长率整体呈波浪式前进，但 2010 年之后增长趋于稳定，这与我国经济总量增大、经济结构转型有很大关系。我国经济总量已经稳居世界第二，但是人均 GDP 仍然与世界发达国家存在差距，而人均 GDP 反映社会公平和平等，人均 GDP 的观念影响着一个国家在居民收入、生活水平以及社会建设方面的投入取向、投入能力和投入水平，因此在分析经济增长状况时，我们应更多关注人均 GDP 的增长情况。

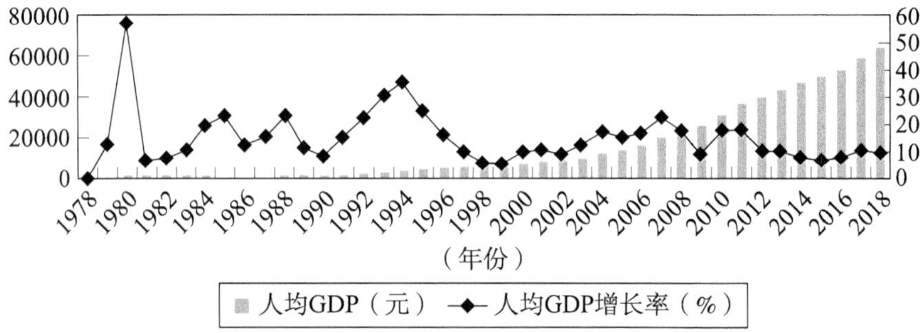

图 4-2　1978—2018 年中国人均 GDP 与人均 GDP 增长率趋势

资料来源：《中国统计年鉴—2019》。

2. 新时代我国经济增长的新特点

一是经济快速增长，但质量不高，突出表现为生产效率低、资源环境代价大、收入分配不均等。党的十九大报告指出，“我国经济已由高速增长阶段转向高质量发展阶段”。这是新时代的客观要求，如果说改革开放初期我国经济发展的首要问题是数量不足，需要“快”字当头，那么在新时代要解决的首要问题就是实现高质量发展，必须“好”字当头。高质量发展主要包括三个层次：①微观层次的高质量发展，因为经济高质量发展的最终目的是满足人民对美好生活的需要，因此在教育、医疗、养老等社会各个方面提供高质量的公共产品，实现人与自然的和谐共生是微观层次的发展需要；②中观层次的高质量发展，它关系到人民的生活质量，所以提高企业的产品质量和服

① 世界银行 2018 年 7 月 1 日标准：GNI≤995 美元，属于低收入国家；GNI 为 996 ~ 3895 美元，属于中等偏下收入国家；GNI 为 3896 ~ 12055 美元，属于中等偏上收入国家；GNI≥12056 美元，属于高收入国家。

务水平是高质量发展的中观需求；③宏观层次的高质量发展，它要求我们贯彻落实创新、协调、绿色、开放、共享的发展理念，实现和保持总体经济的平稳、健康发展，提高总体经济的投入产出效益，在宏观管理方面增强应对风险的能力。

二是区域发展差距虽然不断缩小，但仍面临诸多挑战。改革开放 40 多年，我国的区域经济发展经历了从不平衡发展到平衡发展的转型[①]。区域差距缩小，区域经济格局实现了历史性变化，2017 年，党的十九大报告正式将“实施区域协调发展”上升为国家战略，立足于解决发展不平衡不充分的问题，提出区域协调发展和乡村振兴战略。从增长情况来看，东部地区率先发力，高技术、高附加值的企业快速发展；中部地区经济发展提速，可持续发展能力显著增强，资源优势明显；西部地区人口相对较少，但经济总量不断提升，西部大开发战略为西部地区注入了活力；东北地区经济逐渐复苏，出现回暖信号。随着我国经济发展进入新常态，经济结构调整力度不断加大，尽管区域差距在不断缩小，但短期内由于历史、资源禀赋、人口等原因，区域经济发展的差距仍然存在。

三是第三产业贡献比重持续提升，但科技含量偏低。2015 年，第三产业的经济增长贡献率首次超过 50%，达到 53.0%，此后比重持续提升，截至 2018 年，第三产业的经济增长贡献率为 59.7%（如图 4 – 3 所示），这说明第三产业的发展对经济增长的贡献已经超越第一、第二产业的总和，成为经济增长的新动力。虽然第三产业发展迅速，但科技含量并不高，劳动生产率需要进一步提升，要想维持经济的高质量发展，提升第三产业的技术含量是今后一段时间结构转型努力的方向。

4.1.1.2　分区域经济增长描述

从全国各省的经济增长情况来看，如图 4 – 4 所示，2008—2018 年，各地区生产总值实际增长率均值为 9.94%，其中重庆最高，实际增长率为

① 北京社会科学院课题组．中国区域经济 40 年的发展成就与展望［J］．区域经济评论，2019（6）：23 – 34.

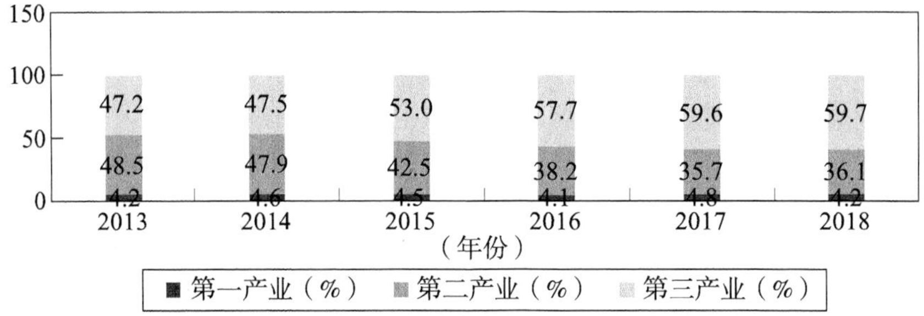

图 4 -3　2013—2018 年三大产业经济增长贡献率

注：贡献率指三次产业增加值增量与 GDP 增量之比。

资料来源：《中国统计年鉴—2019》。

12.43%，天津、贵州、陕西、西藏和安徽增长较快，上海最低，实际增长率为 7.81%。在增长较快的前 5 个地区中，除天津外都是中西部省份，在后 5 名中，除山西外，其他 4 省市为东部和东北部省份，这充分说明我国区域经济增长的差距在逐步缩小。近年来，中西部地区在国家政策支持、地区资源优势的充分发挥下，经济增速明显加快。

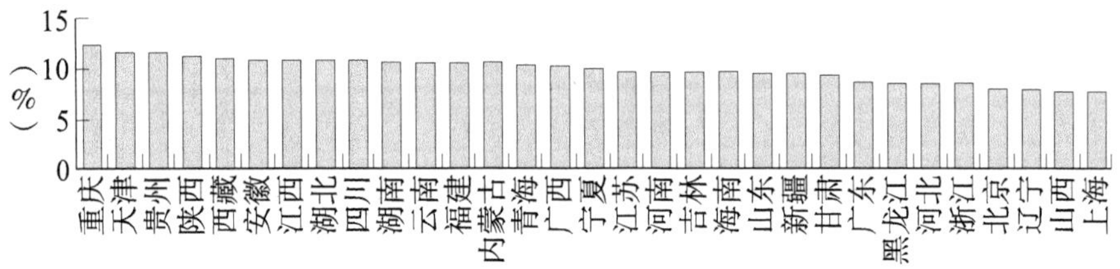

图 4 -4　2008—2018 年各地区生产总值实际增长率

资料来源：各年《中国统计年鉴》。

由图 4 -5 可知，各地区人均生产总值实际增长率与各地区生产总值增长率趋势大体保持一致，2008—2018 年，人均生产总值实际增长率最高的是贵州，实际增长率为 11.84%，其次是重庆、陕西、安徽和四川，增速最慢的是北京，为 5.25%。排在后 5 位的分别是浙江、广东、山西、上海和北京，除山西外，其余均为东部经济发达省份。由此可见，中西部地区在经济发展方面正在逐步缩小与东部地区的差距。人均生产总值实际增长率的变化趋势充分表明我国区域经济均衡发展的良好局面正在形成。

1978 年以来，党中央、国务院高度重视区域经济发展，先后出台了一系

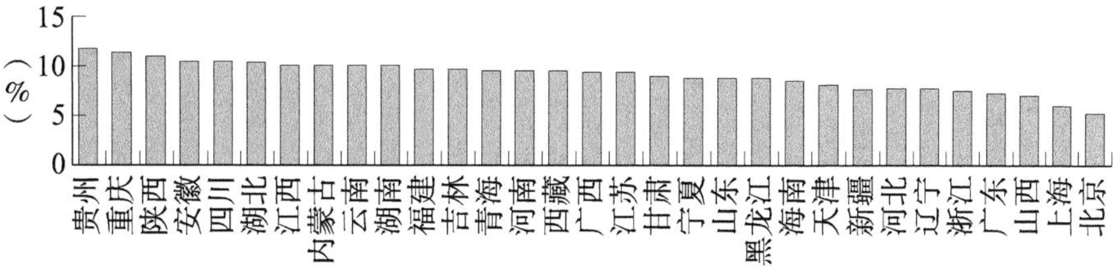

图 4－5　2008—2018 年各地区人均生产总值实际增长率

资料来源：各年《中国统计年鉴》。

列改革举措和指导意见，包括西部大开发战略、东北振兴战略、中部地区崛起战略等。2013 年我国提出“一带一路”倡议，古老的丝绸之路焕发出新的生机。1978—2018 年，全国各区域经济增长变动有所差异，1978 年，东部、中部和西部地区的生产总值占比分别为 43.56%、21.58%、20.89%，到了 2018 年，变为 52.58%、21.06%、20.15%。仅从占比来看，东部地区的占比有所上升，中西部地区较为稳定。改革开放以来，三大区域板块在国家政策的支持下，发展特色逐渐鲜明：东部地区加快提高自主创新能力，优先发展高新技术产业和现代服务业，在制度建设、科技创新等方面起到了引领作用；中部地区积极承接东部地区的产业转移，工业化和城镇化建设快速推进，对全国经济发展形成重要的战略支撑；西部地区充分发挥资源优势，有效推进产业转型，经济发展活力初步显现。

4.1.2　税制结构与高质量经济增长

4.1.2.1　税制结构与经济增长的关联

1994 年分税制改革以来，我国经济取得了巨大的成就，GDP 从 1994 年的 48637.5 亿元增加到 2018 年的 900309.5 亿元，同时我国的税收收入也从 1994 年的 4893.27 亿元增加到 2018 年的 172806.57 亿元，二者分别增加了 17.51 倍和 34.33 倍，很显然，税收的增长超过了经济的增长，如图 4－6 所示。

需要说明的是，“税收超速增长”表面上看是税收的增长速度问题，实质

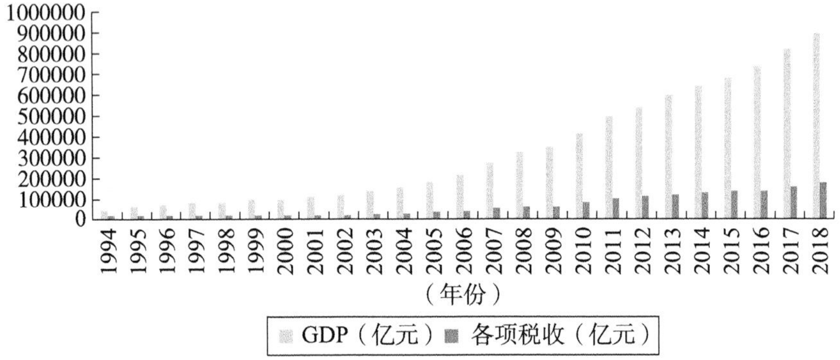

图 4-6　1994—2018 年 GDP 总量与税收总收入

上背后的根源问题是税制结构问题。在我国的税制结构中，有三个“特别依赖”：一是特别依赖间接税，虽然现阶段间接税的比重有所下降，但这种扭曲市场价格的间接税很大程度上在经济发展到一定阶段后会抑制企业发展的活力；二是特别依赖增值税，2018 年增值税的占比超过 40%，尽管增值税征收效率高，隐蔽性好，具有税收中性的特点，但是实际运作时，抵扣链条不完整，会增加下游企业的税负，此外，增值税对企业盈利不敏感，企业一旦取得收入就要交增值税，这种纳税方式在一定程度上占用了企业资金，也不利于企业的发展壮大；三是特别依赖企业税，现阶段，我国 90% 的税收来自企业，只有 10% 的税收来自居民，这也就能解释为什么我国的宏观税负不高，但企业的抱怨较多①。

企业是经济发展的微观主体，也是创新的主体，从经济高质量增长的角度看，随着居民收入水平的提高，税制结构的调整应侧重为企业减负，逐步增加对居民个人的税收，从而平衡税收收入的总量。

4.1.2.2　经济高质量发展的内涵分析

党的十九届五中全会提出“十四五”时期经济社会发展的指导思想，坚定不移贯彻创新、协调、绿色、开放、共享的新发展理念，坚持稳中求进工

① 范子英，高跃光．如何推进高质量发展的税制改革［J］．探索与争鸣，2019（7）：106-113，159.

作总基调，以推动高质量发展为主题。要推动经济高质量发展，在新的形势下，必须建立促进经济转型和社会发展的税制结构。

高速增长向高质量发展转变是量变到质变的过程，这一转变将使经济运行效率更高，产业结构更合理，企业提供的产品和服务更有品质，从而最终实现可持续、绿色、公平的发展。高质量发展归根结底是民生导向，满足人民日益增长的对美好生活的向往，因此从内涵角度分析，金碚（2018）、刘志彪（2018）都认为，相对于高速发展，高质量发展应是多维的，非常复杂。本书认为高质量发展的内涵至少应包括以下三个方面：平衡发展、绿色创新和民生指向。

平衡发展体现的不仅是产业平衡、结构平衡，更要实现人与自然的平衡以及国内国外两个市场的平衡。平衡发展是健康的姿态，高质量发展不仅要实现经济总量和物质财富的发展，更要实现政治、文化、社会、生态等方面的全面发展，突出解决社会经济发展中的不平衡不充分问题，如地区经济发展不平衡带来的收入分配差距，人与自然发展不平衡带来的生态环境破坏，产品与服务的数量和质量发展不平衡带来的供需矛盾。

绿色创新是贯彻新发展理念的核心，新发展理念中的创新是第一动力，绿色则应该成为普遍形态——创新不仅能带动经济快速增长，更能带来新产品、新材料、新领域的发展，提高生产效率，促进社会生活各领域的升级换代；绿色发展是以健康、和谐、持续为目标的经济增长和社会发展方式，已经成为一个重要的发展趋势，许多国家把绿色发展作为推动经济结构调整的重要举措，突出绿色的理念和内涵。换句话说，绿色发展与可持续发展是一脉相承的，既是对可持续发展的继承，也是理论创新，更是中国特色社会主义应对全球生态环境恶化的重大理论贡献，符合历史潮流的演进规律。

民生指向和人民对幸福的向往与追求是一致的，基于此，创新、协调、绿色、开放、共享成为民生的新发展理念。高质量发展就是实现好、维护好、发展好最广大人民的根本利益，必须把增进人民福祉、促进人的全面发展作为发展的出发点和落脚点，因此，持续改善民生是我国由“低水平、不全面、发展不平衡的小康”走向全面小康的必由之路，是“发展为民”“改革发展成果让人民共享”的真实体现。人民的幸福是经济高质量发展的试金石，而高质量发展就是要人民感觉到产品和服务质量的提高。能否更好地满足人民对美好生活的需要，能否在中国制造、中国服务等方面供给高质量的产品和服务，决定了中国经济是否真正实现了高速增长向高质量发展的转变，进而带来民生福祉的整体提升。

4.1.3 经济高质量发展评价指标的构建

4.1.3.1 评价指标的研究视角

进入新时代，中国经济已由高速增长阶段转向高质量发展阶段。目前学术界对高质量发展评价体系的指标构建主要集中在新发展理念和主要矛盾两个视角。

1. 新发展理念视角

新发展理念提出后，创新、协调、绿色、开放和共享成为衡量经济增长的五个维度，选用这五个维度进行研究的学者较多。詹新宇、崔培培（2016）以新发展理念为指导，利用主成分的分析方法，对中国各省份经济增长质量的综合指数进行了测度，从分项指标看，绿色和共享是促进经济增长的重要因素，而创新、协调和开放对经济增长质量指数的贡献为负。方大春、马为彪（2019）研究发现，高质量发展主要集中在沿海地区，五大发展维度之间，创新和开放对经济高质量增长的贡献最高，而协调、绿色与共享的贡献率相对偏低。李梦欣、任保平（2019）认为高质量发展与新发展理念具有一致性和同步性，因此，应从创新、协调、绿色、开放、共享五个基本维度构建新时代中国经济高质量发展的评价指标体系。

2. 主要矛盾视角

高质量发展是解决不平衡不充分发展问题的核心和关键。随着研究的不断深入，人民对美好向往的追求逐渐被纳入经济高质量发展的评价体系中。一般情况下，衡量人民生活的指标主要是医疗、教育、交通、环境、菜篮子等。李金昌、史龙梅、徐蔼婷（2019）从主要矛盾入手，构建了由经济活力、创新效率、绿色发展、人民生活、社会和谐 5 个部分共 27 项指标构成的高质量发展指标体系。任保平、李禹墨（2018）认为构建经济高质量发展指标体系，在评价时应将就业、收入、消费、生态环境等指标的重要性不断提升，从长期和短期、宏观和微观、总量和结构、全局和局部、经济发展和社会发展等多个维度进行探讨。高质量发展不仅包括经济发展高质量，还包括改革开放高质量、城乡建设高质量、生态环境高质量、人民生活高质量。朱启贵（2018）认为高质量发展指标体系可由以下六方面组成：动力变革指标、产业升级指标、结构优化指标、质量变革指标、效率变革指标、民生发展指标。

整体来看，尽管以上文献没有完全涵盖已有学者的设想，但现有指标并没有达成一个趋于一致的观点。此外，较多的评价指标中的评价影响因子过于分散，相互之间也可能产生矛盾，因此，寻找一致的关键指标应成为高质量发展评价指标体系的核心。

4.1.3.2　评价指标体系的测度

1. 指标的选取

借鉴 Mlachila 等（2014）和师博、任保平（2018）的观点，经济高质量增长的评价指标至少应包括经济增长基本面和经济增长效应面两个方面，纳入新发展理念的观点，构建如下指标体系，如表 4 - 1 所示。

表 4 - 1　　经济高质量增长综合评价指标

<table>
<tr><th>总目标</th><th>分目标</th><th>一级指标</th><th>二级指标</th><th>影响类型</th></tr>
<tr><td rowspan="6">经济高质量增长综合评价指标</td><td rowspan="4">经济增长基本面（50%）</td><td>增长的强度（25%）</td><td>人均 GDP</td><td>正向</td></tr>
<tr><td>增长的稳定性（25%）</td><td>GDP 增长率变异系数</td><td>负向</td></tr>
<tr><td>增长的合理性（25%）</td><td>城乡收入泰尔指数</td><td>负向</td></tr>
<tr><td>增长的外向性（25%）</td><td>利用外资额/GDP</td><td>正向</td></tr>
<tr><td rowspan="2">经济增长效应面（50%）</td><td rowspan="2">创新发展（20%）</td><td>人均 R&D 经费投入</td><td>正向</td></tr>
<tr><td>地区人均专利授权数</td><td>正向</td></tr>
</table>

续 表

总目标	分目标	一级指标	二级指标	影响类型
经济高质量增长综合评价指标	经济增长效应面（50%）	协调发展（20%）	第三产业增加值/GDP	正向
		绿色发展（20%）	森林覆盖率	正向
			地区人均电力消耗	负向
		开放发展（20%）	进出口/GDP	正向
		共享发展（20%）	教育支出/GDP	正向
			医疗支出/GDP	正向
			交通支出/GDP	正向

注：考虑面板数据的可得性，综合分析得到高质量发展指标。其中，利用外资额来自《中国统计年鉴》，人均R&D经费投入来自《中国统计年鉴》《中国科技统计年鉴》，地区人均电力消耗来自《中国统计年鉴》，森林覆盖率来自《中国统计年鉴》。

具体而言，经济增长基本面包括：（1）增长的强度。经济增长强度主要表现为经济的生产能力，经济的生产能力强，表明地区更富足，人民的生活水平更高，相应的经济增长更强劲。若表现为人均水平，则更能体现经济增长的效率和质量，因此，本书选择人均GDP来衡量经济增长的强度。（2）增长的稳定性。变异系数反映了数据对平均值的偏离程度，GDP增长率变异系数表现为经济增长波动的幅度，为了使得到的数据更为稳健且影响结果为正向，本书利用2001—2018年的数据，用3年期滚动窗口来测算增长率的变异系数，变异系数越高，经济发展越不稳定。（3）增长的合理性。经济增长的最终目的是通过提高生产力让人的效用总和增加，而效用增加的一个重要体现就是人的幸福程度，幸福的体现则很大程度上来自收入分配的合理性①。因此，本书基于地区收入的结构数据，测算收入分配的泰尔指数，用来衡量经济增长的合理性，即收入分配差距越小，经济增长越合理。在具体测算指标时，用1与泰尔指数的差表示经济增长的合理性。（4）增长的外向性。一个国家的发展离不开世界，坚持“引进来、走出去”的“双向开放”

---

① 社会主义的本质是解放和发展生产力，消除剥削和两极分化，最终实现共同富裕。见：牛正武．南行纪．1992年邓小平南方谈话全记录［M］．广州：广东人民出版社，2012.

战略是经济发展的需要，而对外开放的依存度很大程度上与利用外资有关，本书选取利用外资额与 GDP 的比值来测度增长的外向性。大量研究发现，经济增长的外向性有助于引进技术，加强经贸合作和人文交流，从而促进经济的进一步增长，然而外向性本身由于影响因素较为复杂，对经济增长的评价也存在一定的不确定性。

经济增长效应面包括：（1）创新发展。创新作为引领经济发展的第一动力，不论是科技创新、文化创新，还是制度创新等，都对经济高质量发展存在重要影响，其中科技创新直接促进了劳动生产率和经济效率的提高，在整个创新体系中处于十分重要的地位。在选取创新发展指标时，学者们（储德银，2020；方大春等，2019）主要围绕人均 R&D 经费投入、人均专利授权量、科技支出占财政比等进行分析。在众多指标中，人均 R&D 经费投入和专利授权数分别在投入和产出两个方面应用广泛且具有代表性，在一定程度上表明了创新的投入力度和产出效率，因此本书选取了人均 R&D 经费投入和地区人均专利授权数作为衡量创新发展的指标。（2）绿色发展。绿色是经济发展的主基调，绿色的要求是低能耗，实现“蓝天、碧水和净土”，可从绿化程度和能源消耗程度两个方面分析。为此本书选择了森林覆盖率这个正指标和地区人均电力消耗这个负指标来对绿色发展进行衡量。（3）协调发展。协调是经济发展的内在要求。协调需要实现产业结构协调、城乡区域协调等。考虑到已经在经济增长基本面的增长合理性中选取了泰尔指数衡量城乡区域收入分配的协调，因此在效应面，本书主要选取了第三产业增加值与 GDP 的比来代表经济协调发展的程度。（4）开放发展。开放是经济发展的必由之路，开放强调的是如何融入世界，实现经贸合作、人文交流等，世界经济一体化的趋势使中国经济加快了“走出去”的步伐，进出口一定程度上能体现经济发展与世界融合的程度，因此本书选择进出口与 GDP 的比作为衡量开放发展的指标。（5）共享发展。当前教育、医疗和交通依然是经济共享发展的主要障碍，从民生角度出发，本书选择了教育、医疗和交通支出占 GDP 的比值作为衡量共享程度的测度指标。

2. 数据的来源和处理

考虑到面板数据的可得性，本书选取的是 2002—2018 年的数据样本，研究对象为31个省、市、自治区，原始数据主要来源于2003—2019年的《中国统计年鉴》《中国科技统计年鉴》《中国城乡建设统计年鉴》《中国农村统计年鉴》《中国人口统计年鉴》《中国社会统计年鉴》以及部分省市统计年鉴。

由于选取指标单位的差异，直接加总显然不能反映效应的综合结果，为此，本书对原始数据使用“最大最小标准化”方法对各项指标进行了转化，使各项指标成为无量纲化测评值。具体标准化处理如下：对于正向指标采用公式（4－1），对于负向指标[①]采用公式（4－2）。

$$Z_{i,j}^{+} = \frac{Z_{i,j} - X_{\min}}{X_{\max} - X_{\min}} \tag{4-1}$$

$$Z_{i,j}^{-} = \frac{X_{\max} - X_{\min}}{Z_{i,j} - X_{\min}} \tag{4-2}$$

在实现对数据的标准化处理后，还需要对不同指标赋予一定的权重进行加总来获得经济高质量增长的综合指数，在已有的加权系数处理过程中，主要有四种方法：一是层次分析法，它可以使复杂的问题系统化、层次化且更具有客观性，但该指标系统需要专家的支持；二是熵值法，它由实际数据推出指标的最优权重，能准确反映熵的效用价值，但是该方法确定的指标权重与预期偏差较大，也不能减少指标的维度；三是主成分分析法，该方法能降维减少指标的个数，但含义带有一定的模糊性；四是均等权重加权法，这种方法计算简便，但如果指标的代表性不突出，权重可能不准确。由此可见，没有哪一个方法有绝对优势，而没有缺点，所以在选择具体指标时应综合指标的代表性来进行。

尽管均等权重加权法在赋值权重时带有一定的随意性，但该方法简单、透明，如果指标代表性较强，则综合指标参考价值较高。借鉴师博、任保平（2018）的计算模型，并参考联合国人类发展指数及经济脆弱性指数的计算方法，本书令经济增长基本面和经济增长效应面的权重（ α 和 β ）均为0.5，增长基本面4个指标的权重（ γ ）都是0.25，而经济增长效应面5个指标的权

---

① 增长的合理性指标中，负向指标用1与泰尔指数的差来表示。

重（δ）都是0.2，具体到各个二级指标时，也是平均赋予权重，则经济高质量增长指标的测算公式为：

经济高质量增长 = α ×经济增长基本面 + β ×经济增长效应面

其中：经济增长基本面 = γ_1 ×强度 + γ_2 ×稳定性 + γ_3 ×合理性 + γ_4 ×外向性

经济增长效应面 = δ_1 ×创新 + δ_2 ×协调 + δ_3 ×绿色 + δ_4 ×开放 + δ_5 ×共享

具体指标中：

创新 =0.5 ×人均 R&D 经费投入 +0.5 ×地区人均专利授权数；绿色 = 0.5×森林覆盖率 +0.5×地区人均电力消耗；共享 =0.33 ×教育支出与 GDP 的比 +0.33 ×医疗支出与 GDP 的比 +0.33 ×交通支出与 GDP 的比。

4.2　我国税制结构与经济增长关系的实证检验

4.2.1　模型的设定

在第 2 章，我们已经从理论角度分析了税制结构对经济增长的传导路径和逻辑框架，基于此，本书参考 Arnold（2011）等分析方法，借鉴索罗斯新古典增长模型和卢卡斯内生增长模型，引入包括人力资本和公共政策变量的格布—道格拉斯生产函数，一般模型如下：

$$Y(t) = K(t)^{\alpha} H(t)^{\beta} [A(t)L(t)]^{1-\alpha-\beta} \tag{4-3}$$

在模型（4－3）中，$Y(t)$、$K(t)$、$H(t)$、$A(t)$、$L(t)$ 分别代表产出水平、物资资本存量、人力资本存量、技术水平（劳动生产率）和劳动人口，α 是产出对物资资本的偏弹性，β 是产出对人力资本的偏弹性，t 是时间维度，把等式中右边的劳动人口 $L(t)$ 移到左边，进行整理可以得到：

$$\frac{Y(t)}{L(t)} = \frac{K(t)^{\alpha}}{L(t)^{\alpha}} \times \frac{H(t)^{\beta}}{L(t)^{\beta}} \times [A(t)^{1-\alpha-\beta}] \tag{4-4}$$

这样就得到了人均数值。再令 $\frac{Y(t)}{L(t)} = y(t)$，$\frac{K(t)^{\alpha}}{L(t)^{\alpha}} = k(t)^{\alpha}$，$\frac{H(t)^{\beta}}{L(t)^{\beta}} =$

$h(t)^{\beta}$，则等式（4－4）可以写成：

$$y(t) = k(t)^{\alpha} \times h(t)^{\beta} \times [A(t)^{1-\alpha-\beta}] \tag{4-5}$$

基于等式两边变量都是单调递增的特点，为进一步消除变量的差异尺度，对等式两边取自然对数进行处理，可以得到：

$$\ln y(t) = \alpha \ln k(t) + \beta \ln h(t) + (1-\alpha-\beta)\ln A(t) \tag{4-6}$$

$A(t)$ 是衡量技术效率水平的指标，由于本书主要分析税收因素对经济增长的效应，所以解释变量 $A(t)$ 可以进一步分解为两个因素——纯经济效率 $V(t)$ 和纯技术水平 $T(t)$，其中 $V(t)$ 受制度和公共政策影响，而 $T(t)$ 仅是时间的函数，是外生变量。在公共政策中，税收制度本身就是主要的公共政策之一，而税制结构是税收制度的重要表现形式。

这样就能够在控制各地区物质资本存量、人力资本存量的基础上，观察税制结构对经济增长的影响，充分考虑地区差异和时间趋势，利用 2002—2018 年的面板数据，来研究税制结构对我国新时代经济增长的效应，从而在优化税制结构方面提出政策建议。

为此本书设定的基本模型为：

$$\ln(HQ\_growth)_{it} = \alpha + \beta \ln(Tax)_{it} + \sum \phi \ln X_{it} + v_t + u_t + \varepsilon_t \tag{4-7}$$

该模型被设定为“基本模型一”，其中 *HQ_ growth* 为高质量增长指标；*X* 为控制变量，主要包括 *capt*（人均物质资本）和 *human*（人力资本），高质量增长指标已经考虑了新发展理念，因此在“基本模型一”中只加入了上述两个控制变量；*Tax* 为各税系（直接税与间接税比，直接税占比与间接税占比差的绝对值）、税类和税种在总税收中所占的比重；v 为时间趋势项；u 为省级虚拟变量；ε 为白噪声误差项。

公式（4－7）可以进一步写为：

$$\ln(PGDP)_{it} = \alpha + \beta \ln(Tax)_{it} + \sum \phi \ln X_{it} + v_t + u_t + \varepsilon_t \tag{4-8}$$

在公式（4－8）中，*PGDP* 为人均 GDP，*X* 为控制变量，主要包括 *capt*（人均物质资本）、*human*（人力资本）、*openness*（对外开放水平）、*indus_ const*（产业结构）和 *taxbur*（宏观税负水平），其他参数同上。公式（4－8）为本书分析税制结构对经济增长影响的“基本模型二”。

4.2.2　变量选择及描述性统计

4.2.2.1　样本选择

考虑到数据收集的完整性和特殊性，本书选取了除港澳台之外的 31 个省级行政区划单位，时间跨度为 2002—2018 年。除个别指标在年份选择上出现困难外，整体样本的选取充分体现了面板的平衡性。为了进一步突出新时代的特征，分析时将数据分为 2002—2011 年和 2012—2018 年两个阶段。

4.2.2.2　变量及数据来源

1. 被解释变量

为了准确度量各省级行政单位的经济增长情况，本书共使用了 4 个度量经济增长的指标，其中最主要的指标为经济高质量增长指标和省级行政单位的人均 GDP。经济高质量增长指标考虑了经济增长的基本面和效应面，具有很强的综合性，能够较好地反映新时代经济增长的特点，而人均 GDP 是衡量一国或一个地区经济增长最直接的指标，因此把经济高质量增长指标和人均 GDP 作为经济增长的核心被解释变量。两个指标的数据主要来自各年《中国统计年鉴》《中国科技统计年鉴》《中国人口和就业统计年鉴》等。此外，各地的 GDP 数据由统计局核算。为了更好地反映地区经济增长的情况，我们还采用了以下两个指标作为替代变量：一是参考韩彬等（2019）使用的各省级行政单位全社会用电量来衡量经济增长，用电量的多少能充分体现地区经济规模和经济变动情况，是较好衡量经济增长的指标，该数据来源于各年的《中国电力年鉴》；二是考虑到市场经济条件下，微观市场主体只有完成商品交换，才能实现经济增长的重大跨越，而要实现商品交换，从理论上讲，大多数实体商品需要通过交通运输进行转移，为此本书选取了各省级行政单位的货物周转量作为经济增长的指标，该指标的数据来源于各年的《中国统计年鉴》。

2. 解释变量

本书的解释变量主要用各税系、税类和主要税种占总税收收入的比重来表示税制结构。因此，税制结构分三个层次来进行考察。一是税系结构，即直接税和间接税。直接税主要包括企业所得税、个人所得税等；间接税主要包括增值税（营业税）、消费税等。在分析直接税和间接税时，我们用二者的比值（*direc_ indire*1）和占比差额的绝对值（*direc_ indire*2）来表示。二是税类结构，参考国家税务总局的划分方法，税类结构共分为四类，分别是货劳税类、所得税类、财产税类、其他税类。三是税种结构，鉴于我国小税种在税收中所占比重极低，在 2017 年有 7 个小税种比重未超过 1%，为此，在分析税种结构时，本书选择了我国 6 个主要税种——增值税、消费税、企业所得税、个人所得税、资源税和房产税。鉴于 2016 年 5 月 1 日起我国全面实施“营改增”，2016—2018 年营业税占比大幅减少，同时营业税主要来自第三产业，目前已改征增值税，为了保持面板数据的平衡，本书把营业税的占比归入增值税处理。以上税制结构的解释变量划分与本书的第 1 章绪论保持一致，数据主要来自各年的《中国税务年鉴》。

3. 控制变量

为避免遗漏变量造成的偏误，本书在已有研究和相关经济理论的基础上加入了如下控制变量：在税制要素中，宏观税负是影响经济增长的重要因素，本书选取宏观税负与 GDP 的比作为衡量税负对经济增长影响的标准，在对经济增长的影响中，除了上述模型中指出的物质资本投资和人力资本投资，控制变量还包括对外开放程度和产业结构等因素，为此本书选取了全社会固定资产投资与 GDP 的比值衡量地区物质资本变动，各省级行政单位的大专以上受教育人群比重作为人力资本衡量的标准，利用第三产业占 GDP 的比重衡量地区产业结构变动，利用发货人所在地对外进出口贸易额占 GDP 的比重来衡量各地区的对外开放程度，进出口贸易额以当年平均汇率（美元）进行换算。以上数据主要来自各年的《中国统计年鉴》《中国人口和就业统计年鉴》及部分省级统计年鉴。

4.2.2.3 数据的描述性统计

本书通过 Excel 整理数据，利用 Stata 14 计量软件对数据进行统计性描述。具体数据的相关性如表 4－2 所示。

表 4－2　　　　相关变量描述性统计

数据：2002—2011 年

变量	变量名称	观测值	均值	标准差	最小值	最大值
HQ_ growth	高质量增长指数	310	0. 2950	0. 0874	0. 1809	0. 5738
PGDP	人均 GDP（万元）	310	2. 2680	1. 6875	0. 3257	8. 5213
direc_ indire 1	直接税与间接税比	310	0. 4047	0. 2060	0. 1730	1. 8219
mat_ cap	物质资本	310	0. 5419	0. 1592	0. 2454	0. 9339
human_ cap	人力资本	310	0. 0851	0. 0668	0. 0030	0. 5027
indus_ const	产业结构	310	0. 4226	0. 0974	0. 2862	0. 9833
openness	对外开放程度	310	0. 3456	0. 4487	0. 0357	1. 8429
mac_ t_ burd	宏观税负	310	0. 1592	0. 0894	0. 0405	0. 5309

数据：2012—2018 年

变量	变量名称	观测值	均值	标准差	最小值	最大值
HQ_ growth	高质量增长指数	217	0. 3109	0. 1026	0. 1805	0. 6457
PGDP	人均 GDP（万元）	217	5. 4019	2. 5156	1. 9786	14. 0211
electri	全社会用电量	217	1874. 62	1385. 08	28. 00	6323. 35
cargo	全社会存货周转量	217	5551. 52	5425. 47	46. 20	28338. 33
direc_ indire 1	直接税与间接税比	217	0. 6754	0. 2792	0. 2849	2. 1114
direc_ indire 2	直接税与间接税占比差额的绝对值	217	0. 2399	0. 1017	0. 0245	0. 5565
turn_ tax	货劳税占比	217	0. 5918	0. 0676	0. 3213	0. 7596
income_ tax	所得税占比	217	0. 2695	0. 0835	0. 1434	0. 6298
prop_ tax	财产税占比	217	0. 0937	0. 0282	0. 0267	0. 1704
other_ tax	其他税占比	217	0. 0450	0. 0295	0. 0058	0. 1860
VAT_ tax	增值税占比	217	0. 4663	0. 0561	0. 2852	0. 5934
consum_ tax	消费税占比	217	0. 0941	0. 0531	0. 0078	0. 2660
entre_ tax	企业所得税占比	217	0. 1808	0. 0655	0. 0983	0. 5281
person_ tax	个人所得税占比	217	0. 0600	0. 0327	0. 0265	0. 3931
resour_ tax	资源税占比	217	0. 0150	0. 0193	0. 0000	0. 1121
house_ tax	房产税占比	217	0. 0146	0. 0042	0. 0000	0. 0233

续 表

数据：2012—2018 年						
变量	变量名称	观测值	均值	标准差	最小值	最大值
mat_ cap	物质资本	217	0.8324	0.2704	0.2333	1.5646
human_ cap	人力资本	217	0.1892	0.0987	0.0590	0.5890
indus_ const	产业结构	217	0.4677	0.0927	0.3200	0.8098
openness	对外开放程度	217	0.2627	0.2947	0.0168	1.4409
mac_ t_ burd	宏观税负	217	0.1867	0.0951	0.0970	0.5568

注：1.2016 年 5 月 1 日起，我国全面实施"营改增"，导致 2016—2018 年，增值税占比大幅度上升，而营业税占比大幅下降，作为面板数据，为了保持数据的稳定，本书把增值税和营业税的占比合并为增值税处理；2. 为了消除数据的时间趋势，在进行实证分析时，本书对以上变量进行了对数处理。

资料来源：根据相关统计年鉴整理计算所得。

4.2.3 实证分析

本书选取的截面 N 为 31 个省（市、自治区），时序 T 为 17 年（分 2002—2011 年和 2012—2018 年两个阶段），观察值为 527 个，是大 N 小 T 短面板数据。为了缓解由于样本数值本身波动引起的异方差，同时保持数据的平稳性，本书对被解释变量、解释变量和控制变量取自然对数处理，进而把各变量之间可能存在的非线性关系转化为线性关系。在处理面板数据时，究竟是使用固定效应模型（Fixed effects model），还是使用随机效应模型（Random effect model）是一个基本问题。固定效应模型的应用前提是假设研究结果的方向与效应大小基本相同，即各独立研究的结果趋于一致，或者一致性检验差异无显著性。因此，固定效应模型适用于各独立研究间无差异或差异较小的研究。而随机效应模型使个体观测值之间有一定的相关性，可以用来拟合非独立观测的数据。

由于各省级行政单位的具体情况不同，可能存在不随时间而变的遗漏变量，故考虑使用固定效应模型，为此，我们进行豪斯曼检验来选择是采用固定效应模型还是随机效应模型。检验结果均显示 Prob > chi2 = 0.0000，强烈拒绝原假设，因此，本书选择固定效应静态面板模型进行实证分析。

4.2.3.1　新时代前后税系结构的经济增长效应对比

为了说明新时代前后税制结构影响经济高质量增长的变化情况，本书以 2012 年为界，把 2002—2018 年分为两个阶段，主要从直接税和间接税的角度对经济增长的影响效应进行实证分析，以进一步验证新时代税制结构对我国经济高质量增长的影响与新时代之前的影响相比是否产生了变化。新时代的突出特点是经济增长方式的转变，经济高质量增长更重视创新、协调、绿色、开放、共享的可持续发展理念，不仅考虑增长的量，更考虑增长的质。人均 GDP 是衡量经济增长的重要指标，但人均 GDP 本身在衡量经济增长方面具有局限性，无法从健康发展的质量层面进行衡量，故本书构建了经济高质量增长指标，但在实际衡量经济增长方面，经济高质量增长指标包含的影响因素众多，在税制结构的税类和税种影响方面会产生拟合度低的问题，因此，分析税制结构对经济高质量增长的影响效应只考虑税系结构，针对税类结构和税种结构，还是在相关控制变量的控制下，对人均 GDP 进行回归分析。

在具体实证分析税系结构对经济增长的影响效应时，分别从经济高质量增长和人均 GDP 两个被解释变量的角度进行面板回归，具体回归结果如表 4 -3 所示。

表 4 -3　　2012 年前后税系结构对经济增长的影响效应

变量	(1)	(2)	(3)	(4)
	(2002—2011 年) ln_ *HQ*_ *growth*	(2012—2018 年) ln_ *HQ*_ *growth*	(2002—2011 年) ln_ *PGDP*	(2012—2018 年) ln_ *PGDP*
ln_ *direc*_ *indire*1	-0.229***	0.113**	0.938***	0.400***
	(-4.46)	(1.98)	(10.22)	(6.38)
ln_ *mat*_ *cap*	-0.0882**	-0.000	0.887***	0.119***
	(-2.47)	(-0.01)	(14.52)	(3.14)
ln_ *human*_ *cap*	0.107***	-0.0415	0.176***	0.363***
	(4.54)	(-1.10)	(4.35)	(6.18)

续 表

变量	(1) (2002—2011 年) ln_ HQ_ growth	(2) (2012—2018 年) ln_ HQ_ growth	(3) (2002—2011 年) ln_ PGDP	(4) (2012—2018 年) ln_ PGDP
ln_ openness			-0.0898* (-1.65)	-0.0847*** (-2.92)
ln_ indus_ const			-0.657*** (-3.47)	0.219** (2.12)
ln_ mac_ t_ burd	0.0971* (1.66)	0.0331 (0.40)	0.151 (1.47)	-0.0953 (-1.06)
Constant	-1.063*** (-11.73)	-1.179*** (-6.99)	2.116*** (8.97)	2.293*** (11.52)
F 统计量	7.95	1.08	218.11	70.53
Model	固定	固定	固定	固定
Observations	310	217	310	217
R - squared	0.104	0.023	0.827	0.702
Number of code	31	31	31	31

注：1. 括号中为 t 值，***、** 和 * 分别表示 1%、5% 和 10% 水平上显著；2. 税系结构分为直接税和间接税。

从表 4-3 固定效应面板回归结果可知，以 2012 年党的十八大开启新时代为界，2002—2011 年直接税与间接税的比对经济高质量增长的影响显著为负，而 2012—2018 年直接税与间接税的比对经济高质量增长的影响显著为正，这表明提高直接税占比、降低间接税占比在 2012 年之前对经济高质量增长是不利的，而 2012 年之后则有利于经济高质量增长。从物质资本投资的影响效果看，2012 年之前，固定资产投资对经济高质量增长的影响显著为负，2012 年之后对经济高质量增长的影响虽然为负但不显著，这表明党的十八大以前我国高投资、高消耗的增长方式其实并不是一种健康的经济增长方式，党的十八大以后主要依靠投资拉动的方式已经不能支撑经济的高质量增长，而是需要依靠科技投入、绿色发展等方式来保证经济的高质量增长。从人力资本投资来看，经济高质量增长在 2012 年之前显著促进了经济增长，2012 年之后虽然为负，但并不显著，这表明人力资本投资依然是我国经济高质量增长的重要影响因素。从人均 GDP 的影响来看，2012 年前后，直接税与间接税的比对经济增长的影响都显著为正，这说明直接税和间接税在不同的时期对普通经济增长的影响是一致的。从物质资本和人力资本投资的角度看，二者在 2012 年前后都促进了经济的增长，但从系数来看，物质资本投资的系数出现明显下降，由 0.887 下降为 0.119，人力资本投资的系数出现明显上升，由 0.176 上升到 0.363，这说明依靠投资拉动经济增长的效应在下降，而靠人力资本投资推动科技创新对经济增长的拉动效应在上升。对外开放对经济增长虽为负向影响，但系数极低，这可能和我国对外进口和出口比重不协调有关。从产业结构来看，2012 年之前对经济增长为显著负向影响，而 2012 年之后为显著正向影响，这表明我国的产业结构在不断优化，有力地促进了经济增长。综上所述，我们可以得出如下结论：提高直接税占比、降低间接税占比能够促进经济增长。

4.2.3.2　新时代税类结构的经济增长效应

仅从直接税和间接税的角度来分析税制结构无法判断哪类税的贡献度高，哪类税的贡献度低，也无法准确分析哪种税的贡献度高，哪种税的贡献度低，一定程度上模糊了税制结构优化的方向，为此，本书在分析税系结构后，又从征税对象和主体税种的角度进行了实证分析，以进一步解析直接税和间接税中不同税类、税种的贡献度问题。

在税类结构对经济增长的影响效应方面，为了提高面板数据的拟合度，本书将人均 GDP 作为被解释变量，在物质资本、人力资本、产业结构、对外开放程度和宏观税负作为控制变量的情况下，采用固定效应回归模型分析货劳税、所得税、财产税和其他税各自占比对人均 GDP 的影响效应。从理论分析的角度看，货劳税主要形成于商品和服务的流转环节，虽然税收转嫁后对市场的干预程度较小，即通常所说的税收中性，但我国进入新时代后，经济发展逐渐趋于成熟，产品品质竞争激烈，市场经济的主体利润不断下降，和以往相比，货劳税的负担会阻碍商品和服务流转，最终对经济增长起到负面影响。所得税包括企业所得税和个人所得税，主要形成于企业和个人的存量收益，要想疏解经济运行中出现的困难，减税无疑是一剂良方，受国际减税浪潮和国内经济下行压力的影响，我国对小微企业出台了一系列企业所得税的优惠政策，对个人所得税也进行了综合征收的改革，这些都有利于促进经济增长，但反过来，若企业所得税和个人所得税的比重增加，一定程度上也反映了企业利润增加和居民收入增加，经济在增长。财产税和其他税对经济增长的影响并不确定。模型回归结果如表 4 - 4 所示。

表 4 - 4　　　　税类结构对经济增长的影响效应

变量	模型回归结果（2012—2018 年）			
	(1) ln_ *PGDP*	(2) ln_ *PGDP*	(3) ln_ *PGDP*	(4) ln_ *PGDP*
ln_ *turn_ tax*	-0.965*** (-6.49)			
ln_ *income_ tax*		0.584*** (7.00)		
ln_ *prop_ tax*			0.265*** (3.09)	
ln_ *other_ tax*				-0.0117 (-0.45)
ln_ *mat_ cap*	0.144*** (3.91)	0.165*** (4.61)	0.133*** (3.14)	0.182*** (4.48)
ln_ *human_ cap*	0.338*** (5.74)	0.402*** (6.98)	0.375*** (5.93)	0.389*** (5.87)
ln_ *indus_ const*	0.218** (2.12)	0.126 (1.20)	0.318*** (2.86)	0.407*** (3.60)
ln_ *openness*	-0.113*** (-3.88)	-0.0695** (-2.43)	-0.0876*** (-2.80)	-0.0868*** (-2.69)
ln_ *mac_ t_ burd*	-0.0988 (-1.11)	-0.250*** (-2.75)	0.0404 (0.38)	-0.0954 (-0.96)

续　表

变量	模型回归结果（2012—2018年）			
	(1) ln_ *PGDP*	(2) ln_ *PGDP*	(3) ln_ *PGDP*	(4) ln_ *PGDP*
Constant	1.504*** (6.40)	2.665*** (13.23)	3.093*** (9.39)	2.279*** (9.49)
F 统计量	71.17	74.31	56.31	52.06
Model	固定	固定	固定	固定
Observations	217	217	217	217
R - squared	0.703	0.712	0.652	0.634
Number of code	31	31	31	31

注：1. 括号中为 *t* 值，***、** 和 * 分别表示1%、5%和10%水平上显著；2. 税类结构包括货劳税、所得税、财产税和其他税。

表4-4模型（1）、模型（2）、模型（3）、模型（4）回归结果显示：货劳税占比对人均GDP增长率的影响显著为负，货劳税类提高1%，人均GDP显著下降0.965%，说明货劳税在新时代的确阻碍了经济增长，应在减税降费的基础上进一步下调货劳税占比；所得税占比对人均GDP增长率的影响显著为正，所得税类提高1%，人均GDP显著提高0.584%，充分表明所得税对经济增长的正向效应明显；财产税占比对人均GDP增长率的影响显著为正，财产税占比提高1%，人均GDP提高0.265%，这说明包括车船税和契税在内的财产税可能在一定程度上放大了消费的动能，对经济发展产生了正向影响；其他税占比对人均GDP增长率的影响为负，但不显著，这说明包括资源税在内的其他税收在各自领域发挥的作用有限，还需要不断调整和优化。从控制变量的影响效应看，物质资本投资和人力资本投资对经济增长的影响显著为正，对外开放对经济增长的影响显著为负，这和税系结构的回归结果保持一致。相比而言，产业结构对经济增长在总体上的影响显著为正，而宏观税负对经济增长在总体上影响为负但不显著，仅在所得税影响方面显著为负，这表明所得税整体上对经济增长的影响存在异质性，我们可以进一步把所得税分为企业所得税和个人所得税加以分析。

4.2.3.3 新时代税种结构的经济增长效应

税制结构优化的最终落脚点还是税种，优化税种结构，包括优化各税种内部的要素结构，对经济的增长可能是有利的。考虑到增值税、消费税、企业所得税、个人所得税、资源税和房产税的占比较高，本书选取了这6种税在税收总收入中的占比，进行模型的回归分析，考察税种结构对经济增长的影响，回归结果如表4-5所示。

表4-5　　税种结构对经济增长的影响效应

变量	模型回归结果（2012—2018年）					
	(1)	(2)	(3)	(4)	(5)	(6)
	ln_ *PGDP*	ln_ *PGDP*	ln_ *PGDP*	ln_ *PGDP*	ln_ *PGDP*	ln_ *PGDP*
ln_ *VAT_ tax*	-0.485*** (-3.14)					
ln_ *consum_ tax*		-0.378*** (-8.95)				
ln_ *entre_ tax*			0.320*** (3.92)			
ln_ *person_ tax*				0.263*** (5.67)		
ln_ *resour_ tax*					0.0542*** (2.68)	
ln_ *house_ tax*						0.190*** (2.70)
控制变量	YES	YES	YES	YES	YES	YES
Constant	1.821*** (6.81)	1.173*** (5.24)	2.625*** (11.66)	2.959*** (12.75)	2.564*** (10.44)	3.201*** (8.09)
F 统计量	56.48	88.48	58.99	66.59	53.57	50.73
Model	固定	固定	固定	固定	固定	固定
Observations	217	217	217	217	212	210
R-squared	0.653	0.747	0.663	0.689	0.647	0.636
Number of code	31	31	31	31	31	30

注：1. 括号中为 *t* 值，***、** 和 * 分别表示1%、5%和10%水平上显著；2. 税种结构包括增值税、消费税、企业所得税、个人所得税、资源税和房产税。

回归结果显示：这 6 种税的占比对经济增长影响的拟合度都在 60% 以上，并且非常显著，但在影响方向上存在一定的差异。从整体上看，货劳税中的增值税占比和消费税占比对经济增长的影响都显著为负，所得税中的企业所得税占比和个人所得税占比对经济增长的影响都显著为正，资源税占比对经济增长的影响显著为正，房产税占比对经济增长的影响显著为正，其中增值税占比对经济增长的影响强度最大。

具体来看，在表 4 - 5 中，增值税占比对人均 GDP 的影响显著为负，增值税占比提高 1%，人均 GDP 下降 0.485%。一方面，增值税针对流转额的增值部分征税，对经济的干扰较少，具有税收中性的特点，但是，长期以来我国增值税比重相对偏高，在流通环节抬高了商品的售价，增加了消费者的消费成本；另一方面，2016 年以前，第三产业中的绝大多数征收营业税，工业制造业接受服务，无法抵扣进项税，税收链条不畅，一定程度上影响了企业的发展。上述情况也从侧面印证了我国经济进入新时代后，逐渐降低增值税比率，打通抵扣链条，为企业降低税负起到了重要作用。消费税占比提高 1%，人均 GDP 下降 0.378%，对经济增长的影响显著为负，我们可以从以下两个方面来分析原因：一是消费税作为货劳税增加了商品价格，一定程度上约束了部分商品的正常流通，不利于部分商品价值的实现；二是消费税本身就是选取部分商品（如烟、酒等）征税来调节市场份额，但是选取的部分商品税目在市场经济中可能还不够精确，需要进一步优化。企业所得税占比提高 1%，人均 GDP 提高 0.320%。企业所得税是直接税，企业实现利润后，在税基确定的情况下，很难像流转税那样向上或向下进行转嫁，符合能力负担课税的原则，能较好体现企业的经营情况。企业所得税在整个税收体系中提高所占的比重，说明在其他条件不变的情况下，税基稳定扩展，微观实体盈利增加，为企业所得税提供了充足的来源，同时也从整体上推动了经济的增长。而个人所得税对经济的增长具有显著的正向影响，个人所得税占比提高 1%，人均 GDP 提高 0.263%，这不仅符合市场预期，也充分体现了在经济增长到一定阶段后，通过改革个人所得税（2011 年 6 月 30 日，个税起征点调到 3500 元；2018 年 10 月 1 日，个税起征点调到 5000 元），个人所得税的征收逐渐趋于合理，对经济增长起到了正向的调节作用。资源税占比对经济增长的影响显著为正，资源税占比提高1%，人均GDP提高0.0542%，这一方面说明过去我国靠资源高投入，粗放型的经济发展模式在一定程度上的确促进了经济增长，而经济发展进入新常态后，尽管增长速度有所放缓，但资源投入仍然对经济增长有效；另一方面也说明我国通过合理调整资源税税目、税率，倒逼企业改革和创新，进一步促进了经济增长方式的转变和产业结构的升级，有利于经济可持续增长和绿色发展。房产税占比对经济增长的影响显著为正，房产税占比提高1%，人均GDP提高0.190%，这说明我国房产税长期以来仅对生产用房征收，一定程度上增加了企业成本，不利于企业的发展，但进入新时代后，作为主要针对企业的地方税种，各地通过推行相应的优惠政策，一定程度上给企业减轻了负担，增加了企业活力；同时，开征房产税提高了地方政府的转移支付和改善公共服务设施的能力，对地方经济发展也产生了一定的积极影响。

4.2.4 稳健性检验

本书采用替换解释变量和被解释变量以及分区域回归的方法，主要从税系结构的角度对经济增长的影响进行稳健性检验。

4.2.4.1 替换变量检验

为检验前文基本回归结果的稳健性，在解释变量上，选择直接税与间接税占比差的绝对值①，该变量越小，表明直接税占比和间接税占比越接近，该变量越大，表明直接税占比和间接税占比差距越大；在被解释变量上，除保留原有的人均GDP和经济高质量增长指标，还选择全社会用电量和全社会存货周转额作为替代变量，同样在原有控制变量的控制下进行面板回归。回归结果如表4-6所示。

---

① 本书选取“直接税占比与间接税占比差的绝对值”作为替代变量，主要是考虑二者之间的差距越小，越接近以直接税和间接税为主的“双主体”税制结构；二者之间的差距越大，越接近以直接税或间接为主的“单主体”税制结构。目前，我国是以间接税为主的税制结构。

表 4-6　　替换变量稳健性检验（税系结构）

变量	模型回归结果（2012—2018 年）			
	(1) ln_ *PGDP*	(2) ln_ *HQ_ growth*	(3) ln_ *electri*	(4) ln_ *cargo*
direc_ indire2	-1.198*** (-8.44)	-0.113 (-0.81)	-0.503*** (-3.34)	-0.404 (-1.28)
控制变量	*YES*	*YES*	*YES*	*YES*
Constant	2.442*** (13.05)	-0.814*** (-4.45)	8.379*** (42.20)	8.926*** (21.57)
F 统计量	84.38	3.59	41.33	2.98
Model	固定	固定	固定	固定
Observations	217	217	217	217
R-squared	0.738	0.107	0.579	0.090
Number of code	31	31	31	31

注：1. 括号中为 *t* 值，***、** 和 * 分别表示 1%、5% 和 10% 水平上显著；2. 被解释变量增加了全社会用电量和全社会存货周转额，解释变量替换了直接税与间接税差的绝对值。

上述回归结果显示：直接税占比与间接税占比差的绝对值（*direc_ indire2*）对人均 GDP、经济高质量增长指标、全社会用电量和全社会存货周转额的影响均为负向，但在显著性方面存在差异，这表明目前我国间接税占比高、直接税占比低的税制结构不利于经济增长，而提高直接税占比、降低间接税占比可以在一定程度上促进经济增长，这和前文基本回归结果是一致的，也验证了前文结论的稳健性。具体来说，税制结构对人均 GDP 和全社会用电量的影响显著为负，表明直接税占比与间接税占比差的绝对值提高 1%，人均 GDP 和全社会用电量分别降低 1.198% 和 0.503%，直接税和间接税占比差距扩大会抑制经济增长；而税制结构对经济高质量指标和全社会存货周转率的影响也为负，但不显著，表明缩小直接税和间接税差距有利于经济增长，不显著可能与拟合度以及影响因素复杂有关。

4.2.4.2　分区域进行检验

税制结构在不同区域的经济发展水平下对经济增长可能存在异质性。按照1986年通过的“七五”计划的划分原则，本书把全国31个省级行政区域按经济发展水平由低到高分为3个区域，即东部地区、中部地区和西部地区，并依次对其进行经济增长效应的稳健性检验。在控制其他变量的情况下，在全国和三个区域中，将直接税与间接税的比（*direc_ indire*1）作为解释变量，对经济增长的影响进行回归分析，回归结果如表4-7所示。

表4-7　　分区域稳健性检验（税系结构）

变量	模型回归结果（2012—2018年）			
	全国 ln_ *PGDP*	东部地区 ln_ *PGDP*	中部地区 ln_ *PGDP*	西部地区 ln_ *PGDP*
ln_ *direc_ indire*1	0.400*** (6.38)	0.520*** (4.63)	0.810*** (7.84)	0.232** (2.01)
ln_ *mat_ cap*	0.119*** (3.14)	-0.0041 (-0.07)	-0.0747 (-1.59)	0.203** (2.25)
ln_ *human_ cap*	0.363*** (6.18)	0.222** (2.54)	0.143** (1.67)	0.549*** (5.63)
ln_ *indus_ const*	0.219** (2.12)	-0.134 (-0.58)	0.606*** (4.88)	0.084 (0.41)
ln_ *openness*	-0.0847*** (-2.92)	-0.288*** (-4.01)	-0.0296 (-0.48)	-0.0407 (-0.99)
ln_ *mac_ t_ burd*	-0.0953 (-1.06)	-0.416*** (-2.96)	0.439*** (3.02)	-0.352** (-2.10)
Constant	2.293*** (11.52)	1.529*** (5.62)	3.429*** (11.83)	1.843*** (4.25)
*F*统计量	70.53	52.69	46.52	26.11
Model	固定	固定	固定	固定
Observations	217	77	70	70
Number of code	31	11	10	10
R-squared	0.702	0.840	0.838	0.744

注：1. 括号中为*t*值，***、**和*分别表示1%、5%和10%水平上显著；2. 1986年的“七五”计划将全国划分为东、中、西三个地区，1997年把重庆归为西部。至此31个省（市、自治区）中，东部地区包括北京、天津、河北、辽宁、上海、江苏、浙江、福建、广东、山东、海南，中部地区包括山西、内蒙古、吉林、黑龙江、江西、安徽、河南、湖北、湖南、广西，西部地区包括重庆、四川、贵州、云南、西藏、陕西、甘肃、青海、宁夏、新疆。

按照模型的设定，本书选取主要被解释变量——人均 GDP 进行稳健性检验，回归分析的结果显示：无论是全国还是东部、中部、西部地区，直接税与间接税的比（*direc_ indire*1）对经济增长的影响都显著为正，直接税与间接税的比每增长 1%，全国和东部、中部、西部地区的人均 GDP 分别增长 0.400%、0.520%、0.810%和 0.232%，这表明提高直接税、降低间接税可以显著促进经济增长。从控制变量来看，经济发展水平较高的东部、中部地区，物质资本投资对经济增长的影响为负，但不显著，西部地区的物质资本投资对经济增长的影响显著为正，表明新时代在经济欠发达地区依靠高投入来拉动经济增长的模式依然有效；人力资本投资对各地区经济增长的影响都显著为正，这和全国的影响效应是一致的；产业结构对经济增长的影响在东部、中部和西部地区存在异质性——中部地区的影响显著为正，东部的影响为负但不显著，西部的影响为正但不显著，这可能和不同地区产业结构的现状和调整有关系；对外开放对经济增长的影响与基准回归结果基本一致，影响都是负向的，但中部、西部地区不显著；宏观税负对经济增长的影响存在差异，东部、西部地区的影响显著为负，而中部地区的影响显著为正，这可能和不同地区依赖进出口的差异有关。综上所述，从全国和东部、中部、西部地区不同区域来看，直接税与间接税的比对经济增长的影响都显著为正，这说明在全国范围内，在促进经济增长方面，间接税比重偏高，直接税比重偏低，其他地区亦如此，这不仅与前文的基准回归结果一致，而且进一步验证了前文回归结果的稳健性。

4.2.4.3　内生性问题

税制结构与经济增长存在较为明显的反向因果关系，一方面，税制结构的安排对经济增长会产生调节作用，另一方面，经济增长的结果也必然影响着税基的增长状况，从而促使政府调整税制结构。此外，本书局限于税制结构对经济增长变量的认识和选择，除了上述控制变量，税制结构还受到制度、文化、历史、政治等多重难以度量和不可观测的因素的影响，而反向的因果关系及其遗漏变量偏差可能使基准回归存在一定的内生性，为了克服内生性问题导致的估计偏差，本书采用了动态广义矩 GMM 模型控制内生性和动态效应，将直接税与间接税的比值（*direc_ indire*1）设为内生变量，将其他控制变量设为严格的外生变量，模型通过了二阶序列不相关检验和 Sargan 检验。

本书以人均 GDP 为主要被解释变量，分析税系、税类和税种结构对经济增长的稳健性，包括分地区进行回归分析，结果与基准回归的结论基本一致。总的来看，在新时代，间接税占比过高不利于经济增长，而提高直接税占比有利于经济增长，调整直接税和间接税二者的占比，特别是提高直接税比重，是目前应该着手制定的政策方向，具体的税类结构、税种结构与经济增长的关系，估计结果与前文保持一致，也证明了回归结果的稳健性。

4.2.5 基本结论与政策建议

税制能否促进当地经济良性发展，不仅取决于其结构的合理性，还取决于地区的经济发展水平、资源禀赋、劳动人口、科技水平等影响因素。进入新时代，我国经济的发展层次、发展水平发生了很大变化，从发展的观点来看，原有的税制结构能否进一步促进经济增长，已经成为我们当前的重要课题。

本节利用 2012—2018 年省级行政单位的面板数据，实证分析了税系结构、税类结构、税种结构对经济增长的影响效应。结果显示，从选取的主要被解释变量经济高质量增长指标和人均 GDP 来看，在控制相关变量的前提下，直接税占比提高，间接税占比下降，对经济增长呈明显的正向影响，直接税与间接税的比值提高 1%，经济高质量增长指标和人均 GDP 分别显著提高 0.113% 和 0.400%，这与发达国家直接税占比过高的负向影响正好相反，也从侧面印证了从发展阶段来看，我国仍然属于发展中国家，税制结构以提高直接税占比为主，适当降低间接税占比，对经济增长是有利的。从税类结构来看，货劳税占比对经济增长的影响显著为负，而所得税占比、财产税占比和其他税占比对经济增长的影响均显著为正。从税种结构来看，增值税占比、消费税占比对人均 GDP 的影响显著为负，充分证明了目前我国结构性减税、以降低间接税税负为主的政策导向是正确的。企业所得税占比、个人所得税占比和房产税占比对经济增长的影响显著为正，整体上看应从直接税角度加大税种内部要素结构的调整；资源税占比对经济增长的影响显著为正，应从有利于资源节约、生态环保的角度加大对资源税的改革。从税制结构对地区经济增长的影响来看，地区经济发展水平越高，直接税与间接税的比值对经济增长的影响越显著，说明经济发展水平越高，越要提高直接比重，降低间接税比重，以促进经济的可持续增长。

进入新时代后，我国社会主要矛盾已经转化为人民日益增长的美好生活需要和不平衡不充分的发展之间的矛盾，我国经济已经转向高质量发展阶段，但总体经济发展水平还处于发展中国家，优化税制结构、促进经济结构性减税是目前深化税制改革的重要制度安排。从目前研究的结果来看，我国在经济增长方面，税制结构还存在着巨大的调整和优化空间。首先，要从整体上降低间接税比重，促进企业商品流通，通过刺激消费来拉动经济增长，同时，考虑提高直接税比重，在优化资源配置的同时，调节好收入分配，缓解贫富差距扩大的矛盾，激发劳动供给的动力，促进科技创新，优化直接税内部要素改革，减少直接税对劳动和资本供给行为的扭曲；其次，从地区经济发展水平来看，促进经济增长还要充分考虑地区差异，对于经济欠发达的地区，要继续给予税收优惠政策，在保持目前税负稳定的情况下，调整并提高直接税占比，适当降低间接税的占比，继续提高所得税占比，而针对经济发展水平高的地区，扩大财产税的占比，这样可以更有针对性地促进地区经济增长；再次，结构性减税的同时要充分考虑地区经济增长的现实，加快建立地方主体税种，使地方在促进经济增长方面实施更有针对性的税收政策，防止出现不同地区的税制结构趋于一致，而不考虑地区经济发展水平实际的现象；最后，税制结构的完善还在于税制的科学、合理，只有继续改革税制的内部不合理要素，结合新时代的新情况和新问题进行精细化管理，才能使税制结构促进经济增长的作用发挥到实处。

4.3 小结

本章分为两部分，第一部分对我国税制结构的变动进行了考察，主要从税系结构、税类结构和税种结构三部分进行了变动趋势分析。从税系结构来看，我国的间接税占比仍然较高，近年来一直在50%以上；从税类结构来看，货劳税和所得税占比远高于财产税和其他税占比；从税种结构来看，增值税和企业所得税是我国的两大主体税种。从经济增长的整体情况来看，GDP绝对值持续提升，但相对值（GDP增长率）增长态势明显放缓，在区域经济增长方面，东部地区依然是我国经济发展最具活力的地区，但受国家政策的引导，中部、西部地区的经济增长态势良好，区域增长的差距在逐步缩小。

本章第二部分依据2002—2011年和2012—2018年两阶段省级数据，建立面板计量模型，从税系结构、税类结构和税种结构三个角度对经济增长的影响效应进行了实证研究。研究结果如表4-8所示。

表4-8　　新时代税制结构对经济增长指标的影响效应汇总

类别	具体内容	控制变量	效应	显著/不显著
税系结构	直接税/间接税	控制	+	显著
	直接税占比与间接税占比差的绝对值	控制	-	显著
税类结构	货劳税占比	控制	-	显著
	所得税占比	控制	+	显著
	财产税占比	控制	+	显著
	其他税占比	控制	+	显著
税种结构	增值税占比	控制	-	显著
	消费税占比	控制	-	显著
	企业所得税占比	控制	+	显著
	个人所得税占比	控制	+	显著
	资源税占比	控制	+	显著
	房产税占比	控制	+	显著

注：1. 上表由本章实证结果整理得到；2. 此处正效应为促进经济增长，负效应为抑制经济增长。

具体结论和启示如下。

第一，税系结构对经济增长影响效应的结果显示，直接税对经济增长的影响呈显著正效应，间接税对经济增长的影响呈显著负效应。税类结构对经济增长的影响结果显示，货劳税占比对经济增长的影响呈显著负效应，其他税类对经济增长的影响呈显著正效应。尽管各税类在显著性上都表现为显著，但影响的幅度存在一定的差异，在宏观税负、物质资本、人力资本、对外开放和产业结构等控制变量的控制下，通过对人均 GDP、全社会用电量和全社会存货周转额进行回归检验，结论基本保持一致。

第二，税种结构对经济增长影响效应的结果显示，增值税占比和消费税占比对经济增长的影响都显著为负，充分说明货劳税占比过重，对经济增长起到了抑制作用，应适时调整并降低货劳税，特别是增值税和消费税占比，从而推动商品和服务的加速流转，保证企业收入的顺利实现。2016 年“营改增”后，增值税的占比快速增加，作为价外税，增值税具有很强的隐蔽性（嵌入商品价格中），尽管对市场经济的干扰很少，具有税收中性的特点，但是增值税随商品交易而流转，本身过高会影响商品或服务的含税价，阻碍商品流通和服务供给，在占比到达一定程度后，就会产生阻碍经济增长的作用。消费税尽管只针对部分商品征税，但如果内部税目不合理，对经济增长的影响也会产生负向效应。相比货劳税，所得税中的企业所得税占比增加对经济增长产生显著的正向效应，这表明所得税不仅没有阻碍经济增长，相反，企业所得税的增加在一定程度上促进了企业经济效益的好转。个人所得税占比对经济增长的影响为正效应，这说明我国的个人所得税（2019 年已经改革个人所得税）虽然存在不合理之处，但在增加财政收入方面发挥了重要作用，提高了政府转移支付的能力，另外，个人所得税的不断改革也从侧面释放了居民消费的潜力。

第三，分区域的税制结构对经济增长影响效应的结果显示，无论是东部还是中部、西部地区，提高直接税占比、降低间接税占比对经济增长的影响效应都显著为正，但存在一定的差异——东部和中部地区高于全国水平，西部地区则低于全国水平，这说明在新时代经济越发达的地区，提高直接税占比、降低间接税占比对经济增长的影响效果越明显。分区域税制结构对经济增长影响效应的实证分析也进一步表明，在优化税制结构的时候，要充分考虑经济构成所具有的地域性特征的影响。

第 5 章　新时代税制结构对收入分配影响效应的实证分析

改革开放以来，我国经济发展在取得巨大成就的同时，各种形式的分配不公平问题也凸显出来，这些问题主要表现在城乡间、地区间和行业间。党的十九大报告指出，中国特色社会主义进入新时代，我国社会主要矛盾已经转化为人民日益增长的美好生活需要和不平衡不充分的发展之间的矛盾。这要求我们在收入分配①方面必须加快改革。在第 2 章（理论研究）和第 3 章（统计描述分析）的基础上，本章试图通过建立计量模型，对税制结构影响收入分配的效应进行更为深入的分析，以便从收入分配的角度为我国税制结构优化提供更有借鉴意义的证据。

5. 1　我国收入分配差距的现状

从新中国成立到改革开放前，我国实施计划经济体制，人民收入水平普遍较低，所以很少有人谈及收入差距问题；改革开放后，我国经济快速增长，人民收入水平不断提高，无论是城镇人均收入，还是农村人均收入，都得到了大幅度增加——1978 年城镇居民人均可支配收入为 343. 4 元，2018 年增长到 39250. 8 元，增长了将近 114 倍，与此同时，农村居民人均可支配收入从 1978 年的 133. 6 元增长到 2018 年的 14617 元，增长了将近

① 收入既包含工资性收入，也包括资本性收入和其他收入，因此本书关于税制结构调节收入分配的研究分别着重于存量和流量两个方面的财富。

109倍。从相对值来看，1978年城镇居民与农村居民的收入比为2.57，2018年增长到2.69，收入分配差距没有缩小，反而有扩大的趋势。从基尼系数来看，改革开放初期到1993年，我国基本保持在0.4以下，然而1994—2018年，长期在0.4国际警戒线以上，2018年达到0.474。这说明进入新时代后，我国的收入分配差距形势依然严峻。1981—2018年我国基尼系数趋势如图5-1所示。

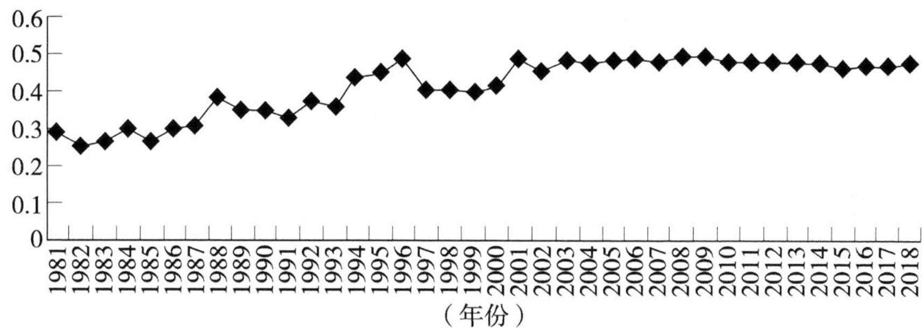

图5-1　1981—2018年我国基尼系数趋势

总的来看，形成收入分配差距的主要原因是，改革开放后，允许一部分人、一部分地区先富起来，先富带动后富的政策打破了长期在分配领域中平均主义的倾向，使生产力得到快速发展，居民收入水平迅速提高。能力强的收入高，能力弱的收入低，竞争机制的引入使收入分配的差距在改革与发展中逐步扩大，按劳分配为主、多种分配方式并存的分配方式使生产要素创造价值的作用在生产力的应用中得到空前的展示。随着财富的不断积累、行业的不断调整，收入分配不合理的地方也表现得越来越明显，特别是二元制城乡收入分配差距、地区资源禀赋造成的收入分配差距和不同行业（垄断和竞争）收入分配的差距等，在一定程度上造成了居民收入分配差距的扩大，若不加以控制，长此以往会造成财富积累集中在少数人手中，激化社会矛盾。因此，通过财政税收等政策调节收入分配的差距，既是社会发展的需要，也是政府应承担的责任。

5. 1. 1 城乡收入分配现状

5. 1. 1. 1 城乡收入差距扩大

传统的计划经济体制下，城镇和农村两个社会经济系统被人为地分割开来，城乡收入差距一直居高不下，尽管2013 年城乡收入比达到改革开放后的最高值3. 25 后逐渐开始下降，到 2018 年时已经降为 2. 69，但是城乡收入差距的绝对值在持续扩大，由 2013 年的 20059. 2 元扩大到 2018 年的 24733. 8 元，相比 2014 年增长了 23. 30%，该绝对值差距已经达到了历史的最高点(见表 5 - 1)。

表 5 - 1　　1978—2018 年城乡居民人均收入及差距

年份	城镇居民人均收入（元）	农村居民人均收入（元）	绝对收入差距（元）	城乡收入比
1978	343. 4	133. 6	209. 8	2. 57
1980	477. 6	191. 3	286. 3	2. 50
1985	739. 1	397. 6	341. 5	1. 86
1989	1373. 9	601. 5	772. 4	2. 28
1990	1510. 2	686. 3	823. 9	2. 20
1991	1700. 6	708. 6	992. 0	2. 40
1992	2026. 6	784. 0	1242. 6	2. 58
1993	2577. 4	921. 6	1655. 8	2. 80
1994	3496. 2	1221. 0	2275. 2	2. 86
1995	4283. 0	1577. 7	2705. 3	2. 71
1996	4838. 9	1926. 1	2912. 8	2. 51
1997	5160. 3	2090. 1	3070. 2	2. 47
1998	5425. 1	2162. 0	3263. 1	2. 51
1999	5854. 0	2210. 3	3643. 7	2. 65
2000	6280. 0	2253. 4	4026. 6	2. 79

续　表

年份	城镇居民人均收入（元）	农村居民人均收入（元）	绝对收入差距（元）	城乡收入比
2001	6859.6	2366.4	4493.2	2.90
2002	7702.8	2475.6	5227.2	3.11
2003	8472.2	2622.2	5850.0	3.23
2004	9421.6	2936.4	6485.2	3.21
2005	10493.0	3254.9	7238.1	3.22
2006	11759.5	3587.0	8172.5	3.28
2007	13785.8	4140.4	9645.4	3.33
2008	15780.8	4760.6	11020.2	3.31
2009	17174.7	5152.2	12022.5	3.33
2010	19109.4	5919.0	13190.4	3.23
2011	21809.8	6977.3	14832.5	3.13
2012	24564.7	7916.6	16648.1	3.10
2013	28955.1	8895.9	20059.2	3.25
2014	28843.9	10488.9	18355.0	2.75
2015	31194.8	11421.7	19773.1	2.73
2016	33616.2	12363.4	21252.8	2.72
2017	36396.2	13432.4	22963.8	2.71
2018	39350.8	14617.0	24733.8	2.69

资料来源：历年《中国统计年鉴》。

从改革开放的历史数据来看，城乡居民人均收入差距持续存在，除 1985 年城乡收入比为 1.85，1989—1991 年、1997 年这 4 年的城乡收入比在 2.00 ~ 2.50 外，其他年份均高于 2.50，这种差异在世界范围内也是比较大的。如果考虑到城镇居民还有住房、医疗等福利补贴，城乡居民收入的差距可能还会更大。

从图 5 - 2 可以看出，1978—2018 年，城乡居民人均收入都呈现了不同程度的上涨，城镇居民人均收入增长较快，农村居民人均收入增长较慢，城镇

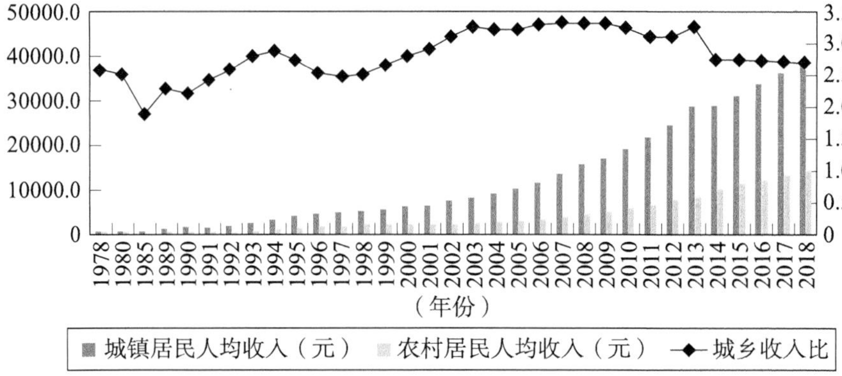

图 5－2　1978—2018 年我国城乡居民人均收入趋势图

居民人均收入在 2005 年就已经突破 1 万元，而农村居民人均收入在 2014 年才首次突破 1 万元。人均收入主要考虑的是流量，如果加上各年的流量积累，城镇居民的财富要远高于农村居民。

5.1.1.2　城乡内部收入差距扩大

城镇与农村内部的收入差距也不容小觑，首先看城镇和农村的基尼系数。2000—2018 年，城镇和农村的基尼系数虽然保持在相对合理的区间，但内部收入分配的差距不断扩大，相比而言，农村收入差距比城镇收入差距更大。基尼系数趋势如图 5－3 所示。

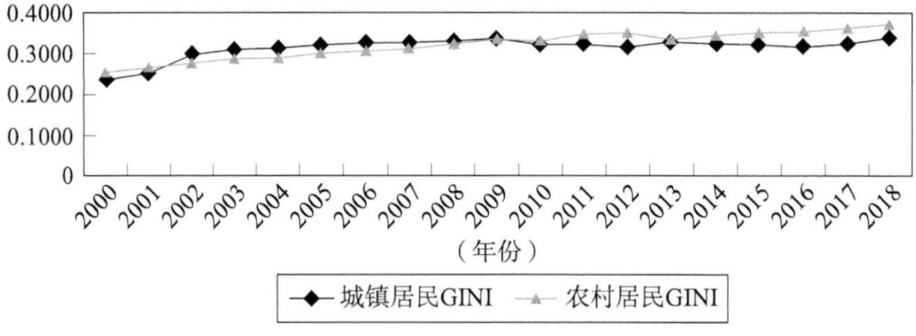

图 5－3　2000—2018 年城镇和农村居民内部基尼系数趋势

资料来源：历年《中国统计年鉴》。

由图 5－3 可见，2000—2018 年，城镇和农村的内部基尼系数总体呈上升趋势，特别是 2005 年后，城镇和农村的基尼系数都在 0.3 以上，而且从 2009

年起，农村居民的基尼系数一直高于城镇居民的基尼系数，这说明农村内部的收入分配差距要高于城镇内部的收入分配差距。我们还可以从图中看到，2016年之后，无论是城镇还是农村，内部的基尼系数都呈现上升的趋势，这说明城镇与农村内部的收入差距正在扩大。

其次看不同群组的城镇和农村居民收入分配，具体如表5－2、表5－3所示。

表5－2　　2000—2018年我国城镇居民五等份分组的人均收入　　（单位：元）

年份	城镇居民人均收入	低收入户（20%）	中等偏下收入户（20%）	中等收入户（20%）	中等偏上收入户（20%）	高收入户（20%）	最高与最低之比
2000	6280.0	3132.0	4623.5	5897.9	7487.4	11299.0	3.61
2001	6859.6	3319.7	4946.6	6366.2	8164.2	12662.6	3.81
2002	7702.8	3032.1	4932.0	6656.8	8869.5	15459.5	5.10
2003	8472.2	3295.4	5377.3	7278.8	9763.4	17471.8	5.30
2004	9421.6	3642.2	6024.1	8166.5	11050.9	20101.6	5.52
2005	10493.0	4017.3	6710.6	9190.1	12603.4	22902.3	5.70
2006	11759.5	4567.1	7554.2	10269.7	14049.2	25410.8	5.56
2007	13785.8	5364.3	8900.5	12042.2	16385.8	29478.9	5.50
2008	15780.8	6074.9	10195.6	13984.2	19254.1	34667.8	5.71
2009	17174.7	6725.2	11243.6	15399.9	21018.0	37433.9	5.57
2010	19109.4	7605.2	12702.1	17224.0	23188.9	41158.0	5.41
2011	21809.8	8788.9	14498.3	19544.9	26420.0	47021.0	5.35
2012	24564.7	10353.8	16761.4	22419.1	29813.7	51456.4	4.97
2013	26467.0	9895.9	17628.1	24172.9	32613.8	57762.1	5.84
2014	28843.9	11219.3	19650.5	26650.6	35631.2	61615.0	5.49
2015	31194.8	12230.9	21446.2	29105.2	38572.4	65082.2	5.32
2016	33616.2	13004.1	23054.9	31521.8	41805.6	70347.8	5.41
2017	36396.2	13723.1	24550.1	33781.3	45163.4	77097.2	5.62
2018	39250.8	14386.9	24856.5	35196.1	49173.5	84907.1	5.90

资料来源：历年《中国统计年鉴》。

表 5-3　2000—2018 年我国农村居民五等份分组的人均收入　（单位：元）

年份	农村居民人均收入	低收入户（20%）	中等偏下收入户（20%）	中等收入户（20%）	中等偏上收入户（20%）	高收入户（20%）	最高与最低之比
2000	2253.4	802.0	1440.0	2004.0	2767.0	5190.0	6.47
2001	2366.4	818.0	1491.0	2081.0	2891.0	5534.0	6.77
2002	2475.6	857.0	1548.0	2164.0	3031.0	5903.0	6.89
2003	2622.2	865.9	1606.5	2273.1	3206.8	6346.9	7.33
2004	2936.4	1007.0	1842.2	2578.6	3608.0	6931.0	6.88
2005	3254.9	1067.2	2018.3	2851.0	4003.3	7747.4	7.26
2006	3587.0	1182.5	2222.0	3148.5	4446.6	8474.8	7.17
2007	4140.4	1346.9	2581.8	3658.8	5129.8	9790.7	7.27
2008	4760.6	1499.8	2935.0	4203.1	5928.6	11290.2	7.53
2009	5153.2	1549.3	3110.1	4502.1	6467.6	12319.1	7.95
2010	5919.0	1869.8	3621.2	5221.7	7440.6	14049.7	7.51
2011	6977.3	2000.5	4255.7	6207.7	8893.6	16783.1	8.39
2012	7916.6	2316.2	4807.5	7041.0	10142.1	19008.9	8.21
2013	9429.6	2877.9	5965.6	8438.3	11816.0	21323.7	7.41
2014	10488.9	2768.1	6604.4	9503.9	13449.2	23947.4	8.65
2015	11421.7	3085.6	7220.9	10310.6	14537.3	26013.9	8.43
2016	12363.4	3006.5	7827.7	11159.1	15727.4	28448.0	9.46
2017	13432.4	3301.9	8348.6	11978.0	16943.6	31299.3	9.48
2018	14617.0	3666.2	8508.5	12530.2	18051.5	34042.6	9.29

资料来源：历年《中国统计年鉴》。

依据表 5-2、表 5-3 可知，城镇居民最高收入组（20%）与最低收入组（20%）的人均收入之比已由 2000 年的 3.61 上升到 2018 年的 5.90，尽管 2000—2018 年二者之比没有超过 6.00，但是从走势来看，从 2002 年开始（2012 年除外），其他年份都保持在 5.00 以上，而且总体上有逐渐增大的趋势，从纵向看，2000—2018 年高收入组收入增长了 6.51 倍，中等偏上收入组收入增长了5.57倍，中等收入组收入增长了4.97倍，中等偏下收入组收入增长了4.38倍，低收入组收入增长了3.59倍，这说明收入水平越高，收入增长速度越快。相比城镇居民五等份组，农村居民最高收入组（20%）与最低收入组（20%）的人均收入之比差距更大，由6.47上升到了9.29，纵向来看，2000—2018年农村人均收入五等份组中高收入组收入增长了5.56倍，中等偏上收入组收入增长了5.52倍，中等收入组收入增长了5.25倍，中等偏下收入组收入增长了4.91倍，低收入组收入增长了3.57倍。在农村人均收入五等份组的比较中，同样也是收入越高，收入增长速度越快。因此，不管是城镇内部，还是农村内部，收入都存在着较大差距，收入分配的问题依旧突出。

5.1.1.3　城乡收入差距成因

城乡居民收入差距形成的原因是多方面的。第一，经济发展方面的原因。市场经济更多追求的是效率，其本身就具有扩大收入分配差距的功能，而且我国正处于经济快速增长的工业化时期，只有经济发展到一定阶段，收入差距才会在稳定后出现下降，这符合库兹涅茨曲线的居民收入差距先扩大、后稳定、再减少的“倒U形”规律。第二，二元经济结构方面的原因。刘易斯（Lewis，1954）提出二元经济模型，该模型假设城镇和农村分别存在于工业和农业两个部门，工业生产力高于农业生产力，工业化进程中，农业富余劳动力进入城镇容易，融入城镇却比较困难①，加之国家在资源配置和政策方面向城镇倾斜，在此基础上，城乡收入差距就会扩大。第三，体制与政策方面的原因。现行的收入分配制度强化了城乡收入分配差距，市场经济改变了计划经济的平均主义，鼓励按生产要素进行分配，城镇居民除了工资性收入，可能还存在利息、股息、租金等方面的收入，而农村的生产要素较为单一，在经济发展过程中，也就逐渐拉开了与城镇居民之间的收入差距。第四，公共资源方面的原因。在城市化的进程中，国家的大量资源流向了城镇，导致城乡之间在公共基础设施、教育、医疗、交通和社会保障等多个层面存在较

① 在很大程度上是因为农业劳动力没有一定的技术，在城镇打零工而无法安顿下来。

大差距，从而进一步影响了城乡居民收入的公平分配。第五，居民个体方面的原因。城镇和农村内部收入差距虽然在合理的范围内，但是毕竟也存在着一定的差距，这可能源于居民个体的能力、素质以及身体等方面的差异。

5.1.2 地区收入分配现状

5.1.2.1 区域间收入分配差距显著

我国区域经济发展不平衡已经在第4章做过介绍，本章主要探讨区域间收入分配的不均衡问题。从东部、中部和西部地区的居民收入差距来看，城镇和农村居民收入差距都有缩小的趋势，如城镇居民东部、西部人均收入之比，2005年为1.52，2018年为1.39，而农村居民东部、西部人均收入之比，2005年为1.98，2018年为1.54。尽管如此，收入的绝对值差额依然较大，如2005年城镇居民人均收入，东部、中部和西部地区分别为13374.9元、8808.5元和8783.2元，东部地区与其他地区的差距在5000元左右，而到了2018年，东部、中部和西部地区人均收入分别为46432.6元、33803.2元和33388.6元，东部和其他地区的差距扩大到12000元左右。

由图5-4可知，尽管三大区域城镇居民的人均收入都呈现上升的趋势，但东部地区的增幅明显较大，中部、西部地区的增幅较小，而且二者之间的绝对值差异也很小，这说明区域收入差距在城镇间主要表现为东部与其他两个区域之间的差异，未来如何实现东部和其他区域的收入分配差距逐步缩小是实现收入分配均衡的关键。

2005—2018年东部、中部和西部地区农村居民人均收入如图5-5所示。整体来看，三大区域农村居民人均收入都在上涨，而且增长相对稳定。从绝对值来看，东部地区稍高，西部地区稍低，但东部地区与其他两个区域的差额不如城镇居民收入差距那么明显，如2005年东部、中部和西部地区的农村居民人均收入分别为4720.3元、2956.6元和2378.9元，三大区域的农村居民人均收入都在5000元以内，东部地区与西部地区的人均收入差距为2341.4元，到了2018年，东部、中部和西部地区的农村居民人均收入分别为

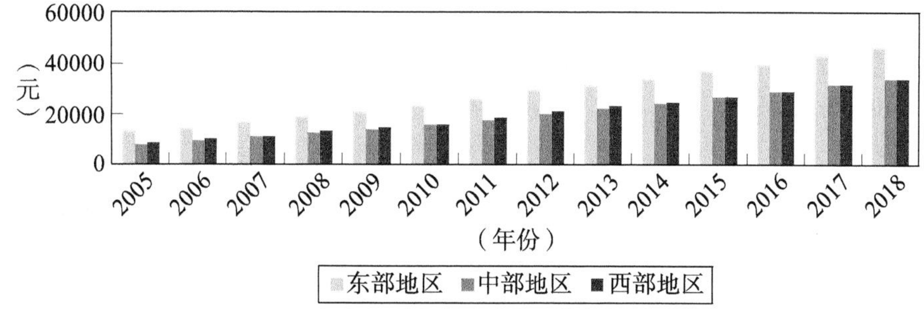

图 5－4　2005—2018 年东部、中部和西部地区城镇居民人均收入

18285. 7 元、13954. 1 元和 11831. 4 元，三大区域的农村居民人均收入都在 1 万～2 万元，而东部和西部地区的农村居民人均收入差距扩大到 6454. 3 元。

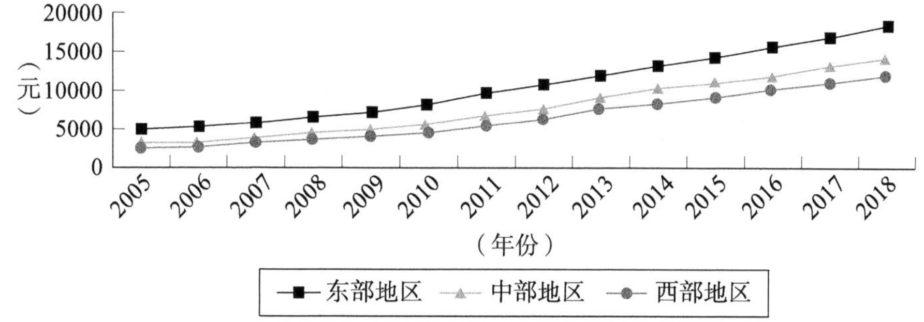

图 5－5　2005—2018 年东部、中部和西部地区农村居民人均收入

5. 1. 2. 2　省际收入分配差距过大

从图 5－6 可见，省际收入差距在逐步扩大。2002 年，收入最高地区上海市的人均收入为 13249. 80 元，比收入最低地区贵州省的人均收入 5944. 08 元高出 7305. 72 元。到了 2018 年，收入最高地区上海市的人均收入比收入最低地区黑龙江省的高出 38842. 30 元。通过对比 2002—2018 年居民收入最高和最低地区的人均收入差距，我们可以发现，城镇居民收入最高与最低地区的人均收入差距呈逐步扩大的态势。

但从相对值来看，如图 5－7 所示，城镇居民收入最高地区与最低地区的人均收入比变化不大，基本维持在 2～2. 4，这说明城镇居民的人均收入基本成正比例增长，二者之间的相对差距维持在一个较为稳定的水平上。而农村

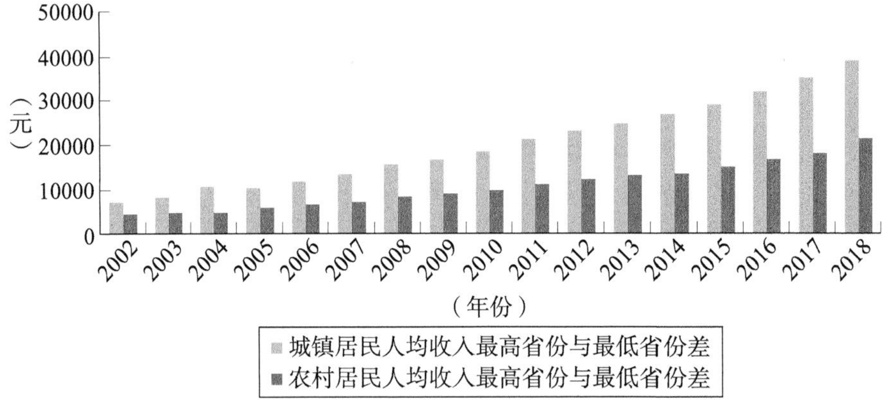

图 5－6　2002—2018 年城镇与农村居民人均收入省际绝对值差距

资料来源：历年《中国农村统计年鉴》。

居民收入最高地区与最低地区的人均收入比则呈现缩小—小幅扩大—稳定—小幅缩小的趋势。上述情况表明，虽然农村居民人均收入的绝对值在进一步扩大，但扩大势头有减缓的迹象。

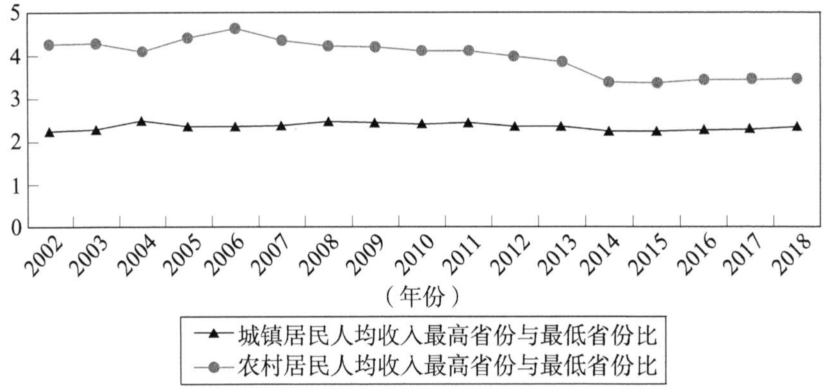

图 5－7　2002—2018 年城镇与农村居民人均收入省际差距

资料来源：历年《中国农村统计年鉴》。

5.1.2.3　地区收入分配差距的原因

1978 年以来，无论东部、中部和西部地区还是省与省之间，居民收入差距的绝对值都在拉大，相对值虽然有下降的迹象，但总体下降的趋势并不明显。形成地区居民收入分配差距的原因是多方面的，其中主要原因有以下几点。第一，自然条件限制。东部、中部和西部地区的自然条件和地理位置不同，比较而言，东部地区拥有较多的资源，如港口、码头、密集的公路、铁路网等基础设施，这是中部、西部地区所没有的，特别是中部、西部地区自然条件相对较差，很多地域不如东部地区更适合人们生产和生活，这些都使东部地区的沿海省份获得了一种比较优势，从而能够先行一步。第二，经济发展水平的制约。从三大区域包括的省份来看，东部地区各省份的经济增长明显快于其他地区，而且在经济增长、产业结构、人力资本的投入以及对外开放程度方面都要高于其他地区，总之，生产力的水平不同拉大了东部地区和其他地区的居民收入差距。第三，国家政策的倾向性。改革初期，政府设立沿海开放城市、经济特区，这些东部的地区率先获得了政府的政策支持，吸引了大量的外资，使当地经济获得了巨大发展，尽管近几年国家先后在中部、西部和东北地区实施了西部大开发、东北振兴和中部地区崛起战略，但是长期以来中部、西部地区基础薄弱，发展基数低，要想在短期内缩小和东部地区的差距，目前来看还不太现实。

5.1.3　行业收入分配现状

5.1.3.1　行业收入分配差距明显

行业收入分配存在差距已是不争的事实，特别是在垄断行业与完全竞争行业，收入差距有不断扩大的迹象。更重要的是，行业收入分配差距也突出表现在城乡居民收入分配差距上，在很多情况下，行业收入差距就是城乡和地区之间的差距，比如农林牧渔业的多数从业者为农村人口，而金融业的多数从业者为城镇人口，由于行业居民收入的差距主要体现在工资上，而且非常容易获取，这种显性的存在引起了社会各界的广泛关注。垄断行业中存在自然垄断和行政垄断之分，因此，本书选取了两个比较典型的完全竞争行业（农林牧渔业，住宿、餐饮业）、两个自然垄断行业（金融业，信息传输、软件和信息技术服务业）、一个行政垄断行业（电力、热力、燃气及水生产和供应业）进行分析。

表 5-4　　2005—2018 年相关行业年平均工资　　（单位：元）

年份	平均工资	农林牧渔业	住宿、餐饮业	电力、热力、燃气及水生产和供应业	金融业	信息传输、软件和信息技术服务业	收入最高行业与收入最低行业比
2005	18200	8207	13876	24750	29229	38799	4.73
2006	20856	9269	15236	28424	35495	43435	4.69
2007	24721	10847	17046	33470	44011	47700	4.40
2008	28898	12560	19321	38515	53897	54906	4.37
2009	32244	14356	20860	41869	60398	58154	4.21
2010	36539	16717	23382	47309	70146	64436	4.20
2011	41799	19469	27486	52723	81109	70918	4.17
2012	46769	22687	31267	58202	89743	80510	3.96
2013	51483	25820	34044	67085	99653	90915	3.86
2014	56360	28356	37264	73339	108273	100845	3.82
2015	62029	31947	40806	78886	114777	112042	3.59
2016	67569	33612	43382	83863	117418	122478	3.64
2017	74318	36504	45751	90348	122851	133150	3.65
2018	82413	36466	48260	100162	129837	147678	4.05

资料来源：《中国统计年鉴—2019》。

由表 5-4 可知，在已收集的行业数据中，两个完全竞争行业农林牧渔业和住宿、餐饮业的年平均工资不仅远低于三个垄断行业，而且也低于整体平均水平。纵向来看，2005—2018 年，在选取的五个行业中，2018 年的平均工资比 2005 年的平均工资分别上涨了 3.44 倍、2.48 倍、3.05 倍、3.44 倍和 2.81 倍，其中农林牧渔业上涨的幅度要稍高于电力、热力、燃气及水生产和供应业，与金融业基本持平，住宿、餐饮业工资增长幅度则比其他垄断行业低。再比较收入最高与最低两个行业的年平均工资比值，2005 年为 4.73，之后不断下降到 2015 年的 3.59，然后又有所回升，2018 年增长到 4.05。这些都充分说明，随着经济的发展，行业间居民收入的差距存在明显扩大的趋势。

我们选取两个典型的传统行业——农林牧渔业和金融业进行比较。由

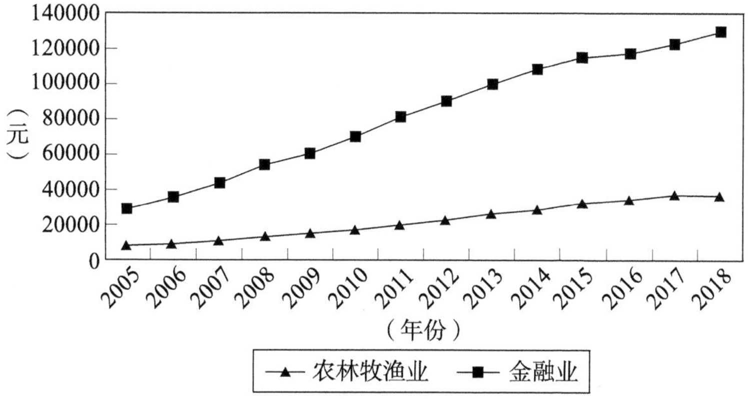

图 5－8　2005—2018 年农林牧渔业与金融业收入差距

图 5－8 可知，2005—2018 年，二者绝对值的差异逐渐扩大，2005 年相差 21022 元，2018 年二者的差达到 93371 元。两个典型传统行业之间收入差距的相对比值并没有缩小的趋势，究其原因，农林牧渔业受自然风险、产量供求的影响大，是市场竞争中比较脆弱的行业。

5.1.3.2　行业收入分配差距成因

在我国，形成行业收入差距的原因复杂多样，主要包括以下三个方面。一是行业垄断。无论是行政垄断，还是自然垄断，在产品和服务的定价方面都具有主导性，因为缺少竞争，即使市场其他要素价格出现波动，仍然可以获得稳定的超额利润，如果进一步提高生产率，那么利润就会变得更多。二是人力资本和市场选择的结果。一般情况下，工资收入高的行业（垄断行业除外）技术含量高，需要复杂的脑力劳动，而且责任大，自然在工资报酬方面高于其他行业，这充分说明了人力资本投入对行业收入的重要性——人力资本投入多时收入高有其合理性。三是分配制度。我国的分配制度在很长一段时间内为了促进经济的快速发展，更多关注效率问题，允许一部分人先富起来，在这种政策的指导下，资源更多地流向了关系国计民生的行业，而这些行业的工资快速上涨最终造成了部分行业的收入差距。

5.2 我国税制结构与居民收入分配关系的实证检验

5.2.1 城乡收入泰尔指数的测算

泰尔指数（Theil index）（本文以 T 或 $tail$ 来表示）是泰尔（Theil，1976）利用信息理论中的“熵概念”来计算收入不平等而得名的。在信息理论中，假定某事件 E 将以某概率 p 发生（所有的 p 之和等于 1），而后收到确定消息证实该事件 E 的发生，则此消息所包含的信息量可用公式表示为：

$$\ln(p) = \ln(1/p) \tag{5-1}$$

“熵”或期望信息量等于各事件的信息量与其相应概率乘积的总和，即

$$H(x) = \sum_{i=1}^{n} p_i h(p_i) = \sum_{i=1}^{n} p_i \lg\left(\frac{1}{p_i}\right) = -\sum_{i=1}^{n} p_i \lg(p_i) \tag{5-2}$$

将信息理论中的“熵”指数概念用于收入差距测度时，可将收入差距的测度解释为将人口份额转化为收入份额的信息所包含的信息量，而泰尔指数只是“熵”指数中一个应用最广泛的特例，泰尔指数的表达式为：

$$T = \frac{1}{n}\sum_{i=1}^{n} \frac{y_i}{\bar{y}} \lg\left(\frac{y_i}{\bar{y}}\right) \tag{5-3}$$

其中，T 为测度收入差距程度的泰尔指数，y_i 与 $\bar{y}$ 分别代表第 i 个个体的收入和所有个体的平均收入。

泰尔指数作为收入不平等程度的测度指标，具备良好的可分解性，即将样本分为多个群组时，泰尔指数可以分别衡量组内差距与组间差距对总差距的贡献。假设包含 n 个个体的样本被分成 K 个群组，每组分别为 g_k（$k = 1, 2, \cdots, K$），第 k 组 g_k 中的个体数目为 n_k，则有：

$$\sum_{i=1}^{n} n_k = n \tag{5-4}$$

y_i 与 y_k 分别表示某个体 i 的收入份额与某群组 k 的收入总份额，记为 T_b（群组间差距）与 T_w（群组内差距），此时可将泰尔指数分解为：

$$T = T_b + T_w \tag{5-5}$$

而群组间差距 T_b 与群组内差距 T_w 分别有如下表达式：

$$T_b = \sum_{k=1}^{K} y_k \lg\left(\frac{y_k}{n_k/n}\right) \tag{5-6}$$

$$T_w = \sum_{k=1}^{K} y_k\left(\sum_{i\in g}\frac{y_i}{y_k}\lg\left(\frac{y_i/y_k}{1/n_k}\right)\right) \tag{5-7}$$

泰尔指数为 0 时，表示收入绝对平均，泰尔指数越大，就意味着收入越不平等。在测量收入差距的指标中，基尼系数的应用较为广泛，但计算方法有很多种，不同的计算方法所依据的资料也不一样，因此计算结果也会有一定的误差，而且相同的基尼系数也可以代表不同的收入分配状况等，而泰尔指数在一定程度上克服了这些不足，因此本书将泰尔指数作为收入分配差距的核心解释变量。

在计算泰尔指数时，选择各省城乡间的泰尔指数来计算收入分配的差距。首先把 31 个省（市、自治区）分成不同的组，彼此之间称为组间，在组内又分为城镇和农村两个不同的子组，其中 y 代表总收入，n 代表总人口，y_i 为各省（市、自治区，包括城镇和农村）人均收入，y_k 为各省（市、自治区）总收入，n_k 为各省（市、自治区）总人口。其次，在计算时将收入的相对比重进行加权平均，泰尔指数越大，收入分配差距越大；泰尔指数越小，收入分配差距越小；泰尔指数若出现负数，则主要原因为农村人口大于城镇人口。

5.2.2　理论分析与假设命题

本书在第 2 章已经从初次分配和再分配的角度分析了税制结构对居民收入分配的传导机制，由传导机制和上述理论模型，可以描述以下税制结构对收入分配的内在影响机理并提出假设命题。

1. 税系结构对收入分配的影响效应

间接税具有转嫁功能，即随着商品和劳务的提供，以提高销售价格或降低购买价格转移给负税人，越是收入低的阶层，实际的税收痛苦指数越高，因为间接税的累退性，使其承担的税负在总收入中所占比重较高（贾康，2011）。相对而言，直接税的纳税人和负税人是一致的，产生的税负无法转嫁，因此在调节收入分配方面作用明显。Freebairn（1997）认为，中、低收入阶层承担的间接税税负明显高于高收入阶层。Saez（2002）认为，短期内，间接税对收入分配能起到一定作用，但长期来看，只有直接税对收入分配有效。税制结构中，我国直接税比重偏低，间接税比重偏高，这并不利于实现收入分配公平（高凌江，2011；张亮，2016；李升，2016）。直接税通过初次分配来调节收入分配，影响流量的收入差距和存量的财富差距；而间接税通过初次分配来调节消费分配结构，进而影响存量的财富差距。基于以上分析，本书提出如下假设：

H1a：直接税对收入分配的影响为正效应；

H1b：间接税对收入分配的影响为负效应。

2. 税类结构对收入分配的影响效应

我国现行税制仍然以货劳税为主，“营改增”后，增值税的占比虽然有所提高，但货劳税的占比并没有明显下降，而且货劳税对收入分配的影响具有累退性，会扩大收入分配差距（刘怡等，2004；常晓素等，2012）。所得税较流转税具有更强的缩小收入分配差距的功能，对个人收入征税是国家调节收入分配的重要手段，不仅能为政府提供财政收入，还可以直接缩小收入分配差距（高培勇，2005）。尽管我国的财产税征收较少，但财产税征税直接，是缩小收入分配差距的重要手段（张雅光，2006）。其他税只是调节企业的收入分配，对居民收入分配的影响是间接的——由于地区资源不均，资源税调节可能会扩大收入分配差距；行为税关注的是企业行为，突出反映了不同行业的活跃程度，在调节行业收入差距方面可能有一定的抑制作用，因此，其他税的占比对收入分配的影响存在不确定性。基于上述分析，本书提出如下假设：

H2a：货劳税对收入分配的影响为负效应；

H2b：所得税对收入分配的影响为正效应；

H2c：财产税对收入分配的影响为正效应；

H2d：其他税对收入分配的影响为不确定。

3. 税种结构对收入分配的影响效应

对居民收入分配的调节归根结底是对收入、消费和财富的调节，在已有的调节收入分配的税种中，效果最为直接的是个人所得税（王乔、汪柱旺，2008）。增值税不但不能缩小，反而扩大了居民间的收入差距。增值税之所以出现逆向调节作用，主要是因为这种税的税率设计不科学，基本生活品和非基本生活品的税率没有拉开档次（王德祥、赵婷，2016）。社会财富差距不仅表现在收入的流量上，更多体现在财产的存量上，因此，缩小收入分配差距需要在收入流量和财产存量两个方面发力（潘文轩，2015）。房产税是对存量财富的调节，可惜的是，由于种种原因，我国房产税的占比较低，而且主要针对企业，对居民的存量财富的调节有限。企业所得税属于直接税，在调节企业间收入分配方面有一定的作用，虽然直接影响居民的收入分配，但可以通过影响资本和劳动要素的价格，间接影响商品价格和劳动者的收入，从而影响居民的收入分配。整体来看，增值税由于税种的累退性，可能会扩大收入分配差距；个人所得税和消费税因为对高收入者、高消费者征收，可能会缩小收入分配差距；企业所得税会缩小贫富差距，但可能较弱；财产税为直接税，无论是针对企业还是个人，都在一定程度上缩小了收入分配差距；资源税的初衷是防止资源浪费和保护生态环境，由于地区资源不均，城乡居民消耗的资源也存在差异，一般城镇居民消耗的资源要大于农村居民的消耗，通过合理征收资源税，可以使税负在收入差距之间发生转移，从而调节收入分配差距。基于上述分析，本书提出如下假设：

H3a：增值税对收入分配的影响为负效应；

H3b：消费税对收入分配的影响为正效应；

H3c：企业所得税对收入分配的影响为正效应；

H3d：个人所得税对收入分配的影响为正效应；

H3e：房产税对收入分配的影响为正效应；

H3f：资源税对收入分配的影响为正效应。

5.2.3　基于动态面板回归分析

之所以采用动态面板模型进行实证分析，主要考虑的是，众多文献中均指出城乡收入差距存在明显的“马太效应”，采用普通面板数据 OLS 回归，无论是固定效应，还是随机效应，均不含因变量的自身因素，而动态面板数据模型中使用的滞后项可以作为工具变量更好地被纳入计量分析中，较好地对“马太效应”的结论进行检验。

5.2.3.1 计量模型设定

动态面板模型的一般形式为：

$$Y_{it} = \alpha + \rho Y_{it-1} + \beta x_{it} + u_i + \varepsilon_{it} \ (t=2, \cdots, T) \tag{5-8}$$

其中，Y 为因变量，Y_{it-1} 表示因变量的滞后项，x_{it} 表示解释变量，u_i 为个体效应，ε_{it} 为随机扰动项。

在该模型中，因变量的滞后项作为解释变量，可能会引起解释变量与随机扰动项相关，如果采用面板 OLS 回归，则可能出现有偏估计和非一致，为避免这种情况发生，就需要通过一阶差分，首先消除个体效应 u_i，此时的模型为：

$$\Delta Y_{it} = \alpha + \rho \Delta Y_{it-1} + \beta \Delta x_{it} + \Delta\varepsilon_{it} \ (t=2, \cdots, T) \tag{5-9}$$

其中，Δ 表示一阶差分。可以看出，这时个体效应 u_i 已经被剔除，但是 ΔY_{it-1} 与 $\Delta\varepsilon_{it}$ 依然相关，因此，需要寻找到合适的工具变量来保证得到一致的估计量。Arellano 和 Bon（1991）认为，当 $t \geqslant 4$ 时，所有的滞后变量都可以作为工具变量，在扰动项不存在序列相关的情况下，进行 GMM（广义矩）估计，动态面板模型以上述变量先对数、后差分的方程为基准计量模型，即

$$\Delta \ln(Y_{it}) = \alpha + \rho \Delta\ln(Y_{it-1}) + \beta \Delta\ln(x_{it}) + \Delta\varepsilon_{it}(t = 2,\cdots,T) \tag{5-10}$$

具体到本书，上述动态面板模型的设计如下：

$$\ln(tail_{it}) = \alpha + \rho \Delta\ln(tail_{it-1}) + \beta \Delta\ln(Z_{it}) + r\Delta(\ln X_{it}) + \Delta\varepsilon_{it}(t = 2,\cdots,T) \tag{5-11}$$

其中，$tail_{it}$ 表示泰尔指数，Z 表示税系结构、税类结构和税种结构的主要解释变量，包括直接税与间接税的比（$direc\_ \ indire1_{it}$）、直接税占比与间接税占比差的绝对值（$direc\_ \ indire2_{it}$）、各税类占比和各主要税种占比，X 表示一组相关控制变量，包括城镇化率（*urban_ lv*）、金融发展程度（*financial*）、人

力资本投资（*human_ cap_ inv*）、对外开放程度（*openness*）、人均 GDP（*PGDP*）和居民消费价格指数（*CPI*）。

5.2.3.2　变量选择与数据来源

1. 被解释变量

本书对收入分配的影响效应主要涉及城乡居民间的收入分配差距，之所以选择泰尔指数作为核心被解释变量①，主要是考虑泰尔指数不仅能够和基尼系数一样，是一个好的描述收入水平差距的指标，而且在度量收入差距的同时可以将其分解为组内和组间的差距，从而更好地达到细分收入差距的目的，测量起来更加精确；同时也考虑到收入高的一般消费也高，收入低的一般消费也低，在度量收入分配方面，进一步选择了城乡消费比作为收入分配的替代被解释变量，以检验税制结构对收入分配影响的稳健性。

2. 解释变量

本章为了保持前后分析的一致，依然将税制结构分为税系结构、税类结构和税种结构。税系结构主要从直接税和间接税占比（*direc_ indire*1）的角度进行分析，此外，为了分析直接税和间接税相对占比对收入分配的影响，本书还采用了二者占比的差，并取绝对值（*direc_ indire*2）进行分析，数值越小，表示二者占比越接近，数值越大，则表示二者占比差别越大。需要说明的是，直接税和间接税包含的税种与绪论部分一致，税类结构和税种结构的具体划分也与绪论部分一致，均选择各自占总税收的比重来表示。此外，为了检验“马太效应”，选择泰尔指数滞后一阶为解释变量。

3. 控制变量

影响收入分配的因素多元、复杂，而且随着时间的推移，一些变量的影响程度也可能会弱化，为此，在动态面板模型中要加入一些有效的控制变量。同时为了保证所选取变量的科学性，参考经典文献之后，本书选取了以下 6 个控制变量。①人力资本投资。人力资本投资较为复杂，一般包括教育投资、

① 泰尔指数中，城镇收入为人均可支配收入，2012 年之前的农村收入为人均纯收入，2013 年之后的农村收入为人均可支配收入。

健康投资和基础设施投资，而且城乡人力资本投资会降低城乡收入的差距，这一点已经被多数学者证明。因此，本书选择了人力资本投资的三个主要指标——地区教育投资、医疗投资和交通建设投资，用三者之和与地区生产总值的比值来表示人力资本投资。②城镇化率。城镇化率用城镇人口占总人口的比重来表示。长期以来，我国一直是二元制经济结构，随着农业现代化的进程加快，农村闲置劳动力不断向城镇转移，在取得收入后反哺农村，使农村人口收入不断向城镇靠拢，城乡居民收入差距有缩小的倾向。③金融发展程度。金融是现代经济的核心，地区金融的发展水平和地区经济发展水平直接相关，一般情况下，金融发展水平越高，城乡经济发展水平越接近，城乡收入差距就越小、本书以地区金融机构年末人民币存款余额与 GDP 的比来表示金融的发展程度。④对外开放程度。对外开放程度反映了地区与世界联系的程度，本书运用所在地的进出口贸易额与 GDP 的比表示。一般情况下，农村的对外开放程度较低，但对外开放程度对城乡收入差距的影响是各种不同因素综合作用的结果，在不同时期表现出不同的特征①，所以对外开放程度对城乡收入差距的影响有待验证。⑤人均 GDP。经济发展水平在一定程度上影响着收入分配，一般认为，经济发展水平和收入分配存在倒“U”形关系。⑥消费水平。城乡居民消费水平的高低取决于收入的高低，直接影响着居民的收入分配，对于价格刚性的食品、日用品等生产生活资料，当物价上涨时，购买会扩大收入分配的差距。

4. 数据来源

本书选取了除港、澳、台之外的中国 31 个省级行政区划单位，研究的时间跨度为 2002—2018 年，除个别指标在年份选择上出现困难外，整体样本的选取充分体现了面板的平衡性，所有数据均来自历年的《中国统计年鉴》《中国税务年鉴》《中国财政年鉴》《中国农村统计年鉴》《中国金融统计年鉴》《中国人口和就业统计年鉴》《中国劳动统计年鉴》和国家统计局网站。

---

① 夏龙，冯涛. 经济开放与收入差距：基于 SKR 模型的分析 [J]. 财贸研究，2012 (5)：16-23.

5.2.3.3　数据的描述性统计

本书运用 Stata 14 计量软件对数据进行统计描述，整理后的样本为 31 个省（市、自治区）2002—2018 年的数据，样本观察值约为 527 个，主要变量的统计性描述如表 5 –5 所示。

表 5 –5　相关变量描述性统计

变量	变量名称	观测值	均值	标准差	最小值	最大值
tail	泰尔指数	527	0. 1164	0. 1088	–0. 0455	0. 5764
City_ urban_ consu	城乡消费比	527	2. 9051	0. 8078	0. 9700	8. 9000
*Direc_ indire_* 1	直接税与间接税比	527	0. 5161	0. 2734	0. 1730	2. 1114
*Direc_ indire_* 2	直接税与间接税占比差的绝对值	527	0. 3658	0. 1506	0. 0207	0. 7051
Turn_ tax	货劳税占比	527	0. 6827	0. 0885	0. 3316	0. 8360
Income_ tax	所得税占比	527	0. 2444	0. 0783	0. 1177	0. 6298
Prop_ tax	财产税占比	527	0. 0435	0. 0274	0. 0000	0. 1447
Other_ tax	其他税占比	527	0. 0293	0. 0261	0. 0039	0. 2097
VAT_ tax	增值税占比	527	0. 5447	0. 0948	0. 2852	0. 7626
Consum_ tax	消费税占比	527	0. 0863	0. 0584	0. 0001	0. 3473
Entre_ tax	企业所得税占比	527	0. 1658	0. 0655	0. 0658	0. 5296
Person_ tax	个人所得税占比	527	0. 0621	0. 0243	0. 0265	0. 3931
Resour_ tax	资源税占比	527	0. 0114	0. 0142	0. 0000	0. 1121
House_ tax	房产税占比	527	0. 0143	0. 0049	0. 0000	0. 0463
Urban_ lv	城镇化率	527	0. 4910	0. 1653	0. 1448	0. 8960
Financial	金融发展水平	527	0. 7351	0. 1745	0. 3777	1. 4451
Human_ cap_ inv	人力资本投资	527	0. 0651	0. 0541	0. 0169	0. 4557
Openness	对外开放程度	527	0. 3115	0. 3944	0. 0168	1. 8429
PGDP	人均 GDP（万元）	527	3. 5584	2. 5797	0. 3257	14. 0211
CPI	居民消费价格指数	527	0. 0246	0. 0191	–0. 0235	0. 1009

资料来源：相关统计年鉴计算所得。

5.2.3.4 实证分析过程

使用时间序列数据进行回归分析时，为了防止出现伪回归，往往需要对数据进行平稳性检验，即单位根检验。但若采用面板数据，当面板数据为大 N 小 T 形式时（N 表示研究的对象数量，T 表示时间长度），则可以不用考虑数据是否存在单位根，这正是面板数据（短面板 $T \leqslant 20$）的优势所在。另外，本书为了增加数据的平稳性，在实证分析时，对数据进行了对数化处理。长期以来，我国一直致力于收入分配的调节，新时代我国社会主要矛盾转化，在调节收入分配公平方面具有鲜明的时代特征，本书选取 2002—2018 年的数据进行实证分析[①]，跨越了党的十六大、党的十七大、党的十八大和党的十九大四个时期，在具体分析新时代税制结构对收入分配的影响效应方面，更具有连贯性、预测的准确性和前瞻性。

1. 税系结构对收入分配的影响效应

本书选取直接税与间接税的比（*Direc_ indire_ 1*）和直接税占比与间接税占比差的绝对值（*Direc_ indire_ 2*）作为税系结构的主要解释变量，首先将泰尔指数的滞后 1 期和滞后 2 期代入模型进行估计，对估计结果进行 Arellano - Bond 二阶残差自相关检验，通过比较检验结果，确定滞后 1 期为最优期。然后，为消除实证模型因引入被解释变量滞后项以及其他变量出现的内生性问题，本书采用差分 GMM 对实证模型进行估计，依次增加相关控制变量以验证模型的稳健性。直接税与间接税的比（*Direc_ indire_ 1*）的具体回

---

① 本章在分析新时代税制结构对收入分配的影响效应时，本应选取 2012—2018 年之后的数据进行实证分析，之所以选取 2002—2018 年的数据分析，主要考虑以下三点：一是收入分配问题的连贯性，无论是在新时代之前，还是在新时代之后，我国的居民收入分配差距始终存在，也一直是政府关注的重点，在税收调节方面持续得到重视；二是新时代我国社会主要矛盾的转化并没有否定过去我国收入分配差距存在的事实，只是人们对美好生活的需要与不平衡不充分的发展之间的矛盾更加突出，在收入分配的差距问题上，新时代前后并没有实质上有差异的表述，因此选取 2002—2018 年涵盖了新时代前后时间的数据进行实证分析；三是数据的可获取性，2002 年之后，面板数据能及时从官方获取，在时间发展过程中具有很强的线性关系，较长时间跨度的数据在对未来税制改革提供建议方面更具准确性和前瞻性。

归结果见表 5－6。

表 5－6　税系结构对收入分配影响效应的 GMM 回归分析（*Direc_ indire_* 1）

变量	模型估计结果（2002—2018 年）					
	(1) ln_ *tail*	(2) ln_ *tail*	(3) ln_ *tail*	(4) ln_ *tail*	(5) ln_ *tail*	(6) ln_ *tail*
L. ln_ *tail*	0.0566*** (14.67)	0.0717*** (10.55)	0.0194*** (4.64)	0.0244*** (2.98)	0.0244*** (2.69)	−0.0003 (−0.05)
ln_ *direc_ indire*1	−0.658*** (−23.44)	−0.551*** (−28.94)	−0.457*** (−19.36)	−0.410*** (−16.55)	−0.445*** (−19.71)	−0.208*** (−12.31)
ln_ *urban_ lv*	2.697*** (45.19)	2.824*** (58.11)	2.871*** (40.42)	2.811*** (34.01)	2.852*** (42.36)	3.178*** (36.43)
ln_ *human_ cap_ inv*		−0.180*** (−19.95)	−0.181*** (−16.10)	−0.164*** (−7.74)	−0.190*** (−9.62)	−0.0339 (−1.31)
ln_ *financial*			−0.542*** (−15.60)	−0.498*** (−11.35)	−0.483*** (−10.90)	−0.445*** (−8.10)
ln_ *CPI*				0.0267*** (5.82)	0.0356*** (6.44)	0.0457*** (8.27)
ln_ *openness*					−0.0703*** (−3.89)	−0.109*** (−5.88)
ln_ *PGDP*						−0.326*** (−10.28)
Constant	−0.759*** (−18.63)	−1.102*** (−24.85)	−1.299*** (−34.15)	−1.145*** (−23.87)	−1.299*** (−21.19)	−0.127 (−0.74)
AR（2）	0.2846	0.3291	0.3840	0.3835	0.3649	0.1551
Sargan	1.000	1.000	1.000	1.000	1.000	1.000
Observations	430	430	430	390	390	390
Number of code	31	31	31	31	31	31

注：L. 表示滞后一期，括号中为 t 统计量，***、** 和 * 分别表示在 1%、5% 和 10% 水平上显著，AR（2）以及 Sargan 检验给出的是统计量对应的 P 值。

（1）税系结构对收入分配的影响效应分析。

根据表5-6，模型（1）—（6）扰动项的一阶差分均不存在二阶自相关，据此可以认为，扰动项 ε_{it} 不存在自相关。另外，Sargan检验的统计量显示，模型所选用的工具变量均为有效。所以，这两种检验结果都表明可以使用差分的GMM进行估计。

模型（1）—（5）回归结果显示，泰尔指数的一阶滞后项的系数均显著为正，模型（6）的系数为负但不显著，这在一定程度上表明城乡收入差距确实存在明显的“马太效应”，即收入分配差距本身扩大了收入分配差距。从直接税与间接税的比（*Direc_ indire_* 1）对收入分配影响的效应来看，在不同控制变量依次回归时，该比值的系数均在1%水平上显著为负，这说明提高直接税占比或者降低间接税占比可以显著改善收入分配状况，估计结果与本书的理论假设H1a和H1b一致，即直接税对收入分配的影响为正效应，能缩小收入分配差距，而间接税对收入分配的影响为负效应，会扩大收入分配差距。

从控制变量的角度来看，模型（1）—（6）回归结果显示，城镇化率的系数显著为正，这表明城镇化率的提高使城乡收入差距扩大，这与加速城镇化的初衷是相悖的，如果单纯从相关性看，显著的正相关需要我们加快城乡一体化进程，在基本公共服务均等化方面缩小城乡差距。模型（2）—（5）回归结果显示，人力资本投资对泰尔指数的影响效应显著为负，这表明从教育、医疗和交通三个层面加大政府投入，对缩小收入分配差距具有明显的正向影响，这与本书的预期结果一致。模型（3）—（6）回归结果显示，金融发展水平的系数均显著为负，这意味着金融发展水平对缩小贫富差距具有明显的正向影响。金融是现代经济的核心，对促进地区经济发展具有非常重要的作用，只有促进地区经济发展，才能在一定程度上增加就业机会，平衡收入分配，这与本书的预期结果吻合。模型（4）—（6）回归结果显示，居民消费价格指数对泰尔指数的系数显著为正，表明价格水平上升扩大了收入分配的差距。具体来说，CPI上升，也就是所谓的通货膨胀发生了，货币的贬值使一些收入较低的居民生活水平不断下降，从而恶化了收入分配的公平性。模型（5）—（6）回归结果显示，对外开放水平的系数显著为负，表明对外开放程度的提高有利于缩小贫富差距。模型（6）回归结果显示，人均GDP

的系数显著为负，表明提高人均 GDP 可以缩小贫富差距。综上所述，一切收入分配问题的解决都要以基本经济发展水平的提高为前提。

为了直观反映直接税占比和间接税占比二者的差距扩大对收入分配影响效果为正还是为负，即“双主体”税制结构有利于缩小收入分配差距还是“单主体”税制结构有利于缩小收入分配差距，本书选取了直接税占比与间接税占比差的绝对值（*Direc_ indire_ 2*）对泰尔指数进行回归分析，结果如表 5－7 所示。

表 5－7　税系结构对收入分配影响效应的 GMM 回归分析（*Direc_ indire_ 2*）

变量	模型估计结果（2002—2018 年）					
	(1) ln_ *tail*	(2) ln_ *tail*	(3) ln_ *tail*	(4) ln_ *tail*	(5) ln_ *tail*	(6) ln_ *tail*
L. ln_ *tail*	0.0514*** (26.12)	0.0667*** (16.27)	0.0225*** (7.19)	0.0178*** (7.82)	0.0183*** (5.50)	0.00761* (1.67)
ln_ *direc_ indire_* 2	0.301*** (23.49)	0.244*** (17.81)	0.188*** (15.35)	0.186*** (13.36)	0.199*** (10.60)	0.0697*** (4.60)
ln_ *urban_ lv*	2.291*** (52.70)	2.610*** (52.69)	2.650*** (37.09)	2.709*** (48.25)	2.764*** (68.03)	3.249*** (58.68)
ln_ *human_ cap_ inv*		−0.269*** (−45.30)	−0.250*** (−17.31)	−0.281*** (−14.66)	−0.309*** (−18.38)	−0.0636*** (−3.06)
ln_ *financial*			−0.511*** (−14.59)	−0.447*** (−12.71)	−0.469*** (−7.92)	−0.437*** (−9.64)
ln_ *CPI*				0.0284*** (6.68)	0.0365*** (7.63)	0.0509*** (10.79)
ln_ *openness*					−0.0616 (−1.62)	−0.129*** (−7.84)
ln_ *PGDP*						−0.413*** (−10.26)
Constant	−0.234*** (−5.00)	−0.835*** (−18.10)	−1.082*** (−19.36)	−1.025*** (−20.20)	−1.133*** (−7.82)	0.164 (1.17)
AR（2）	0.2776	0.3355	0.3797	0.3515	0.3353	0.1587

续 表

变量	模型估计结果（2002—2018 年）					
	（1）	（2）	（3）	（4）	（5）	（6）
	ln_ *tail*	ln_ *tail*	ln_ *tail*	ln_ *tail*	ln_ *tail*	ln_ *tail*
Sargan	1.000	1.000	1.000	1.000	1.000	1.000
Observations	429	429	429	389	389	389
Number of code	31	31	31	31	31	31

注：L. 表示滞后一期，括号中为 *t* 统计量，***、** 和 * 分别表示在 1%、5% 和 10% 水平上显著，AR（2）以及 Sargan 检验给出的是统计量对应的 *P* 值。

替换了核心解释变量后，表 5-7 依次加入控制变量的回归结果，显示泰尔指数的“马太效应”依然存在，直接税占比与间接税占比差的绝对值（*Direc_ indire_* 2）对泰尔指数的系数显著为正，这表明直接税占比和间接税占比越接近，即占比差的绝对值越小，泰尔指数就越小，收入分配差距也就越小，反之，直接税占比和间接税占比差的绝对值越大，泰尔指数就越大，收入分配差距也越大，这和前文直接税与间接税占比对收入分配差距的实证结果一致。另外也说明，当前我国间接税比重偏高、直接税比重偏低，若提高间接税比重、降低直接税比重，二者差额扩大，对泰尔指数的影响显著为正，即扩大了收入分配的差距，反之则会缩小收入分配的差距。从控制变量看，与前文的影响效果基本保持一致，其中城镇化率、居民消费价格指数的提高对泰尔指数的影响显著为正，而人力资本投资、金融发展水平、对外开放程度和人均 GDP 的提高对泰尔指数的影响则显著为负，即缩小了收入分配差距。

总体上看，城乡收入差距出现自我强化的趋势。税制结构中，直接税和间接税的比重是影响城乡收入分配的重要因素，提高直接税占比、降低间接税占比对缩小收入分配差距具有积极影响，这与前文 H1a 和 H1b 的假设一致。

（2）税类结构对收入分配的影响效应分析。

本书实证分析税类结构对收入分配的影响，主要通过货劳税、所得税、财产税和其他税占比，在泰尔指数滞后 1 阶，相关控制变量的控制下，进行差分 GMM 回归分析，回归结果如表 5－8 所示。

表 5－8　　　　税类结构对收入分配影响效应的 GMM 回归分析

变量	模型估计结果（2002—2018 年）			
	(1) ln_ *tail*	(2) ln_ *tail*	(3) ln_ *tail*	(4) ln_ *tail*
L. ln_ *tail*	0.0103 (1.36)	0.0404* (1.92)	0.0429*** (4.65)	0.0179*** (3.19)
ln_ *turn_ tax*	0.528*** (18.14)			
ln_ *income_ tax*		−0.387*** (−11.90)		
ln_ *prop_ tax*			0.0180*** (6.70)	
ln_ *other_ tax*				−0.0008 (−0.36)
控制变量	YES	YES	YES	YES
Constant	0.408** (2.43)	−0.304* (−1.95)	0.315** (2.51)	0.349** (2.50)
AR（2）	0.1573	0.1890	0.5581	0.1571
Sargan	1.000	1.000	1.000	1.000
Observations	390	390	386	390
Number of code	31	31	31	31

注：L. 表示滞后一期，括号中为 t 统计量，***、** 和 * 分别表示在 1%、5% 和 10% 水平上显著，AR（2）以及 Sargan 检验给出的是统计量对应的 P 值。

由表 5－8 可知，滞后 1 阶的因变量对泰尔指数依然存在显著的正向影响，充分说明“马太效应”的结论正确。

从具体的税类结构来看，货劳税对泰尔指数的影响系数在 1% 水平上显著为正，货劳税占比每提高 1%，泰尔指数提高 0.528%，说明货劳税占比显著扩大了城乡收入分配的差距，这与货劳税在收入分配中具有累退性的结论是一致的，从实证角度印证了 H2a 的假设。所得税占比对泰尔指数的影响在1% 水平上显著为负，所得税占比每提高 1%，城乡收入比缩小 0.387%，说明所得税占比提高显著缩小了城乡收入分配差距，对城乡收入分配具有正效应，同样从实证角度印证了 H2b 的假设。财产税占比对泰尔指数的系数显著为正，与前文假设 H2c 相悖，这可能与我国财产税占比较低且财产税类不完善有关。其他税占比对泰尔指数的系数为负但不显著，证实了假设 H2d 不确定性的命题。

从税类结构的实证分析结果来看，缩小收入分配差距，应以降低货劳税占比、提高所得税占比为主，财产税改革应向居民个人倾斜，进一步在其他税的税制设计上下功夫，以进一步缩小收入分配的差距，为解决新时代我国社会主要矛盾提供政策支持。

2. 税种结构对收入分配的影响效应

考虑到增值税、消费税、企业所得税、个人所得税、财产税和资源税这 6 种税占比较高，2002—2018 年，这 6 种税平均占比合计超过了 90%，故选择这 6 种税实证分析税种结构对收入分配的影响效应。

在控制相关变量的情况下，具体动态面板回归结果如表 5 - 9 所示。模型（1）—（6）回归结果显示：①增值税占比对泰尔指数的系数显著为正，增值税占比提高 1%，泰尔指数提高 0.499%，说明增值税占比的提高对收入分配为负效应，即扩大了收入分配差距，与前文假设 H3a 的结果一致；消费税占比对泰尔指数的影响显著为负，消费税占比提高 1%，泰尔指数降低 0.0706%，这说明消费税占比提高对收入分配为正效应，即缩小了收入分配差距，与前文假设 H3b 的结果是一致的。②企业所得税和个人所得税占比对泰尔指数的影响系数在 1% 水平上都显著为负，企业所得税和个人所得税占比每提高 1%，泰尔指数分别降低 0.188% 和 0.177%，这表明企业所得税和个人所得税作为直接税，对收入分配的影响为正效应，即在一定程度上可以缩小收入分配差距，与前文假设 H3c 和 H3d 的结论是一致的。③房产税占比对泰尔指数的影响系数在 1% 水平显著为负，房产税占比提高 1%，泰尔指数降低 0.115%，一定意义上说明房产税尽管尚未对自然人普遍征收，但通过对企业征收，间接影响到居民的收入分配，对收入分配的影响为负效应，与前文假设 H3e 的结论一致。④资源税占比对泰尔指数的影响效应为负，但不显著，这说明资源税征收范围的局限，不能普遍降低收入分配差距，但有一定的影响，只是并不显著而已。

表 5－9　　税种结构对收入分配影响效应的 GMM 回归分析

变量	模型估计结果（2002—2018 年）					
	(1) ln_ *tail*	(2) ln_ *tail*	(3) ln_ *tail*	(4) ln_ *tail*	(5) ln_ *tail*	(6) ln_ *tail*
L. ln_ *tail*	0.0103 (1.32)	0.0109 * (1.82)	0.0195 ** (2.22)	0.0220 *** (3.64)	0.0384 *** (3.61)	0.0143 *** (2.95)
ln_ *VAT_ tax*	0.499 *** (11.12)					
ln_ *consum_ tax*		−0.0706 *** (−13.78)				
ln_ *entre_ tax*			−0.188 *** (−5.51)			
ln_ *person_ tax*				−0.177 *** (−11.12)		
ln_ *house_ tax*					−0.115 *** (−10.12)	
ln_ *resour_ tax*						−0.00018 (−0.03)
控制变量	YES	YES	YES	YES	YES	YES
Constant	0.630 *** (3.62)	0.332 *** (2.73)	0.0608 (0.46)	−0.315 ** (−2.03)	−0.459 *** (−3.00)	0.358 ** (2.34)
AR (2)	0.1475	0.1541	0.1169	0.1120	0.4906	0.1357
Sargan	1.000	1.000	1.000	1.000	1.000	1.000
Observations	390	390	390	390	381	376
Number of code	31	31	31	31	30	31

注：L. 表示滞后一期，括号中为 t 统计量，***、** 和 * 分别表示在 1%、5% 和 10% 水平上显著，AR（2）以及 Sargan 检验给出的是统计量对应的 P 值。

从税种结构对收入分配的影响效应来看，为进一步解决社会矛盾，缓解收入分配差距扩大的趋势，应继续通过改革增值税，降低间接税占比，提高消费税的征收精准度，适当增加直接税中企业所得税、个人所得税、房产税的占比，加强对资源税的改革，进一步挖掘其调节收入分配的功能。

5.2.4 稳健性检验

5.2.4.1 替换变量检验

为了进一步检验动态面板回归结果的稳健性，可以寻找被解释变量和解释变量的相关替代变量进行分析，本书在分析税系结构对收入分配的影响效应时，将直接税占比和间接税占比差的绝对值（*Direc_ indire_* 2）作为税系结构解释变量的替代变量，将城乡消费比作为收入分配被解释变量的替代变量，进行一阶差分 GMM 模型和固定效应 OLS 回归检验，具体回归结果如表 5－10 所示。

表 5－10　　税系结构对城乡消费比影响效应的回归分析

变量	模型估计结果（2002—2018 年）			
	(1) 城乡消费比	(2) 城乡消费比	(3) 城乡消费比	(4) 城乡消费比
L. ln_ *city_ urban_ consu*	0.582*** (10.47)	0.538*** (18.39)		
ln_ *direc_ indire_* 1	−0.0433** (−2.05)		−0.198*** (−4.99)	
ln_ *direc_ indire_* 2		0.0470*** (6.27)		0.0911*** (5.20)
控制变量	YES	YES	YES	YES
Constant	(−12.73) 0.916***	(−10.52) 0.984***	(−6.53) 1.379***	(−8.35) 1.636***
AR (2)	0.3652	0.2861		

续　表

变量	模型估计结果（2002—2018 年）			
	(1) 城乡消费比	(2) 城乡消费比	(3) 城乡消费比	(4) 城乡消费比
Sargan	1.000	1.000		
Model	滞后一阶	滞后一阶	固定	固定
Observations	465	464	527	526
R - squared			0.639	0.640
Number of code	31	31	31	31

注：L. 表示滞后一期，括号中为 *t* 统计量，***、** 和 * 分别表示在 1%、5% 和 10% 水平上显著，AR（2）以及 Sargan 检验给出的是统计量对应的 *P* 值，R - squared 表示面板模型的拟合程度。

由表 5 - 10 可知，在对数化城乡消费比并考虑控制变量的基础上，对城乡消费比滞后一期进行 GMM 估计，结果显示，城乡消费比滞后一期不存在二阶自相关，通过 Sargan 检验，模型均不存在过度识别，说明所选的工具变量均有效，而两种检验结果表明可以使用差分 GMM 进行估计。采用城乡消费比作为城乡收入差距的替代变量，主要是考虑收入和消费有很强的关联性，一般情况下，收入越低，消费也越低，收入越高，消费也越高，这在地区收入差距中也比较明显。同时，消费的高低也能在一定程度上间接体现城乡居民间和地区间财产性收入的高低，因此，城乡消费比可能比城乡收入比更有说服力。

模型（1）和模型（3）的估计结果显示，滞后一期的因变量作为解释变量，对城乡消费比具有显著的正向影响，也进一步验证了城乡收入差距的“马太效应”，而作为主要解释变量的直接税与间接税的比（*direc_ indire_ 1*），无论是滞后一期进行差分 GMM 估计，还是采用固定效应进行面板回归分析，对城乡消费比的影响都呈现显著的正效应。在两种模型下，直接税与间接税的比（*direc_ indire_* 1）提高 1%，城乡消费比分别降低 0.0433% 和 0.198%，这说明直接税占比提高、间接税占比降低能够显著降低城乡消费比的差距。然而收入是消费的前提条件，直接税与间接税的比（*direc_ indire_* 1）既然显著影响了消费，收入作为传导的中介变量，也必然受到了影响，这进一步说明税收调节在一定程度上影响收入分配差距。

模型（2）和模型（4）的估计结果显示，直接税占比与间接税占比差的绝对值（*direc_ indire_* 2）作为解释变量，分别采用滞后一期差分 GMM 模型和固定效应面板回归模型对城乡消费比进行估计，结论是两种估计的结果一致，直接税占比与间接税占比差的绝对值（*direc_ indire_* 2）对城乡消费比的影响在1%水平上显著为正，直接税占比与间接税占比差的绝对值（*direc_ indire_* 2）提高 1%，城乡消费比分别上升 0.0470% 和 0.0911%，这说明直接税占比和间接税占比越趋近，即直接税占比和间接税占比差的绝对值越小，城乡消费比越小，调节的收入分配差距也就越小。目前我国的直接税比重偏低，间接税比重偏高，回归结果再一次证明，要想缩小收入分配差距，就必须稳步提高直接税比重，适度降低间接税比重。这与前文的基准回归结果一致，也证明了前文回归结果的稳健性。其他控制变量与基准回归结果保持一致，也验证了基准回归结果的稳健性。

5.2.4.2 分区域检验

税制结构在不同经济发展水平的地区可能存在差异化的收入分配效应，本书把全国划分为东部、中部、西部三个地区，分组进行滞后一阶 GMM 面板回归检验，回归结果如表 5－11 所示。

表 5－11　分地区税系结构对收入分配影响效应的 GMM 回归分析

变量	模型估计结果（2002—2018 年）			
	全国 ln_ *tail*	东部地区 ln_ *tail*	中部地区 ln_ *tail*	西部地区 ln_ *tail*
L. ln_ *tail*	0.0017 (－0.07)	0.0750 (1.19)	0.264*** (3.96)	0.0042 (0.12)
ln_ *direc_ indire_* 1	－0.214*** (－2.70)	－0.319*** (－2.44)	－0.065 (－0.59)	－0.266 (－1.56)
控制变量	YES	YES	YES	YES
Constant	－0.355** (－2.20)	－0.288 (－0.88)	－0.627*** (－2.73)	0.210 (0.64)

续 表

变量	模型估计结果（2002—2018 年）			
	全国	东部地区	中部地区	西部地区
	ln_ *tail*	ln_ *tail*	ln_ *tail*	ln_ *tail*
AR（2）	0.1295	0.7585	0.5700	0.1524
Sargan	1.000	1.000	1.000	1.000
Observations	430	159	135	136
Number of code	31	11	10	10

注：1. 括号中为 *t* 统计量，*** 和 ** 、* 分别表示在 1%、5% 和 10% 水平上显著；2. 地区划分原则同前文。

根据表 5 - 11，东部地区直接税与间接税的比（*Direc_ indire_* 1）对泰尔指数的影响与全国一样，在 1% 水平上均显著为负，系数分别为 0.319 和 0.214，这说明东部地区经济发达，直接税占比提高、间接税占比降低在一定程度上对城乡收入分配的差距调整效果明显；中部、西部地区直接税与间接税的比对泰尔指数的系数为负，但并不显著，这说明中部、西部地区在收入分配调整方面，直接税和间接税的比对收入分配差距的调节可能并不敏感。东部地区经济发达，居民收入水平较高，税收在调节过高收入、实现收入分配公平方面具有稳定器的作用，中部、西部地区经济发展相对落后，收入水平低，纳税也相对较少，税收调节收入分配的作用相对东部地区来说不够显著，这也符合我们的预期。整体来看，三大区域滞后一阶 GMM 回归模型与全国范围内回归结果相比，结论基本一致，进一步验证了前期研究成果的稳健性。

从稳健性检验的结果看，无论是城乡消费比的滞后一期 GMM 回归，还是分地区对泰尔指数的滞后一期 GMM 回归，直接税与间接税的比对城乡收入分配差距的影响都表现为显著的正效应。另外，城乡消费比的回归在一定程度上验证了“马太效应”的存在，这都和基准回归结果较为吻合，进一步证明了研究结论的稳健性。

5.2.5 主要结论与政策建议

税制调节收入分配是其基本职能之一，而税制能否调节收入分配，促进收入差距缩小，不仅和征税制度本身的要素设计相关，也和税制结构的合理与否直接相关，还取决于人力资本投资、城镇化率、经济发展水平、对外开放程度和宏观税负等。进入新时代，提高人民的幸福指数需要在财税政策上进行调节，税制结构能否有效调节收入分配差距，其合理性已经成为当前研究的主要课题。

本章利用动态面板数据模型，在充分考虑外生控制变量的基础上，从税系结构、税类结构和税种结构三个角度实证分析了税制结构对收入分配的影响效应，税制结构对收入分配差距的影响存在显著效应，主要结论如下。第一，提高直接税比重、降低间接税比重可以显著降低收入分配的差距。第二，货劳税占比显著扩大了收入分配差距，所得税占比显著缩小了收入分配差距，财产税占比显著扩大了收入分配差距，其他税占比的影响为负，但不显著。第三，除增值税占比显著扩大了收入分配差距外，消费税占比、企业所得税占比、个人所得税占比、房产税占比都显著缩小了收入分配差距。第四，总体来说，城乡收入分配差距存在较强的“马太效应”。第五，控制变量同样对收入分配存在重要影响，本章选取的人力资本投资、金融发展水平、对外开放程度都显著降低了收入分配的差距，而城镇化率和宏观税负对收入分配差距的影响为负效应，即在一定程度上扩大了收入分配的差距。

政策建议如下。一是继续大力发展生产力，提高经济发展水平，为我国税制结构调整提供坚实的经济基础。二是提高直接税比重，降低间接税比重，扩大对个人收入分配差距直接调节的比重，进一步深化个人所得税改革，扩大房产税的开征范围，加快完善财产税体系。三是不断调整并优化原有税制结构的比例，特别是对存量财富的征收比例，进一步对“马太效应”的放大起到抑制作用。四是对地区和行业差异明显的地方要继续实施税收优惠政策，不断优化税收征缴手段，综合财政政策和货币政策，在调节收入分配差距方面共同发力。

5.3 小结

本章分两部分，第一部分主要从城乡居民收入分配、地区居民收入分配和行业收入分配三个角度描述和分析了我国收入分配的现状及成因，为下一步展开实证研究进行基础性分析。从城乡居民收入分配的角度来看，无论是城乡居民之间，还是城乡居民内部，都存在着收入分配差距扩大的趋势；由于地区间自然禀赋、国家战略以及开发基础的差异，地区间的收入分配差距虽然也存在着扩大的趋势，但有所缓解；行业收入分配差距在很大程度上是城乡和地区收入分配差距的延续。因此，通过税制来进行收入分配差距的调节，无论是税制内部要素的调整，还是税制结构本身的优化，都是我们新时代研究的重要课题。

本章第二部分根据 2002—2018 年各地区面板数据，建立了动态面板计量模型，从税系结构、税类结构和税种结构三个角度对收入分配的影响效应进行了实证研究，研究结果如表 5 – 12 所示。

表 5 – 12　　　税制结构对收入分配指标的影响效应汇总

类别	具体内容	控制变量	效应	显著/不显著
税系结构	直接税/间接税	控制	+	显著
	直接税占比与间接税占比差的绝对值	控制	–	显著
税类结构	货劳税占比	控制	–	显著
	所得税占比	控制	+	显著
	财产税占比	控制	–	显著
	其他税占比	控制	+	不显著
税种结构	增值税占比	控制	–	显著
	消费税占比	控制	+	显著
	企业所得税占比	控制	+	显著
	个人所得税占比	控制	+	显著
	房产税占比	控制	+	显著
	资源税占比	控制	+	不显著

注：1. 表 5 – 12 由本章实证结果整理得到；2. 此处的正效应是缩小收入分配差距，负效应是扩大收入分配差距。

具体结论和启示如下。

第一，税系结构对收入分配的影响结果显示，若考虑显著性水平，无论是直接税与间接税的比，还是直接税占比与间接税占比差的绝对值，对收入分配的影响都在1%水平上显著；若考虑影响效应，提高直接税比重、降低间接税比重能显著缩小城乡收入分配差距。这与本书的假设命题保持一致，也验证了税系结构对收入分配调节机理的正确性。

第二，从税类结构对收入分配的影响来看，降低货劳税占比、提高所得税占比能显著缩小收入分配差距，这与本书假设货劳税占比对收入分配具有负效应，而所得税占比对收入分配具有正效应是一致的。遗憾的是，财产税占比对收入分配具有负效应，提高其比重会扩大收入分配的差距，这可能与我国财产税占比过低，特别是房产税没有普遍开征有关。其他税占比表现为正效应，但不显著。

第三，税种结构对收入分配的影响结果显示，增值税占比对收入分配的影响显著为负，这与本书的假设一致。消费税占比对收入分配的影响显著为正，这与本书的假设一致。企业所得税和个人所得税对收入分配的影响均显著为正，这一方面印证了本书理论假设的正确性，另一方面说明企业所得税和个人所得税对调节收入分配差距的作用明显，我们应继续加大对企业所得税和个人所得税的改革力度，使以企业所得税和个人所得税为主的直接税充分发挥调节收入分配的作用。房产税占比对收入分配的影响显著为正。资源税占比对收入分配的影响显著为正，但不显著。

第四，分区域研究税系结构对收入分配的影响结果显示，直接税与间接税的比对三个区域收入分配的影响系数均为负，但由于经济发展程度不同，影响显著性存在一定的差异，东部地区显著为负，即正效应明显，而中部、西部地区影响不显著。

第五，收入分配本身存在明显的“马太效应”，从动态面板模型数据分析的结果看，泰尔指数的滞后一期对自身回归的系数均显著为正，表明城乡收入差距存在自我强化的现象。

第6章　世界主要国家税制结构演进及经验借鉴

由于经济基础不同，发达国家与发展中国家在税制结构上存在着很大的差异。即使经济发展水平相差不大的国家，由于社会环境、文化传统、历史背景、发展战略、国土疆域等多方面的原因，也会有一定程度的差异。当前，我国仍处于发展中国家的行列，特别是党的十九大以后，虽然经济总量不断创出新高，但是人均GDP尚未达到发达国家水平，在这样的背景下，应如何继续完善税制结构以适应我国国情，借鉴其他国家的良好经验，无疑具有重要的意义。为与前文的比较保持一致，本章在分析税制结构时均不包括社会保障税和关税。

6.1　世界主要发达国家的税制结构演进及优化借鉴

6.1.1　英、法、美、日四国税制结构的变迁与现状分析

在自然经济时代，土地和劳动力是人们的主要财富，威廉·配第就形象地比喻“土地是财富之母，劳动是财富之父”，因此在早期的原始社会，政府主要围绕土地及附着物、劳动力来开征直接税。随着自然经济解体和商品经济的发展，资本主义社会表现为“庞大商品的堆积”，以商品及其交易为课税对象的间接税逐渐取代了原始的直接税，成为历史发展的必然。第二次世界大战后，发达的资本主义国家经济获得了快速发展，企业盈利水平和个人收入都得到

了很大的提高，为以所得税为主的直接税开征奠定了广泛和坚实的基础。由此可见，大多数发达国家都经历了“直接税—间接税—直接税”为主体的三阶段演变过程。本章对英、法、美、日四国的税制结构变迁路径进行比较分析。

6.1.1.1 英国税制结构的变迁与现状

英国是君主立宪制国家，高度集权的政体使税收管理体制高度集中，中央政府几乎课征了所有的税收，只有财产税由地方政府课征。英国中央政府的税收变动频繁，一般在每年春季的预算中宣布税收变动，包括调整税制结构，以适应新的经济情况。

根据1965—2018年OECD的统计数据，本书对其税制结构变迁做简要分析，如图6－1所示。由图6－1可知：①英国税制中的税类结构除国民保险税（National Insurance Contributions）外，主要包括所得税、财产税和货劳税这三大类。其呈现出的特征，一方面是在50多年的时间里，各税类呈现波动趋势，但整体来看，基本结构未变，仍然是所得税占比最高，财产税占比最低，另一方面是货劳税呈上升趋势，财产税比较稳定。②从直接税和间接税的角度来看，英国仍然以直接税为主体，在不同的时间节点，虽然直接税比重起起伏伏，但主体地位没有发生太大变化，1965年直接税占比为60.92%，1975年直接税占比达到69.67%，随后持续下降，至1992年直接税占比达到

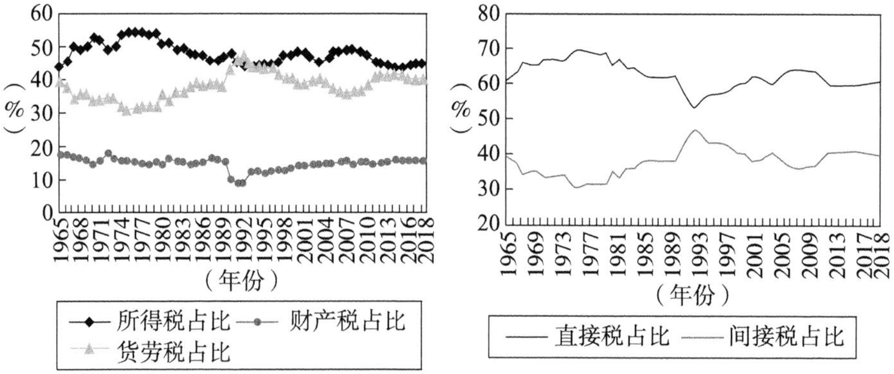

图6－1 1965—2018年英国税制结构变动趋势

注：数据来自OECD数据库网站，自行整理得到。

52.93%，随后缓慢上升，而间接税趋势则正好相反。由此可见，所得税是英国财政收入的主要来源，尽管有下降的趋势，但占比仍然较高，直接税为主体的税制结构未发生变化。

从中央和地方征税的角度看，英国中央政府主要课征的税收包括三大类：①所得税，含个人所得税、企业所得税等；②货劳税，含增值税、消费税等；③财产税，含财产收益税和财产转移税等。按税收重要程度依次是所得税、增值税、消费税、财产税。按照地方税收的标准，英国政府只确立了一种地方税，这就是财产税①。2016—2018年英国政府税类占比如表6－1所示。

表6－1　　2016—2018年英国政府税收及比重

税类	2016年		2017年		2018年	
	收入额（百万英镑）	占比（%）	收入额（百万英镑）	占比（%）	收入额（百万英镑）	占比（%）
税收总额	519337	100.00	547841	100.00	571478	100.00
所得税	229942	44.28	245023	44.73	256875	44.95
企业所得税	53300	10.26	57621	10.52	60996	10.67
个人所得税	176642	34.01	185560	33.87	193171	33.80
货劳税	200465	38.60	209481	38.24	218897	38.30
增值税	133856	25.77	141336	25.80	149238	26.11
消费税	66609	12.83	68145	12.44	69659	12.19
财产税	88930	17.12	93274	17.03	95621	16.73
其他税	0	0	0	0	0	0

注：1. 剔除了关税和社保税，车船税被归入财产税；2. 数据来自OECD数据库，自行整理得到。

① 良好的地方税须满足如下标准：一是地方当局能够对税收水平加以适时调节，以适合地方居民的偏好，如英国部分特定地区偏好教育或公园；二是税基在全国的分布比较均衡，税基地域差别明显的税收只适合全国性的税种，不应作为地方税；三是税收收入应比较充分，以利于地方当局发挥一定的调节作用。参见：财政部税收制度国际比较课题组．英国税制［M］．北京：中国财政经济出版社，2000。

从表6-1中我们可以发现：①英国政府现行的税制结构主要包括所得税、财产税和货劳税。②三年的税收总额呈递增趋势，但税制结构比较稳定，在税制结构中，2018年所得税和货劳税分别占比为44.95%和38.30%，2016—2018年财产税占比均未超过20%。③具体分税种来看，个人所得税占比最高，2016—2018年分别为34.01%、33.87%和33.80%，增值税占比次之，且均超过了25%，2016—2018年分别为25.77%、25.80%和26.11%，这表明高收入国家依赖自然人①征税的特点明显。④企业所得税和消费税占比都超过了10%，其中企业所得税相对稳定，2016—2018年分别为10.26%、10.52%和10.67%，消费税又分为针对商品和服务进行征收，其中商品税目单一，仅有烟、酒和石油，并没有包括其他奢侈品。⑤英国的税制结构中，企业所得税的占比维持较低水平，有利于推动外国投资和本国企业发展；个人所得税的占比维持较高水平，一方面与经济发展水平相适应，另一方面有利于调节收入分配的公平。从总体上看，以直接税为主的税制结构适应了英国当前社会经济发展的实际。

6.1.1.2 法国税制结构的变迁与现状

法国的税收制度十分完备，是西方国家税收制度的典型代表。特别是增值税，法国是世界上最早开征增值税的国家。法国也是世界上税收制度最为繁杂的国家之一，比如有职业税、学徒税等，特别是消费税，征收的税目繁多，涉及的领域众多。总体上看，法国税制除社保税外，主要包括四部分：所得税（含工薪税）、货劳税、财产税和其他税。长期以来，货劳税一直占据着绝对的主体地位。1998年世界金融危机之后，所得税占比快速上升，货劳税占比出现了下降的趋势，目前已经形成所得税和货劳税“双主体”的局面，具体发展趋势如图6-2所示。

由图6-2可知：①法国的税制结构整体上包括所得税（含工薪税）、货劳税、财产税和其他税，目前所得税占比最高，其他税占比最低。②1965—2018年有两次较大的税制结构变动，一次是1991年直接税占比首次超过间接税，

① 增值税最终要转嫁给消费者。

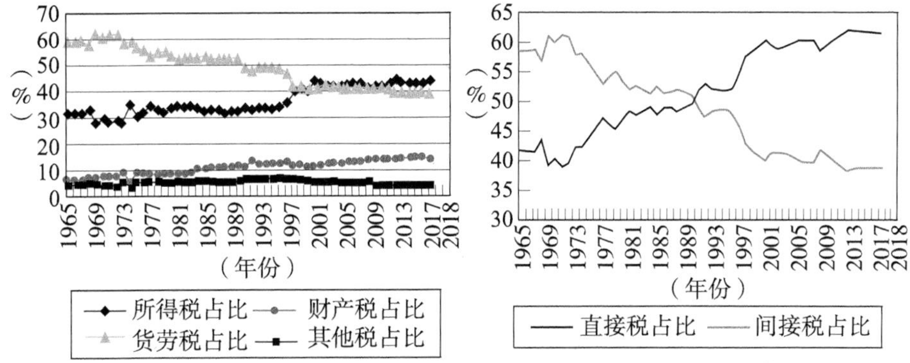

图 6-2　1965—2018 年法国税制结构变动趋势

注：数据来自 OECD 数据库网站，自行整理得到。

直接税占比由 49.21% 上升到 51.56%，而间接税占比由 50.97% 下降到 48.44%，此后直接税占比持续提高，2018 年达到了 61.37%，而间接税占比只有 38.63%，这表明法国的直接税比重在快速提高，而间接税比重在下降，并且 2018 年已经形成以直接税为主体的税制结构；另一次是 2000 年所得税占比超过货劳税占比，所得税占比由 40.80% 上升到 42.37%，而货劳税占比则由 41.38% 下降到 39.65%，此后所得税成为法国最大的税类。③相对而言，财产税和其他税变化较小，在 1965—2018 年，各自占比均未超过 15%。

法国政府的税收总额在 2016—2018 年保持稳定，其中所得税占比略有上升，货劳税占比略有下降，然而所得税占比最大的税制结构并没有改变，具体情况如表 6-2 所示。

表 6-2　　2016—2018 年法国政府税收及比重

税类	2016 年		2017 年		2018 年	
	收入额（百万欧元）	占比（%）	收入额（百万欧元）	占比（%）	收入额（百万欧元）	占比（%）
税收总额	642946	100.00	675891	100.00	708501	100.00
所得税	272892	42.44	287423	42.53	310068	43.76
企业所得税	45670	7.10	53798	7.96	49943	7.05

续 表

税类	2016 年		2017 年		2018 年	
	收入额（百万欧元）	占比（%）	收入额（百万欧元）	占比（%）	收入额（百万欧元）	占比（%）
个人所得税	227222	35. 34	233625	34. 57	260125	36. 71
财产税	95200	14. 81	100989	14. 94	97377	13. 74
货劳税	248824	38. 70	260689	38. 57	272429	38. 45
增值税	155370	24. 17	162793	24. 09	169780	23. 96
消费税	82668	12. 86	86821	12. 85	90737	12. 81
其他税	26030	4. 05	26790	3. 96	28627	4. 04

注：1. 剔除了关税和社保税，车船税被归入财产税；2. 数据来自 OECD 数据库，自行整理得到。

从表 6 - 2 中我们可以发现：①2016—2018 年，法国税制结构中的所得税和货劳税每年占比均超过 35%，平均占比分别为 42. 91% 和 38. 57%，这说明法国的税制结构是以所得税和货劳税为主体的，但由图 6 - 2 可知，所得税占比加上财产税占比，可得直接税比重仍占 50% 以上，法国以直接税为主体的税制结构并未改变。②从具体税种来看，个人所得税的比重最大，三年平均占比为 30. 29%，其次为增值税和财产税，三年平均占比分别为 24. 07% 和 14. 50%，这说明在具体税种中，这三者占比较高，主体税种突出，但和我国相比，主体税种有很大差异。③具体到消费税，税目种类繁多，分类较细，商品包括葡萄酒、酒精、矿泉水、火柴、谷物、燃油、电和暖气、糖、食物脂肪等，服务包括银行贷款、保险单、葬礼、娱乐、电影制作、广告等，这说明法国税制管理的精细化程度很高。④法国税制长期以来维持间接税为主的税制结构，增值税占比较高，20 世纪 90 年代后，法国左翼社会党为缩小贫富差距，逐渐增加了直接税的比重，所得税中的个人所得税在 2016—2018 年平均占比 35. 54%，虽然这符合法国人均收入水平较高的现实，在调节收入分配方面发挥了重要的作用，但也使法国富人大量外移；企业所得税占比并不高，同期平均占比 7. 37%，不仅可以增加企业的利润，还为企业稳定发展提供了支持。

6.1.1.3　美国税制结构的变迁与现状

美国作为一个市场经济成熟的国家，在税制结构上与我国存在较大差异。经过长期的改革和完善，特别是 1954 年和 1986 年两次重大税制改革，美国逐步建立了以个人所得税、社会保障税为主体，涵盖企业所得税、货劳税、财产税等主要税种的复合税体系。美国的税制结构特点鲜明：个人所得税和社会保障税在整个税制结构中处于主体地位；存在严格的联邦属性，无论是所得税还是消费税等，都区分了联邦政府、州和地方政府的税收管辖权，在征收比重上也有区分；各级政府税制结构不同，联邦政府主要依靠个人所得税、社会保障税、消费税以及遗产、赠与税及其他，州政府主要依赖销售税、个人所得税，而地方政府主要依赖财产税。第二次世界大战以后，美国经济迅速膨胀，个人收入水平显著提高，为美国政府主要征收个人所得税提供了基础条件。美国税制结构自 1965 年以来相对比较稳定，尽管经历了多次税改，比如 2017 年的“特朗普税改”等，但这些改革措施主要涉及税制体系内部要素的调整，对整体税制结构影响较小。1965—2018 年的税制结构变动趋势如图 6－3 所示。

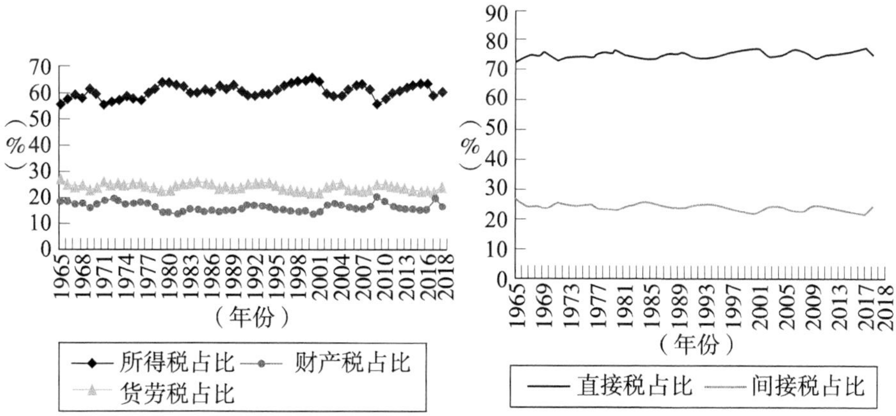

图 6－3　1965—2018 年美国税制结构变动趋势

注：数据来自 OECD 数据库网站，自行整理得到。

由图 6－3 可知：①美国的税制结构除社会保障税外，主要由三部分组成，即所得税、财产税和货劳税。从平均占比来看，所得税占比最高，货劳税占比次之，财产税占比最低；从发展走势来看，尽管所得税占比呈“波浪式”起伏，但一直保持在50%以上，另外两种税的占比相对平稳，其中货劳税占比在20%～30%徘徊，财产税保持在10%～20%。②2016—2018年所得税占比有所下降，货劳税占比有所上升，财产税占比有所波动，这可能与2017年的“特朗普税改”有关。③从直接税和间接税占比的角度看，美国是典型的以直接税为主体的税制结构，50多年间，直接税占比都是间接税占比的3倍多，这和美国的经济发达程度正相关。④美国税制结构具有典型的发达国家的特点——所得税中的个人所得税比重较高，而对商品和服务的征税比重较低，这和经济发展水平直接相关；近年来美国的企业所得税比重不断降低，揭开了全球税收竞争的“潘多拉魔盒”。

从具体税种占比的角度分析，2016—2018年个人所得税占比最高，企业所得税占比最低，具体情况如表6－3所示。

表6－3　2016—2018年美国政府税收及比重

税类	2016年		2017年		2018年	
	收入额（百万美元）	占比（%）	收入额（百万美元）	占比（%）	收入额（百万美元）	占比（%）
税收总额	3688305	100.00	4022885	100.00	3750491	100.00
所得税	2327672	63.11	2365143	58.79	2259079	60.23
企业所得税	380976	10.33	337575	8.39	217844	5.81
个人所得税	1946696	52.78	2027568	50.40	2041235	54.43
财产税	656781	17.81	939925	23.36	720528	19.21
货劳税	703852	19.08	717817	17.84	770884	20.55
销售税	380932	10.33	395700	9.84	414246	11.05
消费税	322920	8.76	322117	8.01	356638	9.51
其他税	0	0.00	0	0.00	0	0.00

注：1. 剔除了关税和社会保障税，车船税被归入财产税；2. 数据来自OECD数据库，自行整理得到。

由表6－3可知：①美国的所得税占比最高，特别是个人所得税，2016—2018年平均占比52.54%，同期货劳税平均占比仅19.16%，这充分表明美国是以直接税为主的税制结构。②从这三年的发展趋势来看，企业所得税比重有所下降，分别为 10.33%、8.39% 和 5.81%，体现出“特朗普税改”的影响以及为美国企业减负的特点；财产税占比并不稳定，2016 年为 17.81%，2017 年为 23.36%，2018 年为 19.21%，而且财产税的比重并不高，使“富裕人群”财富得以保值，这些都与“特朗普税改”中使税制简单明了、易于理解，提高美国工人收入，使美国成为世界就业的基石，让滞留海外的投资回流美国的四项原则基本吻合。③尽管“特朗普税改”提出为美国企业减负，使全球掀起了新一轮的减税浪潮，但从美国税收的绝对值来看，税收总额仍保持相对稳定，2016—2018 年这三年的税收总额（不含社会保障税）分别是 3.69 万亿美元、4.02 万亿美元和 3.75 万亿美元，总体上看，美国的减税方案是结构性减税，并没有在实质上动摇美国的财政收入。

6.1.1.4　日本税制结构的变迁与现状

日本与西方发达国家一样，以直接税为主，现行的税类（不含社会保障税）主要包括所得税（区分个人所得税和企业所得税）、货劳税和财产税，其中所得税是日本政府的主要收入来源，其占比高达 50% 左右。从宏观历史视角看，日本自 20 世纪 50 年代至今，经济增长大致经历了三个阶段：第一阶段为 1955—1973 年，日本处于经济高速增长期，年平均增长约 8.5%；第二阶段为 1974—1991 年，日本处于中速增长期，年平均增长约 3.9%；第三阶段为 1992 年至今，日本经济时而低速增长，时而负增长。

如图 6－4 所示，1965—1973 年，日本所得税占比高于货劳税占比，由于日本国土面积小、资源匮乏，主要依靠技术和贸易出口来推动经济增长，较低的货劳税有利于商品和服务的流动，因此，这一阶段的税制结构更有利于经济增长。1974—1991 年，随着经济的发展，日本的产业结构和就业结构发生变化，日本的国民收入水平大幅度提高，而此时所得税比重已经达到最大，人口老龄化日益严重，迫切需要增加国民收入，于是 1987—1988 年日本政府进行了一次根本性的税制改革，这次改革的核心是降低所得税，同时也废止了一些间接税，税改后，间接税比重开始上升，但上升幅度较小。反观所得税占比，出现大幅度下降，由 1990 年的 68.25% 下降到 1998 年的 52.08%。

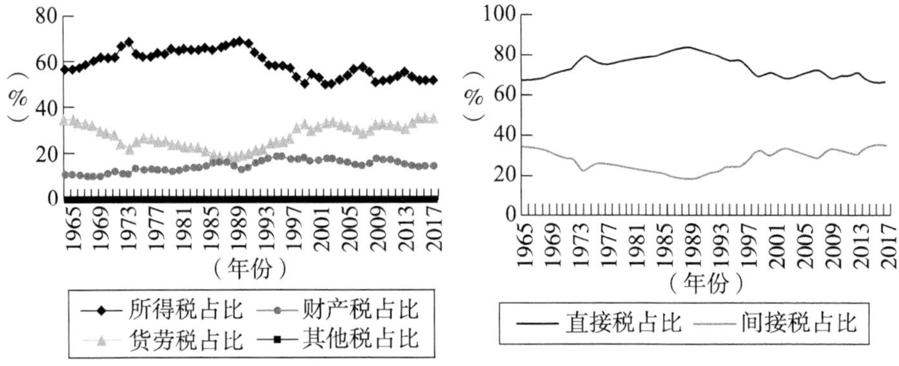

图 6－4 1965—2017 年日本税制结构变动趋势

注：数据来自 OECD 数据库网站，自行整理得到。

结合日本经济增长的趋势变动来分析税制结构，至少可以得出以下四点启示：①税制结构的调整必须和经济社会发展相适应，特别是 1973 年之前的高速增长时期，日本通过结构性减税，维持了经济的高速增长。②税制结构调整还要更多地关注社会问题，兼顾一定程度的公平和效率，因此需要在直接税和间接税之间寻求平衡，而不是固定直接税和间接税的比例。③应对个人提高一定比例的征税。我国人口老龄化问题日益严峻，增加社会保障的广度和深度都需要一定的财力支撑，而目前我国的社保仍然以费的形式存在，尽管 2019 年 1 月 1 日起企业职工社保费的征收职责由社保部门划转至税务机关，但我国直接税比重的提高仍受制约，因此通过结构性减税，在开征社会保障税的同时，降低货劳税的比重更符合我国目前的实际。④直接税占比同样不宜过高，比如不能超过 80%。日本的税改经验表明，过高的直接税不仅会降低效率，也会损害公平。1973 年后，日本的直接税占比一度超过 80%，但经济增长持续低迷，反观 1973 年之前，直接税占比并没有那么高，这与我国当前的税制结构（考虑社会保障税后）较为相似。因此，适当增加直接税比重、降低间接税比重比较符合当前我国的实际。

从日本 2016—2018 年的税种结构数据来看，个人所得税平均占比最高，其次是增值税和企业所得税，如表 6－4 所示。

表 6－4　　2016—2018 年日本政府税收及比重

税类	2016 年		2017 年		2018 年	
	收入额（十亿日元）	占比（%）	收入额（十亿日元）	占比（%）	收入额（十亿日元）	占比（%）
税收总额	98349	100.00	103189	100.00	104457	100.00
所得税	50448	51.29	52658	51.03	55682	53.31
企业所得税	19778	20.11	20333	19.70	22689	21.72
个人所得税	30670	31.18	32325	31.33	32993	31.59
财产税	16229	16.50	16523	16.01	16577	15.87
货劳税	31254	31.78	33581	32.54	31762	30.41
增值税	21931	22.30	22249	21.56	22531	21.57
消费税	9323	9.48	11333	10.98	9231	8.84
其他税	418	0.42	427	0.41	436	0.42

注：1. 剔除了关税和社会保障税，车船税被归入财产税；2. 数据来自 OECD 数据库，自行整理得到；3. 2018 年税收收入不完整。

由表 6－4 可以得出如下结论：①日本所得税税额的绝对值稳步增长，2016—2018 年的税额分别为 50.45 万亿日元、52.66 万亿日元和 55.68 万亿日元，所得税在税收总额中的占比较为稳定，维持在 50% 以上。②日本的货劳税主要包括增值税、消费税等，其中消费税较为复杂，几乎涵盖了所有的商品和劳务，但从税收占比来看，除酒税、烟草税和汽油、柴油税较高外，其他都占比较低，但货劳税同期的总占比保持在 30% 左右，若不考虑社会保障税的份额，货劳税已经成为日本的第二大税类。③财产税占比较低，主要来自不动产的经营性税收。

6.1.1.5　英、法、美、日四国税制结构的变迁及现状比较

英、法、美、日四国现行的税制结构均以直接税为主体。我们以 2018 年的数据进行分析，美国的直接税占比最高，达到了 76.47%，其次是日本 65.08%（2017 年数据），而英国和法国则占比较低，但也超过了 60%。从具体税类结构来看，英、法、美、日四国所得税占比均最高；四国的货劳税相比而言，占比较高的是法国和英国，最低的是美国；财产税方面，英、法、

美、日四个国家的财产税占比都较低，财产税均有弱化的倾向，成为主要税收的辅助税收。总体来看，英、法、美、日四国的税制结构仍然以直接税为主体，这与四国的经济发展水平直接相关。具体如表 6 – 5 所示。

表 6 – 5　　2018 年英、法、美、日四国税制结构

	税制结构	英国（%）	法国（%）	美国（%）	日本（%）
税系结构	直接税	60.28	61.37	76.47	65.08（2017 年数据）
	间接税	39.72	38.63	23.53	34.92
税类结构	所得税（不含社会保障税）	44.95	43.76	60.23	53.31
	财产税	16.73	13.74	19.21	15.87
	货劳税	38.30	38.45	20.55	30.41
	其他税	0.00	4.04	0.00	0.42

注：1. 数据来自 OECD 数据库，自行整理得到；2. 剔除了英、法、美、日四国的社会保障税和关税，车船税被归入财产税。

研究美国、英国、法国和日本 1965—2018 年的税制结构发展历程并结合其经济背景，我们发现，在路径演化方面有两个共同点：①个人所得税率先发力，引导了税制结构的变迁。历史发展过程中，四国的个人所得税都开征较早，最初选择了低税率，随着经济的发展和征管水平的提高，税率有所上调，并通过减低免征额开拓税基，使个人所得税收入快速增长。20 世纪 80 年代后，经济全球化加快，为了尽量避免资本和劳动力外逃，四国都降低了税率。整体上看，个人所得税在四国税收总收入中所占比重虽然呈现缓慢下降的趋势，但仍然占据主体地位，这和四国居民收入高、经济发达不无关系。美、英、法、日四国 2018 年个人所得税占比分别为 54.43%、33.80%、36.71%和 31.59%，如表 6 – 6 所示。②相比个人所得税，企业所得税前期对美国的影响较大，从改革历程来看，企业所得税和个人所得税类似，经历了由低税率、窄税基到高税率、宽税基，再到低税率、宽税基的变迁过程。20 世纪 60 年代前，美国的企业所得税占比一直在 20% 左右，随着经济增速下降，该比重也呈现下降的趋势。为了使美国企业资本回流，特朗普政府进行了税改，下调企业所得税税率，使美国的企业所得税收入快速下降，2018 年降为 5.81%。相对而言，英国和法国对企业所得税的依赖较小，该比重一直在 10% 左右，日本的企业所得税占比维持在 20% 左右。

表 6-6　　　2018 年英、法、美、日四国具体税制结构的比重

税收类别＼国别		英国（%）		法国（%）		美国（%）		日本（%）	
所得税（不含社会保障税）	个人所得税	44.95	33.80	43.76	36.71	60.24	54.43	53.31	31.59
	企业所得税		10.67		7.05		5.81		21.72
货劳税		38.30（增值税占 26.11%）		38.45（增值税占 23.96%）		20.55（销售税占 11.05%）		30.41（增值税占 21.57%）	
财产税		16.73		13.74		19.21		15.87	
其他税		0.00		4.04		0.00		0.42	

注：数据来自 OECD 数据库。

如表 6-6 所示，四国税制结构的差异主要表现为增值税在税制结构中的重要程度不同，法国的“双主体”税制结构保持的时间最长，主要归因于法国增值税的开征和发展。20 世纪 60 年代，法国增值税的比重一直保持在总税收的 30% 左右，20 世纪 80 年代保持在 20% 左右，进入 21 世纪之后，又上升到 25% 左右。英国 1973 年开征增值税，20 世纪 80 年代以后，增值税收入一直呈快速增长趋势，2018 年该税收收入占税收总收入的 26.11%。美国一直未开征增值税，间接税的主体税种——销售税一直是州税。日本 1989 年开征增值税，除土地使用权转让及教育、医疗、殡葬等社会政策行为外，都要征收增值税，然而由于日本国内经济不景气，增值税占比并不高，2018 年为 21.57%，与企业所得税占比基本持平。总体而言，经济全球化背景下，资本和劳动的流动性增强，一味从企业和个人所得上征税，显然变得越来越困难，而增值税具有中性的特点，对经济的影响较小，另外，直接税主体的比重应逐渐减小，转而增加间接税的增值税，这样做既可以增加企业和个人的利润和收益，刺激投资和鼓励储蓄，又可以增加劳动供给，最终有利于经济发展和就业的增长。

6.1.2 英、法、美、日四国税制结构变迁的成因

6.1.2.1 税制结构变迁根本上取决于经济发展水平

经济发展水平决定税制结构的模式选择，英、法、美、日四国也不例外。在以农业为主导的古代，原始的直接税（如土地税、人头税）一定是税收收入的主体。而到了市场经济发展初期，资本积累刚起步，直接税的税基明显不宽裕，此时间接税就占据了主体地位。当经济发展到一定水平，人均国民收入水平较高时，各种税基都比较宽裕，这时政府就有条件考虑促进收入分配公平的社会目标，使直接税为主体的税制结构再次成为可能。

由图6－5可知，2013—2019年，英、法、美、日四国人均GDP都在4万美元以上。按照世界银行的标准，人均国民总收入（GNI）超过13845美元的国家被界定为高收入国家，英、法、美、日均为高收入国家。在税制结构中，个人所得税占比较高，商品和劳务的货劳税占比较低，由此可见，征税的原则不仅要考虑征收的合理性，还要考虑纳税人的承受力，而高收入国家个人收入高，负担能力强，个人所得税税源丰富，以所得税为主的税制结构符合高收入国家的实际。

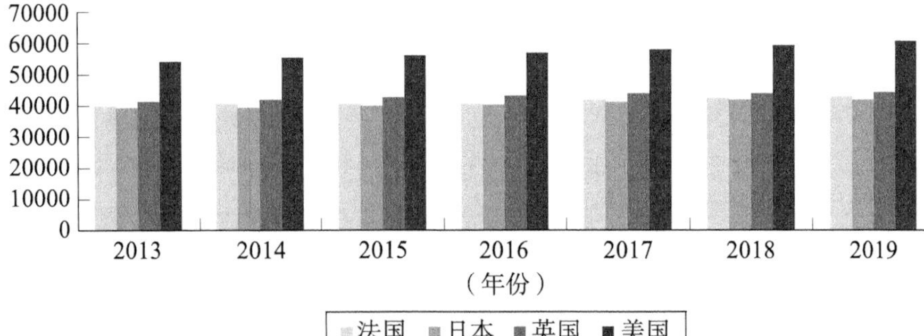

图6－5 2013—2019年英、法、美、日四国人均GDP（单位：美元）

注：数据来自OECD数据库，自行整理得到。

如图6－6所示，尽管近30年来英、法、美、日四国经济发展并不景气，特别是2008年金融危机时期，四国还出现了负增长，但是各国推出“一揽

子”积极财政政策进行大规模的深度“救市”，通过减少税收来扩大内需，实现了社会稳定，同时伴随着经济的复苏，四国的GDP增长率也逐渐恢复正增长，原有的以所得税为主的税制结构基础也得到了恢复。因此，从目前来看，发达国家的税制结构依然以直接税为主，没有发生质的变化。此外，我们对四国的税制结构变化进行分析，还可以对人均GDP过去的发展情况进行横向比较，如表6－7所示。

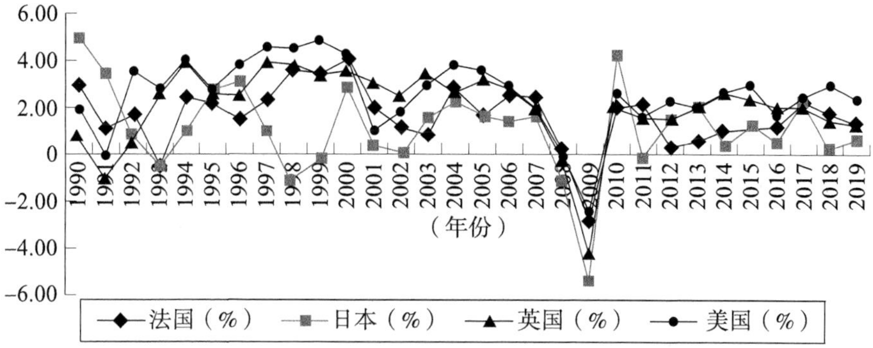

图6－6　1990—2019年英、法、美、日四国的GDP增长率

注：数据来自OECD数据库，自行整理得到。

表6－7　　英、法、美、日四国经济发展水平与税制结构关系

国别	“双主体”税制结构		以直接税为主体的税制结构	
	时间	人均GDP（1990年国际美元）	时间	人均GDP（1990年国际美元）
英国	20世纪20年代	4500美元左右	第二次世界大战后	7000美元左右
法国	20世纪50年代	5000美元左右	20世纪70年代	10000美元左右
美国	第一次世界大战时期	4000～5000美元	20世纪40年代	7000美元
日本	19世纪末期	1100美元左右	20世纪70年代	10000美元左右

注：本表使用1990年国际美元作为计量单位，具有可比性。

资料来源：李华，樊丽明，等．优化中国税制结构的方向和路径研究［M］．北京：中国财政经济出版社，2015。

通过表6-7中的数据，我们发现英、法、美、日四国从“双主体”的税制结构过渡到以直接税为主体的税制结构，人均GDP都有快速的增长，增长基本都在50%以上。由此可见，以直接税为主体的发达国家，在完成税制结构转化的过程中，无论是经济发展程度还是速度，都存在一定的共性，纵观英、法、美、日四国的税制结构变迁历史，经济发展水平一直是决定性因素。

6.1.2.2 税制结构变迁的重要原因在于政府的执政理念

通过梳理英、法、美、日四国政府的执政理念，我们发现存在着很强的共性——效率与公平的权衡是影响税制结构变动的重要因素。在商品经济不发达的早期社会，政府为筹集收入，只好以人头税、土地税等直接税为主进行征税，这样更多体现的是公平。随着商品经济的发展，工业革命开始后，生产能力显著提高，政府更注重效率，偏好税源丰富、征收便捷的间接税。随着商品经济的快速发展，间接税比重快速提高，政府对原始直接税的依赖程度降低，“双主体”的税制结构逐步形成。工业化实现之后，经济发展进入稳定时期，政府倡导建立福利社会，将公平作为宏观调控的主要目标，同时为了缩小贫富差距，缓和社会矛盾，直接税的比重继续上升，最终形成了目前以直接税为主体的税制结构。因此，政府的执政理念也是影响税制结构的重要因素之一。

6.1.3 英、法、美、日四国税制结构变迁的借鉴

英、法、美、日四国作为发达国家，其国情与我国不同，税制结构也存在很大差异，但是，四国结合本国国情在税制结构优化方面所采取的一些好的做法和成功的经验为我国新时代税制结构的优化提供了有益的参考和借鉴。

6.1.3.1 选择适合本国国情的税制结构

英、法、美、日作为发达资本主义国家，在选择税制结构时适应了本国国情，主要体现在两个方面。一是税收的税源。发达资本主义国家之所以发

达，是因为人均收入水平高，劳动生产率高于发展中国家，来自个人的直接税税源充足，因此，选择以所得税为主的税制结构符合发达资本主义国家的实际情况，以所得税为主的直接税体系不仅能在一定程度上显著提高税收的公平性，而且能够降低政府对市场的依赖和管控，使市场经济更好地发挥作用。二是事权的划分。英、法、美、日四国的直接税主要包括所得税和财产税，征收的前提除了经济基础，还取决于税收的立法效力，因为税收的根本是“取之于民，用之于民”。西方发达国家在税制结构建立的过程中，非常注重事权的匹配，在分享税收时一般区分中央和地方税收，在细化税收用途上，能够更加具有针对性，如地方政府的房产税可以更好地服务于当地居民纳税人，在征税时自然会大大减小阻力。我国应借鉴发达国家好的经验和做法，尽早较为详细地公开税收的使用及用途，以更好地践行人民税收人民监督的理念，进一步提高纳税人纳税遵从度。

6.1.3.2　征税管理水平要和经济发展相适应

发达资本主义国家的教育水平相对较高，在征管上更容易实现现代化管理，而以所得税和财产税为主的直接税对征管水平的要求较高，特别是测量所得税和财产税的纳税基础相对来说比较复杂，如果政府不能合理、准确地认定计税依据，纳税人就不能很好地配合纳税，偷漏税的情况就会比较严重，这也是发展中国家在经济转型过程中，优化税制结构要迈过的一道坎。提高税收的征管水平，不仅要丰富征管手段，采用先进的科学方法，还要有配套的法律服务，提高纳税人的纳税意识和纳税能力，可见，征管水平的提高总体来看是征纳双方共同推进的结果。英、法、美、日四国经济发达，征收体系相对比较完善，在长期的税制结构转型过程中，以直接税为主的税制结构已经得到了本国民众的认可和遵守，在征税过程中，除了本国中央和地方政府采取积极的措施征收，民众的配合程度也在一定程度上支持了以所得税为主的直接税税制结构的形成。

6.1.3.3　应对国际竞争应适时微调税制结构

英、法、美、日四国在经济发展过程中，随着经济全球化趋势的加快，国际税收竞争已经触及了世界各国对资本、技术、人才等生产要素的全面争夺，而以直接税为主的税制体系无疑增加了高收入人群的税收恐惧感，为此，英、法、美、日等发达国家纷纷下调所得税税率，以降低税制对私人经济的扭曲，进而吸引高效率的生产要素流入本国。在税制结构演变过程中，我们也发现，英、法、美、日四国以所得税为主的直接税税制体系虽然没有改变，但是直接税的比重已经有小幅度的下降，而以货劳税弥补财政缺口的政策正在悄悄实行，特别是2008年金融危机爆发以来，英、法、美、日四国为应对世界范围的竞争，进一步强化了降低所得税比重、提高货劳税比重的税制结构，如英国自2011年起，4年内将公司所得税税率由28%调减为24%；日本2009年将中小企业的所得税税率由22%下调为18%，2011年进一步降为15%；美国2017年“特朗普税改”也下调了所得税比重。总体而言，发达国家为应对国际竞争都适时微调了税制结构，在竞争日益激烈的今天，我国面对国际环境的冲击，也应该适时微调税制结构。

6.2 世界主要发展中国家税制结构的现状及结构优化借鉴

发展中国家由于经济发展水平相似，在税制结构的选择上存在着共性的基础。自2001年美国高盛公司首次提出“金砖四国”概念以来，巴西、俄罗斯、印度和中国作为世界最大的四个新兴经济体，备受世界瞩目。2010年12月，南非正式加入合作机制，从此“金砖四国”发展成为“金砖五国”。由于五国存在诸多的相似之处，研究其税制结构的变迁和路径可以为我国税制结构的优化提供一定的参考。

6.2.1 金砖国家的税制结构发展现状比较

巴西、俄罗斯、印度和南非四国分属于南美洲、欧洲、亚洲和非洲，截至2018年，金砖国家（含中国）人均GDP都未达到高收入经济体门槛，其中巴西约为9000美元，俄罗斯约为11000美元，印度约为2000美元，中国约为 9700 美元，南非约为 6300 美元。因此，从经济发展的角度来看，金砖五国均属于发展中国家①。

从人均 GDP 的发展趋势来看，如图 6－7 所示，1990—2018 年五国人均 GDP 大致经历了三个阶段。第一个阶段是 1990—2008 年，五国的人均 GDP 处于平稳增长阶段。这一阶段的特点突出表现为五国人均 GDP 增速较为平稳，人均 GDP 绝对额都呈现出增长的势头。第二阶段为 2009—2014 年，五国人均 GDP 处于增长的分化阶段。这一阶段比较突出的特点是 2008 年金融危机后，2009 年五国人均 GDP 下降后开始复苏，但相对而言，巴西、俄罗斯和南非都呈现了不同程度的波动，中国和印度则表现为稳步增长的态势。第三阶段为 2015—2018 年，五国中，中国人均 GDP 的增长最为抢眼。这一阶段的发展过程中，中国经济增长强劲，2018 年人均 GDP 首次超越巴西，而巴西人均 GDP 则出现了下降，尽管俄罗斯和南非为正增长，但增长缓慢，印度经济增速超越中国，但基础较弱，人均 GDP 增长缓慢。中国人均 GDP 稳步增长，已经超越五国人均 GDP 的平均水平，不断向更高的水平迈进。

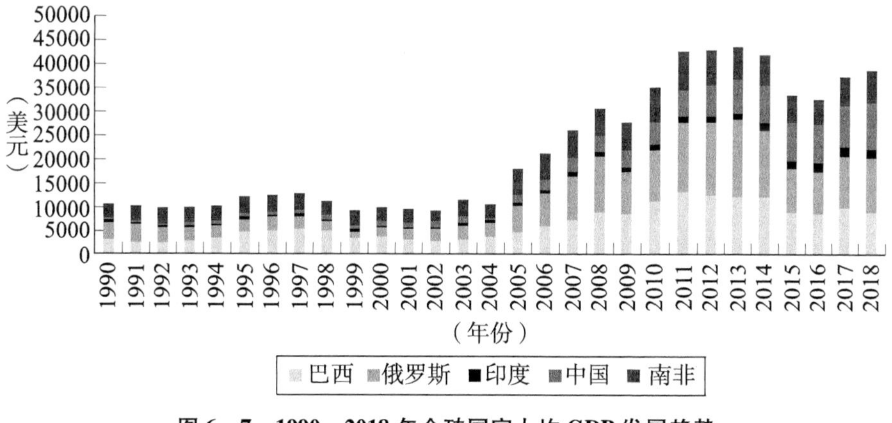

图 6－7　1990—2018 年金砖国家人均 GDP 发展趋势

资料来源：金砖国家统计局联合国统计司，IMF。

---

① 世界银行 2018 年的标准是，人均 GNI≤995 美元为低收入经济体，996 美元～3895 美元为中等偏下收入经济体，3896 美元～12055 美元为中等偏上收入经济体，人均 GNI≥12056 美元为高收入经济体。

结合经济发展水平，从金砖国家的税制结构①来看，目前俄罗斯和印度为典型的“双主体”税制结构，无论直接税占比还是间接税占比均超过了45%，南非的税制结构以直接税为主体，巴西的税制结构则以间接税为主体，我国的税制结构也是以间接税为主体。具体如表 6－8 所示。

表 6－8　　金砖国家的税制结构

类别	巴西（B）（%）	俄罗斯（R）（%）	中国（C）（%）	印度（I）（%）	南非（S）（%）
直接税占比	39.42	54.60	42.81	52.29	60.73
间接税占比	60.58	45.40	57.19	47.71	39.27

注：1. 金砖国家把税收分为直接税和间接税；2. 俄罗斯选取的是 2016 年数据，中国选取的是 2018 年数据，印度选取的是 2014 年数据，巴西选取的是 2018 年数据，南非选取的是 2017 年数据；3. 南非和巴西的数据来自 OECD 数据库，且所得税不包含社会保障税；4. 俄罗斯的数据来自《俄罗斯税收指南》；5. 印度的数据来自《印度财政统计年鉴 2017—2018》；6. 中国的数据来自《中国税务年鉴 2019》。

单纯从经济发展水平看，在金砖国家中，俄罗斯人均收入超过 1 万美元，尽管其直接税占比高于间接税占比，但并没有突出以直接税为主体，这和其国情有很大关系。印度人均 GDP 不足 3000 美元，但直接税占比和间接税占比接近，属于“双主体”的税制结构，与其经济发展水平极不相称，这可能和印度的税收管理模式有关。印度的税收主要由印度税务局管理，其中中央直接税务管理局管理所得税、财富税等直接税，印度消费税和海关中央委员会负责管理消费税、服务税、关税等间接税，正是这种管理模式，使印度的直接税和间接税几乎是并重的。相对而言，巴西采用以间接税为主体的税制结构，和我国的税制结构较为接近，而南非采用以直接税为主体的税制结构，而且在金砖国家中，南非的直接税占比最高，这可能和南非在 20 世纪 60 年代的经济高速增长有关。我们再来看金砖国家的具体税种，如表 6－9 所示。

---

① 本书对税制结构优化的标准进行了进一步的分类（参见第 1 章绪论），认为直接税占比超过 55%，是以直接税为主体的税制结构；若间接税占比超过 55%，是以间接税为主体的税制结构；若二者都超过 45%，则是“双主体”的税制结构。

表6-9　　金砖国家主要税种占税收总收入的比重

国别	直接税中主要税种占比（%）	间接税中主要税种占比（%）
巴西（B）	企业所得税（11.65%） 个人所得税（11.75%）	增值税（28.99%）
俄罗斯（R）	企业所得税（19.10%） 个人所得税（20.80%）	增值税（18.30%） 矿产资源开采税（20.20%）
中国（C）	企业所得税（20.88%）	增值税（45.70%）
印度（I）	企业所得税（20.15%）	销售税（25.09%） 消费税（9.22%） 营业税（9.67%）
南非（S）	企业所得税（16.46%） 个人所得税（34.84%）	增值税（22.56%）

注：1. 俄罗斯选取的是2016年数据，中国选取的是2018年数据，印度选取的是2014年数据，巴西选取的是2018年数据，南非选取的是2017年数据；2. 南非和巴西的数据来自OECD数据库，且所得税包含了社会保障税；3. 俄罗斯的数据来自《俄罗斯税收指南》；4. 印度的数据来自《印度财政统计年鉴2014—2015》；5. 中国的数据来自《中国税务年鉴2019》。

由表6-9可知，在金砖国家中，俄罗斯和印度的税制结构为直接税和间接税“双主体”税制结构，从具体税种来看，2016年俄罗斯的企业所得税、个人所得税、增值税和矿产资源开采税占比都约为20%，特别是矿产资源开采税为20.20%，充分表明俄罗斯矿产资源丰富，为征税提供了良好的基础。印度尽管近年来不断加大税种改革，但在具体税种占比方面仍然以企业所得税（20.15%）和销售税（25.09%）为主。南非作为非洲经济最发达的国家，2018年直接税中的企业所得税占比为16.46%，个人所得税占比为34.84%，间接税中的增值税占比为22.56%，这说明个人所得税是南非的第一大税种，而且多年来一直保持稳定①。尽管南非人均GDP还不足7000美元，但因为历史的原因，目前仍是以直接税为主体的税制结构。相对而言，巴西和中国的经济发展水平接近，税制结构也相似，都以间接税为主体，而且税制结构中的增值税占比都较高。考虑到我们在税制结构

① 李昕凝，葛玉御．南非税制结构特点及成因分析［J］．国际税收，2014（7）：54-57.

中剔除了社会保障税的影响数据，因此在具体划分税制结构时，可能会存在一定的差异。

由上述分析可得出三点启示：①适当降低增值税比重。我国2019年人均GDP已经突破1万美元，但以间接税为主体的税制结构依然未变，特别是2018年增值税占比高达45.70%，尽管增值税税收中性的效应明显，但是在一定程度上也增加了商品和服务的价格，扭曲了市场流通，不利于消费的增加，同时增值税过高的占比只是强调了征税的效率，在一定程度上忽视了公平的分配，因此结合我国的经济发展水平，借鉴金砖国家的先进征税经验，有必要降低增值税占比，提高直接税比重。②由于“金砖”国家都为大国，人口众多，国情复杂，在税制结构的选择上，并不完全和经济发展水平相一致，这可能和历史渊源、文化差异、时代背景等有一定的关系，因此我国在制定税制结构时，不能一味模仿哪个国家在哪个阶段的税制结构，而应从本国国情出发，在充分论证的基础上做出选择。③我国应尽快开征社会保障税。在金砖国家中，巴西和俄罗斯已经明确开征社会保障税，大大增加了社会的保障程度，同时明显提高了直接税的比重。我国已经加快步入老龄化社会，虽然已有社会保险，但并未形成税收，通过立法程序确认社会保障税的地位，无疑将是在调整税制结构方面迈出的关键一步。

6.2.2 金砖国家税制结构的演进

6.2.2.1 巴西税制结构的演进

20世纪初，巴西通过借鉴西方税制，形成了以关税、消费税、销售税等间接税为主体的税制结构，1924年引入所得税制度。巴西的企业所得税包括四项，其中两项以利润为基础缴纳——收入和资本缴纳的企业所得税和净利润社会赞助费，另外两项以总收入为基础缴纳——社会一体化税和社会保障金费。所得税在开征初期征收较少，此后快速增长，特别是20世纪60年代加入社会保障税，使所得税成为税制结构的重要组成部分。相比而言，间接税一直增长缓慢，20世纪60年代，巴西经济状况恶化，国内政局动荡，

1964—1967 年巴西进行了税制改革，主要涉及两个方面：一是引入的增值税，包括工业产品税和商品流通服务税①，增值税的引入的确减少了重复征税，但在一定程度上也影响了间接税收入的增长；二是社会保障税的开征；此外还规定了严格的征管制度和处罚条例，使这一时期的直接税比重上升很快。一方面是早期建立的以间接税为主体的税制结构体系，另一方面是 20 世纪 60 年代后直接税比重的稳步提升，经过 20 年的发展，巴西逐渐形成了“双主体”的税制结构体系。

20 世纪 80 年代以后，巴西经济跌宕起伏，经由 1994 年的“雷亚尔计划”和 21 世纪初的卢拉政府改革，巴西的经济逐渐恢复稳定，企业盈利能力显著增强，为所得税提供了更为宽广的税基。与此同时，巴西大力改革征收管理，逐步建立了“SISCOMEX”进出口贸易综合管理系统和“SINTEGRA”税务信息整合系统②，使税收征管能力得到提升，为稳定税收提供了有力保障。此后近 30 年时间里，巴西也进行了小范围的税制改革，基本特点为所得税有所增长，增值税快速增长，财产税比重较低，进出口税率持续走低。总之，巴西的税制结构逐渐转变为以间接税为主。

6.2.2.2 俄罗斯税制结构的演进

1991 年苏联解体，俄罗斯的税收制度经历了从激进转轨到基本稳定，并逐步走向成熟的过程。1991 年后俄罗斯的税制结构发展大致经历了三个阶段：第一阶段是 1992—1998 年的税制改革，经过本轮改革，俄罗斯基本建立了以间接税（增值税、消费税和关税）和直接税（个人所得税、企业所得税、企业财产税和个人财产税）为主体的“双主体”税制结构体系，39 个税种被划分为联邦税、联邦主体税和地方税，其中联邦税 15 个，联邦主体税 3 个，地方税 21 个。第二阶段是 1999—2007 年的税制改革，本轮改革的重点是通过了《俄罗斯联邦税法典》（以下简称《税法典》），《税法典》第一部分明确了国

---

① 工业产品税是联邦税，对生产流程各环节和进口交易征税；商品流通服务税也是增值税的一种，属于州政府征收。

② “SISCOMEX”用于进出口税收管控，“SINTEGRA”实现州际增值税数据共享。

家和纳税人之间的关系，第二部分明确了俄罗斯征收的税种，最具有代表性的是对个人所得税的改革，以13%的比例税率代替了最高30%的累进税率。第三阶段是2008年至今的税制改革，2008年之后，俄罗斯政府为抵御经济危机和为国家创新提供物质保障，在税制改革上采取了一系列措施：一是降低企业税收负担，改革企业所得税税率，2009年把企业所得税税率降为20%，助力企业发展；二是简化税制，扶助小微企业发展，针对小微企业，规定了统一农业税、简易征税制度、核定征收制度、产品分成协议制度和特许征税制度等特别征税制度；三是将各项社会保障缴费合并为统一社会税；四是改革资源税，将地下资源使用费改为地下资源使用税，并开征矿藏开采税。经过多轮改革，俄罗斯原有的"双主体"税制结构发生了很大变化，所得税、社会保障税和资源税收入增长迅速，特别是资源税收入占税收总收入的比重已经超过了20%，税制结构呈现出直接税为主、间接税为辅的"双主体"税制结构体系。

6.2.2.3 印度税制结构的演进

自1947年印度独立后开征中央消费税以来，印度一直是以间接税为主体的税制结构体系。

1950—1987年，印度以消费税、关税和销售税为主的间接税税基广泛，税率较高，且对征管要求条件低，税收收入增长迅速；与此相对应的所得税因税制设计复杂、税率高，征管水平低，偷漏税现象较为普遍，税收收入增长缓慢；财产税占比很小。总之，这一阶段的直接税增长缓慢，间接税比重不断攀升。由于间接税主要在流转环节征收，流转环节的重复征税增加了商品成本，降低了国际竞争力。1986年至20世纪末，印度逐步开始对间接税税制进行改革，先后引入了有限抵扣机制和服务税，使流转税得到初步完善，同时降低个人所得税税率，提高免征额，极大地提高了纳税人的遵从度，致使这一时期间接税收入的增长相对放缓，而直接税收入增长迅速。进入20世纪后，印度历届政府致力于间接税改革，目前来看，以直接税和间接税为主的"双主体"税制结构已经形成。

6.2.2.4 南非税制结构的演进

1961 年南非共和国成立，沿袭了英法遗留下来的税收制度，形成了直接税（企业所得税和个人所得税为主）和间接税（增值税为主）“双主体”的税制结构。但随着经济的发展，间接税比重逐渐下降，最终形成目前以直接税为主体的税制结构。

南非税制结构的选择和经济发展密不可分。南非工业化起步较早，金矿业发达，市场经济发展较快，为所得税的征收提供了良好的基础。20 世纪 60 年代，宣布退出英联邦的南非经济增长速度已经可以与当时的日本相匹敌①，一方面经济比较发达，企业有足够的纳税基础，另一方面南非的收入分配严重失衡、贫富差距巨大，政府选择个税调节既是筹集财政收入的需要，也是社会公平、维护社会稳定的需要。在间接税方面，南非 1991 年将一般销售税改为消费型增值税，最初税率为 10%，1993 年提高到 14%，成为南非政府财政收入的重要来源。长期以来，南非政府在直接税改革的过程中，在扩大所得税税基的同时大范围减免个人所得税，降低企业所得税税率，综合作用的结果使直接税比重保持稳定；在间接税改革中，在提高增值税比重的同时持续降低关税，综合作用的结果使间接税比重也保持稳定。因此，南非以直接税为主体的税制结构长期来看相对稳定。

6.2.3 金砖国家税制结构的经验借鉴

6.2.3.1 社会经济条件影响税制结构体系

经济发展阶段属于生产力范畴，而税制结构则属于生产关系范畴，经济基础决定上层建筑，即什么样的经济发展阶段需要什么样的税制结构，反之，上层建筑影响经济基础，所以税制结构也会对经济发展产生影响。如前文所

① 艾周昌，舒运国，沐涛，等．南非现代化研究［M］．上海：华东师范大学出版社，2000.

述，在税制结构中，直接税更有利于调节收入分配，而间接税则更有利于提高经济发展的效率，二者的最优组合受到各国社会经济条件的制约，并不以人们的意志为转移。由前文的分析可见，金砖国家的税制结构并未经过事前的完整设计或周密计划，而是受到某个发展阶段社会经济体制、生产力发展状况、政府宏观管理水平等因素的影响与制约，同时也被政治力量左右，并在各种重大历史事件积累的基础上形成和发展起来。所以说，一国税制结构的形成与发展绝不像某些热衷于重塑税制模式的税收改革家们所想象的那样，只要按照“最优”税制理论，推导出理想的税制模式，并将其作为税制改革的目标，就可以取得完满的结果。事实上，这些理想的模式在实践中常因忽视特定的政策目标及国情而难以被接受，并可能产生较大的负面影响。从发展中国家的角度来看，当经济处于并不十分发达的情况下，完全以直接税为主，存在财政收入受到影响的可能，而间接税恰恰在这一阶段能够发挥较好的作用。因此，建立“双主体”的税制结构体系是经济发展阶段选择的结果，从金砖国家税制结构的演进来看，我国目前税制结构优化的目标应是建立直接税与间接税的最优组合。

6.2.3.2 结构性改革是税制结构优化的趋势

税制的结构性改革不是非此即彼的，不以直接税为主体，就以间接税为主体，或者改变原有的税制结构，这些结论都失之偏颇。目前，金砖国家的税制均以所得税和增值税为主，但随着国际税收竞争的加剧，客观经济形势要求我们进行宽税基、低税负的税制改革，因而结构性减税显得越来越重要。另外，经济全球化使市场失灵的风险加大。2020 年年初，席卷全球的新冠疫情使依靠国际合作的企业大受影响，也间接影响着各国的财政收入，再加上环境污染、气候变化和国际金融危机的负面影响等，政府面临更大的资金需求已经成为必然，保证财政收入成为各国的当务之急，因此，建立适应本国实际的税制结构体系尤为重要。对于我国来说，激活现有的税制结构因子，适当调整不同税种比例，比如下调增值税税率，开征环境保护税，增加对奢侈品的征税力度，进一步减轻小微企业的税收负担等，都是很好的改革尝试。因此，减税和增税多措并举，进行结构性改革，是我国税制结构优化的方向。

6.2.3.3　开辟“其他税”以增加财政收入

在金砖国家中，俄罗斯是“双主体”的税制结构，其中资源税比重突出。一方面，发达国家消费过度，国内需求旺盛，依赖进口，而新兴经济体国内需求不足，依赖出口；另一方面，各国的贸易争端不断激化，环境问题、可持续发展问题突出。体现在税制结构上，各国对劳动、资本所得课税呈下降趋势，而对特种消费、污染行为课征的消费税、环境保护税征收呈上升趋势。中国作为新兴经济体的代表国家，扩大内需、减少出口依赖是经济转型的重要内容之一，降低对商品和劳务的一般征收有利于促进市场流通，增加国内消费；降低劳动和资本的征收有利于增加劳动者的积极性，提高生产效率，但降低直接税和间接税比重势必会引起财政收入的下降，因此，通过开辟“其他税”（环境保护税和特定消费税），增加结构性税源，借鉴俄罗斯的经验征收资源税，不仅可以保证一定的财政收入，还可以对污染消费行为有一定程度的抑制。

6.2.3.4　完善社会保障税和房产税以优化税制结构

巴西和俄罗斯的社会保障税是直接税的重要组成部分，我国目前居民社保仍以“费”的形式存在，适时进行“费改税”，不仅可以增加直接税比重，优化税制结构，还可以实现社保费的征收有法可依。征收房产税可以在一定程度上抑制炒房行为，作为地方主体税种，也可以弥补地方财政收入的不足。房产税的试点应适时向全国推开，在多方机制配套实施的情况下，使房产税真正发挥调节收入分配、稳定地方财政收入来源的作用。相对而言，我国直接税占比过低并非间接税税负重造成的，而是税负结构存在一定的偏沉，为此还应保持以货劳税为主的间接税相对稳定①，通过完善社会保障税和房产税，使间接税占比自然下降，最终实现税制结构的优化。

① 在一定程度上简并增值税税率，同时对小微企业实施优惠政策。

6.3 主要发达国家与发展中国家税制结构对比的启示

本章主要从英、法、美、日四个发达国家以及金砖国家中的俄罗斯、印度、巴西和南非四个发展中国家税制结构变迁和演进的角度进行比较分析和归纳总结，得到以下四点启示。

6.3.1 税制结构应与经济发展水平相适应

发达国家人均 GDP 高，税制结构以直接税为主体，发展中国家人均 GDP 相对较低，税制结构相对复杂，既有直接税为主体的税制结构，也有间接税为主的税制结构，还有以直接税和间接税为主的“双主体”税制结构。发展中国家国情复杂，历史遗留问题突出，在税制结构的选择上，既受到经济发展水平的制约，也受到文化背景、技术变革、人口历史等因素的影响，因此发展中国家的税制结构还应综合考虑多种因素，不能一概而论。英、法、美、日四个发达国家的人均收入高，为征收个人所得税提供了良好的税基，而金砖国家的人均收入相对较低，国情复杂，在税制结构上，模式也千差万别（见图 6－8）。目前我国已经具备“双主体”的税制结构条件，但仍以间接税为主体，主要有以下几点原因：一是增值税为主体的货劳税占比过高，而所得税占比较低，居民个人的财产税几乎为零；二是我国社

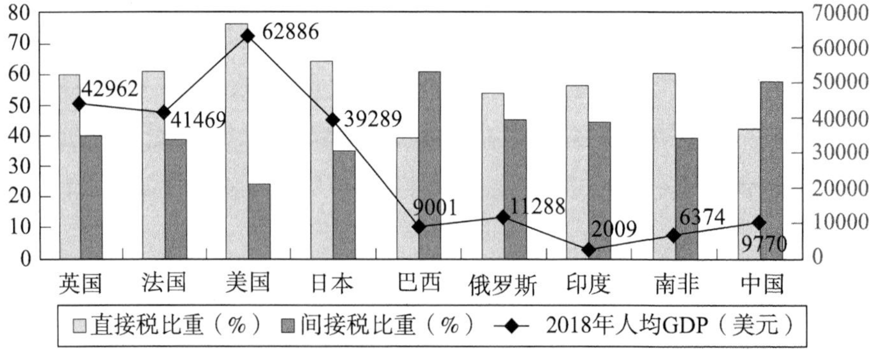

图 6－8 2018 年主要发达国家与发展中国家税制结构及人均 GDP 对比

保尚未被纳入税收体系，针对居民个人的房产税尚未普遍开征，直接税的税制结构并不完善。

6.3.2 税制结构的调整应循序渐进

无论是发达国家还是发展中国家，税制结构都是在经济发展过程中随着政治需要、技术进步逐步演变形成的。每个时代有每个时代的任务，需要与之相适应的税制结构。纵观世界税制结构变迁的基本历程，可以发现，伴随着经济社会的发展，税制结构基本遵循财产税类（直接税）—流转税类（间接税）—所得税类（直接税）的发展脉络。19 世纪以前甚至更早些时候，税种以土地税、人头税、一般财产税为主；进入 20 世纪，财产税包括房产税、遗产和赠与税，同时增值税也快速发展起来，个人所得税走向成熟，所得税体系逐渐完善；到了 21 世纪，资源税、环境保护税和碳税逐渐引起了人们的重视。当然，这些税种的发展有赖于经济发展、征管手段的更新以及政府的不断改革。具体发展脉络如表 6 – 10 所示。

表 6 – 10　　税系和主要税种发展脉络

税系	20 世纪之前	20 世纪	21 世纪
直接税	土地税、人头税、一般财产税	个人所得税、公司所得税、社会保障税	—
间接税	关税、销售税	增值税、消费税	资源税、环境保护税、碳税

6.3.3 税制结构的优化需要提高征管水平

直接税中的所得税、财产税征收核算复杂，条条框框多，征管成本高，容易出现偷逃税，相对而言，间接税中的增值税是链条征税，上下游企业在征管过程中可以互相监督，偷逃税的概率大大降低，核算也较为简单，在征管水平不高的发展中国家采用，能够保证财政收入的稳定。随着经济发展水平的提高，以所得税为主的时机已经成熟，但如果征管技术水平跟不上，在一定程度上不仅不利于促进公平，还可能产生更大的不公平。新时代以“大智移云”为代表的新技术为税收征管带来了前所未有的机遇，通过“互联网+”协同大数据征管，能有效提高精准征税的效率，也为我国税制结构优化提供了可能的技术支撑。目前我国已经逐步建立了包括自然人征税管理系统在内的各种信息平台，在工商、银行、税务、海关等各个部门之间实现了信息共享，为逐步开征房产税、社会保障税等直接税提供了良好的技术环境，和1994年的税改相比，在征管水平上已经实现了质的飞越。总之，世界各国的税制结构经验告诉我们，要想加大对直接税的征收，征管水平的提高至关重要。

6.3.4 “双主体”符合新时代我国的国情

本书研究的英、法、美、日四国和金砖四国从总体上看，除俄罗斯、印度外，其他六国的税制结构仍为直接税和间接税的组合，只不过发达国家以直接税为主体，发展中国家的情况则相对复杂。到底是采用以直接税为主体，还是以间接税为主体，其实二者并非替代关系，而是补充的关系。直接税更重公平，间接税更重效率，如果政府更注重公平，就应选择以直接税为主，如果政府更注重效率，就应选择以间接税为主，但这是以一定的经济发展水平作为前提的。发达国家近百年的税制结构变迁也表明，完全采用一种税制结构模式将无法适应形势发展的需要。发展中国家的税制结构相对复杂，原因可能是多方面的，如受经济发展水平制约、收入分配制约、文化历史制约等，我们无法模仿某个发展中国家，因为国情不同，在税制结构的选择上就会存在差异，而这种差异也告诉我们，只有适应的才是最好的。在新时代，我们既要经济高质量增长，也要兼顾收入分配的公平，效率和公平的平衡是我国税制结构优化方向的选择标准，目前来看，“双主体”的税制结构符合我国新时代的特征，也是我国未来发展的趋势。

6.4 小结

本章分析了英、法、美、日四个发达国家和金砖国家中四国的税制结构演变及现状，通过比较不同发展阶段的国家的税制结构，结合我国实际得出了一些启示，主要结论如下。

第一，税制结构优化必须顺应时代发展的要求。纵观以上八国税制结构演变的历程，无一不顺应时代的发展要求，紧跟经济社会发展形势做出税制结构的调整。当前世界各国都面临着环境污染、可持续发展矛盾突出等问题，加大对环境污染的征税力度，增加对污染型消费品、奢侈品和相关污染行为的征税是时代发展的要求，也是各国政府政策的目标导向。

第二，税制结构优化还需要顺应世界税收竞争的潮流。2008 年金融危机后，世界各国纷纷减税，以增加本国企业的竞争力。近年来，世界各国为了争夺有限的物质和人力资源，纷纷再次下调所得税税率，减税已经成为世界潮流，但各国的财政收入并没有明显下降，这说明减税只是税制结构内部的调整。因此，我国的税制结构优化应着眼于提高税制竞争力，也就是说，从竞争的视角来审视、优化税制结构。

第三，税制结构优化还需要顺应本国的国情。英、法、美、日四个发达国家都是以直接税为主体，金砖国家的税制结构相对复杂，这说明税制结构优化必须结合本国国情，从实际出发，有针对性地设计本国的税制结构体系。就我国来讲，目前下调间接税比重，提高直接税比重，逐步实现“双主体”的税制结构，从经济发展阶段来看是符合我国国情的。

第7章　新时代中国税制结构优化的提升路径

第4、5、6章的实证和比较分析已经证明，新时代我国税制结构优化应结合当前的时代背景，着眼于经济高质量增长和收入分配的公平。从税系结构来看，提高直接税占比、适度降低间接税占比有利于促进高质量经济增长；新时代提高直接税占比、适度降低间接税占比有利于促进收入分配的公平；通过比较发达国家和发展中国家的税制结构发现，我国需要提高直接税占比、适当降低间接税占比，以适应新时代的社会经济发展需要。因此，无论是理论、实证，还是从国际比较来看，新时代中国税制结构优化的方向都是提高直接税占比，走“双主体”税制结构优化之路。

7.1　新时代中国税制结构优化的整体思路

税制结构优化是一个动态演化的过程，它不可能一成不变，除非所处时代的政治、经济和社会环境已经固化，否则不变的税制结构一定会阻碍社会的进步，放慢经济发展的步伐。因此，中国的税制结构优化应立足所处的发展阶段和客观环境，以国家发展战略和政策目标为导向，致力于解决经济社会发展中所遇到的问题。新时代中国税制结构优化的方向应着眼于社会主要矛盾，使其既有利于市场资源的优化配置，促进经济高质量增长，又有利于充分实现收入分配公平，缩小贫富差距，还可以保证财政收入的稳定。

7.1.1　“新时代”是税制结构进一步优化的前提

经过长期的努力，中国特色社会主义进入新时代，这是我国发展新的历史方位，标志着我国社会主要矛盾已经转化，要想逐步解决这个矛盾，就必须以人民为中心，全面深化改革（破除观念和体制弊端，突破利益固化藩篱，构建系统完备、科学规范、运行有效的制度体系），推进治理体系和治理能力现代化。财政是国家治理的基础和重要支柱，建立现代化的财政体制是我国全面深化改革的重要议题之一。自 1994 年分税制改革以来，我国建立了以间接税为主的税制结构体系，进入新时代，我国经济转向高质量发展，人民日益增长的美好生活需要与不平衡不充分的发展之间的矛盾更加突出，在这样的前提下，优化税制结构、促进结构性减税将成为这个时代的选择。

新时代的主旋律不仅是要坚持以人民为中心，全面深化改革，还要坚持新发展理念（创新、协调、绿色、开放、共享），坚持在发展中保障和改善民生（促进社会公平正义，谋民生之利，解民生之忧），坚持人与自然和谐共生（绿水青山就是金山银山，节约资源和保护环境是基本国策）。新时代使政府税制结构优化的目标集中在收入筹集、经济发展、社会公平、生态文明这四个维度，这些目标成为税制结构优化的动力。因此，我们迫切需要在这四个维度之间找到税制结构优化的平衡点。

7.1.1.1　保障财政收入维度

财政收入是一个国家正常运转和发挥管理职能的物质基础。无论税制结构如何变化，历史证明，税制结构优化首先应服务于财政收入的稳定。中国作为一个疆域辽阔、人口众多、发展不平衡的国家，要维持长期统一，是一项十分艰巨的任务，而财政收入是保证国家繁荣与稳定的基础。从春秋的“初税亩”到秦汉的“编户制度”，再从唐中后期的“两税法”到明后期的“一条鞭法”，不同朝代的税制改革都是在保证国家的财政收入。1994 年分税制改革后，我国建立了以间接税为主的税制结构，其中增值税占比一直较高，在征收效率方面作用明显，其税收中性的特点也广受好评，在保证国家财政收入方面功不可没。在西方经济理论中，国家财政收入的主要来源，甚至唯一来源就是税赋。马克思曾说，税赋是政府机器的经济基础，而不是其他任何东西。国家存在的经济体现就是捐税。可见，没有稳定的税收收入，国家就失去了存在的基础。因此，稳定的税收是维护国家安全的需要，税制结构要服务于这个大局。

新时代我们面临的任务更加艰巨，在经济领域，发展不平衡不充分的问题突出，发展质量有待提高，创新能力不强；在民生领域，城乡区域收入分配差距依然较大，生态环境保护任重道远等。这些问题的解决都需要财力的支撑，毫无疑问，无论税制如何改革，也无论什么样的税制结构，保障财政收入的稳定都是最基本的前提。

7.1.1.2 促进经济发展维度

经济发展并保持稳定是宏观经济运行的一种理想状态，要想保证经济发展的稳定与增长，可以通过投资、消费和出口来拉动。税收是经济增长的重要因素之一，在诸多的税制要素中，税制结构可能比税收规模更加重要①。前期的实证研究证明，新时代税制结构的优化对经济增长有显著的作用：直接税对经济增长有明显的正效应，间接税则有明显的负效应，货劳税对经济增长有显著的负效应，而其他税类则有显著的正效应。

从投资的角度来看，为鼓励投资，各国普遍采用低税率政策，扩大税级距②，降低边际税率③，为了减少税收对经济的扭曲作用，在货劳税的设计上坚持税收中性，扩大增值税的应用，打通增值税的抵扣链条。从消费的角度来讲，为扩大消费，可以降低对个人所得税、财产税的征收，通过税收让利于民来刺激消费。从扩大出口的角度来讲，各国往往会实行出口退税政策以

---

① 吕冰洋，郭庆旺．中国税收高速增长的源泉：税收能力和税收努力框架下的解释［J］．中国社会科学，2011（2）：76－90，221－222.

② 税级距是指将计税收入划分为若干等级，这些等级就是税级距。

③ 边际税率（Marginal Tax Rate MTR），就是征税对象数额的增量中税额所占的比率，即增加部分的应交税费和增加数额的比。例如，收入从1000元增加到2000元，增加1000元，若增加的部分应交税费为100，那么边际税率＝100/1000，即增加量的应交税额/增加量。

鼓励出口，带动国内生产。经济增长是多种要素综合作用的结果，税收作为国家宏观调控的手段，在经济增长环节发挥着对人、财、物等社会资源的合理配置和引导作用，可以进一步提高全要素生产率，进而影响经济增长。由于不同的税收对经济的作用机理不同，对经济发展的影响自然也会不同，因此在新时代背景下，结合税制结构中不同税制的特点进行合理调整可以有效促进经济的发展。

7.1.1.3　调节收入分配维度

新时代的主要矛盾是人民日益增长的美好生活需要和不平衡不充分的发展之间的矛盾。建设中国特色社会主义要实现全体人民共同富裕，收入分配的不均衡已经成为新时代发展的障碍。前期的实证研究已经证明，税制结构对收入分配的影响效应明显，间接税对收入分配有明显的正效应（扩大），而直接税对收入分配有明显的负效应（缩小），货劳税对收入分配的影响呈正效应（扩大），其他税类对收入分配的影响呈负效应（缩小），但不显著。

市场经济条件下，收入分配首先要依靠市场，市场经济是以经济效率为基础，但是由于经济主体或个人所拥有的生产要素不同、资源禀赋不同，以及各种非竞争因素的干扰，单一的市场分配必然会导致各经济主体或个人之间获得的收入出现较大差距，难以实现社会公平。总体来说，收入分配的目标应是经济公平和社会公平的统一。由于我国长期的二元经济结构，地区差异和行业生产效率存在着差异，随着经济快速发展，社会贫富差距不断扩大。新时代收入分配的差距具体表现在城乡、地区和行业之间。税收是调节收入分配的重要手段，在初次分配和再分配环节可以通过各种税收组合实现对城乡、地区和行业收入分配的调节。从世界税制结构发展的历程来看，由于间接税在收入分配方面存在逆向调节，各国往往通过个人所得税、财产税、遗产和赠与税等直接税对收入和财富进行调节，特别是贫富差距较大的发达国家，政府通过直接税调节收入分配的倾向十分突出。

7.1.1.4　保护生态环境维度

进入新时代，人民对美好生活的向往既包括生态环境的友好，也包括资源的可持续利用，“绿水青山就是金山银山”的观念已经深入人心，环境污染、资源匮乏则成为全球共同关注的焦点，建立绿色税收体系成为世界各国生态战略的重要内容。污染付费、环境友好、资源节约的税制理念已经被各国认同，以 OECD 国家为例，成员国对环境污染普遍征收环境税，包括硫税、碳税等在内的大气污染税，水污染税，电池污染税、垃圾填埋税等固体污染税，此外，还有噪声污染税、农业污染税、能源税等。

我国地大物博，人口众多，人均资源匮乏，近年来因过于追求 GDP 增长，环境污染、资源过度开采、浪费等问题突出，为此，我国 2018 年开征了环境保护税，2016 年起在河北省试点开征了水资源税，而后扩大试点范围。进入新时代，我国应继续探索资源保护税等有利于环境保护、生态友好、可持续发展的税制，增加资源税的比重，进一步完善我国的税制结构体系。

7.1.2 “公平和效率”是新时代税制结构优化的理念

从世界各国税制结构的实践来看，要想协调好公平和效率的关系，根本途径在于有效协调社会目标和经济目标，并实现二者的有机统一。税制结构优化的目标是建立一个“理想税制”，但“理想税制”的概念在早期的税制理论中并没有被明确提出，人们只是对最适合当时客观环境和人们利益选择的“理想税制”提出了原则要求①。在众多的原则中，税制结构优化公认的评判标准就是公平和效率。

7.1.2.1 注重提高效率与税制结构优化

效率属于生产力的范畴，人类的任何活动都离不开效率，为了实现既定的目的，如果投入少、实现多，称为高效率，反之则为低效率。税制结构优化同样需要考虑效率问题，这种效率不仅要从征税的角度考虑，还要从促进经济发展的角度考虑。市场经济条件下，市场在经济发展过程中起主导作用，

---

① 韩仁月．税制结构变迁、效应及优化研究［M］. 北京：经济科学出版社，2011.

税制结构优化应有利于提高市场对资源配置的效率和经济发展的质量。进行税制结构优化，一方面可以减少与市场机制不相适应的税收干预，充分发挥税收的自动稳定器作用，降低周期性波动对经济的影响，从而促进经济的平稳运行；另一方面可以发挥税收对经济外部性的调控作用，达到促进技术更新、提高能源利用效率、保护环境和节约资源的目的。在税制结构中，间接税主要体现的是效率，它随货物和劳务的流转而产生，征收简便，监管容易，对市场的干预小，效率明显比复杂的直接税（如所得税、财产税）要高。因此，税制结构优化必须注重提高效率，促进经济增长。

7.1.2.2　公平收入分配与税制结构优化

公平是指人与人之间的利益关系，公平的感觉是不断变化的。随着经济社会的发展，人们的公平意识不断增强，尤其是对社会公平的追求越发强烈，而收入分配是社会公平①的重要内容，自然成为人们的强烈诉求之一。西方发达国家之所以能较好地促进收入分配公平，科学合理的税制结构功不可没。一般来讲，个人所得税、财产税和社会保障税等直接税能较好地调节收入分配，特别是个体与个体之间的分配。新时代我国的主要矛盾突出表现为人民日益增长的美好生活需要与不平衡不充分的发展之间的矛盾，其本质是收入分配的不平衡。实现收入分配的公平不是平均主义，适度的收入差距有利于效率的提高，调动劳动者的积极性，但差距过大，则会走向反面。因此，税制结构优化要适度调节收入差距，使公平维持在合理的限度内。

7.1.2.3　公平与效率必须兼顾

公平和效率具有统一性，二者必须兼顾，只顾一方面而忽视另一方面是不可取的。进入新时代，我国依然面临着经济发展的任务，同时也面临着社会公平的任务。党的十九大报告指出，新时代中国特色社会主义要“不断满足人民日益增长的美好生活需要，不断促进社会公平正义”。可见，公平已经

---

①　经济公平讲的是要素投入与要素收入相对称，是市场分配的原则；社会公平则是指现阶段将收入差距维持在社会各阶层所能接受的范围内。

被放在了突出的位置。因此，税制结构优化应保证效率与公平的统一和协调。经济落后的国家，从总体上说，侧重效率的同时兼顾公平是税制结构的优先选项，因为没有效率，公平只是一句空话。改革开放以来，随着经济的发展，我国的综合国力显著增强，人民收入水平持续提高，新时代已经具备了享受社会公平的物质基础，而此时仍然偏重效率就很难在差距过大的情况下，在全社会形成团结友爱、共同进步的社会关系，最终必然影响社会的稳定。然而公平和效率正如熊掌和鱼不可兼得，进入新时代，政府面临的任务更加艰巨，乡村振兴、全面脱贫、美丽中国等一系列改革举措都聚焦在改善民生上，面对收入差距过大的现实，有时候需要牺牲一些效率，此时的牺牲是可以理解和接受的。尽管效率和公平不可兼得，但是二者可以兼顾，应该说在公平和效率面前，我国偏重效率而公平不足是当前税制结构应当优化的重点。

7.1.3 “双主体”均衡发展是新时代税制结构优化的方向

从总体上看，1994 年分税制改革及之后的税制调整都使我国的税制结构不断得到优化，有力地促进了经济持续快速健康发展。新时代税制结构优化本质上仍然是税制的进一步完善，因为税制结构本身是完整的，只是比重相对不够合理，难以适应新时代经济发展和社会进步的新要求。目前来看，我国间接税比重依然过高，提高直接税比重，适当降低间接税比重，向“双主体”税制结构方向过渡是税制结构优化的方向，也比较符合我国国情。

7.1.3.1 “双主体”的税制结构符合新时代的国情

在明确了公平和效率是税制结构优化的基本理念后，要进一步回答的问题是：建立什么样的税制结构能适应我国新时代的国情？从世界范围内的经济发展阶段来看，人均 GDP 超过 1 万美元的国家应逐步过渡到“双主体”的税制结构；从前文实证检验的结果来看，间接税占比过高，阻碍了经济进一步发展，扩大了收入分配差距，提高直接税比重势在必行；从公平与效率兼顾的原则来看，以间接税为主体的税制结构体系过于强调效率而忽视了公平。因此，建立“双主体”的税制结构体系符合我国当前的国情。

与西方发达国家相比，我国的经济总量规模虽然居全球第二位，但是人均收入水平并不高，我国是发展中国家的国情没有改变。进入新时代，我们面临的问题更加复杂，如经济增速放缓、体制壁垒障碍、人口红利消失、创新动力不足等，这些新问题、新情况的出现使税制结构优化需要把握好方向，即建立适合我国国情的“双主体”税制结构体系。结合我国新时代的国情及国际税制结构的发展趋势，我国税制结构应当坚持间接税（货劳税）和直接税（所得税）并重，在保证财政收入稳定的前提下，适当降低间接税比重，同时提高直接税比重，以充分发挥税制结构的整体效应。

7.1.3.2　“双主体”税制结构的核心是提高直接税占比

当前我国间接税比重偏高，直接税比重偏低，从减税降费的角度来讲，降低间接税占比不具有可持续性。近年来，我国降低间接税比重以下调增值税占比为主，但增值税为货劳税，降低增值税占比并不能直接增加企业利润，且存在二次分配效应，具体表现为占据强势地位的国企和上游企业受益明显，民营企业和中下游企业的部分增值税无法转嫁，导致受益程度低。在这种情况下，企业面临的劳动力、环境、土地等生产要素成本持续上升，进一步抵消了减税降费对企业减负的效果。另外，国家的运行成本持续增加，各种危机的应急成本上升，加之财政支出的刚性特征，在保证财政收支平衡的前提下，如果不增加赤字，一味减税降费将不具有可持续性。因此，“双主体”税制结构的核心是在减税降费的前提下提高直接税占比。

中国市场经济的发展是逐步深入的过程，且经济发展有巨大的资金需求，但由于过往的税收征管水平不高，中国实行的是以间接税为主体的税制结构。随着中国经济由高速增长阶段向高质量发展阶段转变，经济基础放宽，收入分配的差距问题逐渐凸显出来，以所得税为主的直接税在调节收入分配方面优势明显，加之征管技术手段的持续改善，提高直接税比重成为可能，也变得可行。因此，在减税降费的同时，由以间接税为主体的税制结构向“双主体”税制结构转变，提高直接税占比，将成为核心路径。

7.1.3.3 “双主体”税制结构优化的总体框架

遵循公平与效率兼顾的税制结构优化原则，尝试建立“双主体”的税制结构总体框架。优化税制结构的总路径是适当下调间接税比重，提高直接税比重，充分发挥税制结构对经济增长和收入分配的调节作用。在间接税层面，继续降低增值税比重，调整消费税税目，保持间接税稳中有降；在直接税层面，提高个人所得税的精准征管，不断加大对企业所得税的调节力度，争取为企业减负。在条件成熟的情况下，开征针对居民个人的房产税，并对社会保障税进行立法，总体上保持直接税稳中有升。间接税主要从收入的“流量”角度征收，直接税主要从收入的“存量”角度征收，实现资源税调节资源的利用、财产税调节财富的分配、行为税调节行为的目的。面对新时代出现的环境污染、分配不均等问题，充分发挥小税种的调节作用，不仅可以增加一部分财政收入，而且可以达到调节一定范围内市场失灵的目的。为此，在前文理论与实证分析的基础上，本书提出了税制结构优化的整体框架，具体如表 7－1 所示。

表 7－1　　税制结构优化的整体框架

<table>
<tr><th>税系</th><th>税类</th><th>税种</th><th>优化内容</th><th>税负调整</th><th>备注</th></tr>
<tr><td rowspan="6">间接税</td><td rowspan="4">货劳税（整体有所降低）</td><td>增值税</td><td>继续降低税率并合并</td><td>减税</td><td>简并税率，延长抵扣链条</td></tr>
<tr><td>消费税</td><td>调整税目</td><td>有增有减</td><td>加大消费结构调节</td></tr>
<tr><td>关税</td><td>调整税目</td><td>有增有减</td><td>国家政策需要</td></tr>
<tr><td>城建税（教育费附加）</td><td></td><td>不变</td><td></td></tr>
<tr><td rowspan="2">其他税</td><td>资源税</td><td>合理扩大征收范围</td><td>增税</td><td>优化资源税，比如在全国开征水资源税</td></tr>
<tr><td>烟叶税</td><td></td><td>不变</td><td></td></tr>
</table>

续　表

税系	税类	税种	优化内容	税负调整	备注
直接税	所得税（整体有所增加）	个人所得税	精准征管	增税	调节收入分配
		企业所得税	小微企业低税率常态化	减税	加大对创新企业的支持，为企业减负
		土地增值税		不变	可考虑并入企业所得税
	财产税（整体有所增加）	车辆购置税		不变	
		房产税	可合并为房地产税	增税	尽快开征，对个人征收
		城镇土地使用税		增税	加大对土地级差调节
		车船税		不变	
		契税		不变	
	其他税（整体保持稳定）	船舶吨税		不变	
		环保税		增税	加大监管
		社会保障税（未征）	费改税	增税	尽快立法
		耕地占用税		不变	
		印花税		不变	

注：税制结构具体划分见本文第 1 章绪论。

税制结构优化的整体框架建立在我国经济迅速发展、人民收入水平不断提高，以及“金税工程”“数字税收”“电子发票”等先进征管手段的基础上，可以说，合理调整直接税和间接税的比例结构，实现“双主体”的税制结构框架体系的条件已经具备。

7.1.4　可持续发展是新时代税制结构优化的着力点

可持续发展是新时代的突出特点，不仅要经济发展可持续，还要社会保障、生态资源、人民幸福等可持续。税制结构优化必须紧紧围绕可持续发展这个着力点进行，更深层次地考虑我国面临的可持续发展问题。

7.1.4.1 税制结构优化应直面人口老龄化

进入新时代后，我国人口老龄化的趋势越发明显，高龄老年人口、非自给老年人口迅速增加。2019年，我国60岁以上的老年人口已经占全国总人口的18.1%，约为2.54亿人①，成为世界上老龄人口最多的国家。因此，积极应对快速发展的老龄人口危机、建立健全基本养老服务体系是我国经济可持续发展的当务之急。② 老年服务保障机制是应对人口老龄化的重要措施，大量养老服务方面的民生支出需要持续的社会保障收入做基础，同时还要加快老年服务税费改革：一是立法开征社会保障税，为应对老龄化的加速到来提前做准备；二是通过个人所得税为赡养子女，特别是独生子女提供税收优惠；三是对老年服务机构和团体，以及提供老年服务产品的企业给予政策支持，进而推动养老产业的发展。

7.1.4.2 税制结构优化应强化资源环境保护

受长期GDP导向增长模式的影响，我国面临“资源高消耗、环境高污染、生态高破坏”的问题，已经成为制约当前我国经济可持续发展的问题，建立绿色税制结构体系成为迫切需要。为此，我国应加快实施影响资源、环境、生态的税制改革措施：一是关于资源税，应该对资源（包括矿产资源、自然资源和水资源）分层更细，征收更精准，以提高资源的开采利用率；二是改革消费税，针对高能耗的产品、对生态环境有破坏的产品、不利于人体健康的产品，继续加大征收力度，提高纳税人的痛感，在一定程度上抑制对资源、环境和生态造成负面影响的消费；三是加大对绿色能源（太阳能、风能等）、绿色产品（环保电池、电动汽车等）和绿色产业（垃圾回收、固体废弃物处理等）的税收支持力度。

7.1.4.3 税制结构优化应加强国际合作和协调

随着经济全球化，国家之间的税制协调越来越受到世界各国的重视，为

---

① 数据来自国家统计局网站。

② 张念明．我国税制结构优化研究［M］．北京：经济科学出版社，2014.

了吸引高效率的资本、劳务和技术流入本国，减税已经成为一个全球性的热门话题。西方发达国家以“降低税率、减少优惠和扩大税基”为原则对税制结构进行了改革和调整，税收政策具有明显的减税、刺激供给的新自由主义的特征。“一带一路”倡议的提出，加速了我国融入世界的步伐，面对来势汹汹的全球减税浪潮，我国税制结构的设计与改革应充分考虑资源（资本、人才和技术）的国际配置效率。我国加强税制协调的具体措施如下：一是改革企业所得税，继续在条件允许的情况下给企业减负；二是密切关注国际税收的新动向，进一步简化税制，提高税制的国际竞争力；三是加强国际税收合作与协调，打击税收犯罪，防止税收流失。

7.1.4.4　税制结构优化应加快法治化进程

为减少税制结构优化的阻力，加快立法进程至关重要，它不仅关系到税制结构优化的合理性，也关系到税制结构优化的可持续性。世界各国的税制结构优化都经历了法治化的过程，“政府征收必须得到人民的认可”这一税收法定的核心理念已经成为现代法治国家在税收上普遍遵循的原则。税制结构优化必须处理好税收立法和税制改革的关系，改革要在法治的轨道上进行，立法既是为了更好地规范税制改革，也是为了实现税制改革的可持续，为未来的改革预留空间。税制立法是国家治理体系和治理能力提高的重要体现，“推动改革，立法先行”是政府依法治国的最好诠释，也是我国推动税制结构优化和可持续发展的必然选择。

7.1.5　结构性减税是新时代税制结构优化的核心路径

7.1.5.1　结构性减税的关键是调结构

结构性减税的关键是调整税制结构，而不是一味地减税，因为减税、财政收支平衡和控制债务三者之间存在着不可调和的矛盾。若减税的同时保持收支平衡，就不得不增加债务，而目前我国债务风险已经比较高，很难继续通过连年增加债务来维持财政收支平衡；若减税的同时控制债务的增加，财政收支平衡将无法保证，除非缩减支出规模。目前，政府的相关改革也仅是严控一般性支出，积极的财政政策、政府应急职能的发挥都需要财政收入不能减少，即不能减税，如果非要减税，则只能进行结构性减税，即调整直接税与间接税之间的比例关系——降低间接税比重，适当提高直接税比重。增值税一直是我国间接税的核心税种。2019 年，我国减税规模为 2 万亿元，其中一个减税路径就是下调增值税的税率和并档。要持续推进结构性减税，继续在增值税上不放松，一方面继续为打通增值税的相关链条努力，另一方面在增值税减税方面精准施策，可考虑将减税效应向低收入群体倾斜，对他们消费中占比较高的生活必需品考虑继续降低税率，特别是涉及老人、孩子的生活必需品，应尽可能地实施差别化税率，从而降低广大低收入人群的成本，有效促进收入分配的公平。

7.1.5.2　结构性减税和加税应结合实行

结构性减税的目的是促进经济高质量增长和缓解社会主要矛盾，当前我国税制结构存在的问题除了间接税比重偏高、直接税比重偏低外，在很大程度上制约经济增长的问题在于企业税负过重，而且部分企业获得感不强，主要原因包括：一是原先缴纳营业税的企业因为征管原因没有缴纳营业税，“营改增”后要缴纳增值税；二是建筑业、金融服务业和高科技企业属于劳动密集型行业，人工工资不能抵税；三是有些企业生产环节不能全额抵税或者增值税不能完全转嫁等。目前我国企业在生产流通环节缴税占总税收的 70%，个人只承担了 30%。结构性减税重在企业，要给企业减税，在财政总支出不减少的情况下，若政府举债的风险已经较高，此时提高个人税收则成为必然，但通过征收个人所得税来提高直接税比重是一个长期的过程，不可能一蹴而就。通过征收个人所得税来提高直接税的比重，至少应从三个方面采取措施：一是继续改革个人所得税的综合和分类征税，将资本性所得纳入征税范围；二是加快推进基本养老保险的全国统筹，时机成熟时开征社会保障税；三是推进房地产税的改革，以自然人的存量财富作为调节对象。

7.2　新时代中国税制结构优化的具体措施

7.2.1　税系结构的调整和完善

以间接税为主体的税制结构具有收入及时、稳定、中性的特点，能保证市场对资源配置的基础性作用，符合效率原则，而以直接税为主体的税制结构具有公平收入分配、促进社会和谐的特点，二者的有效协调，能够更好地发挥税制结构的整体效应。改革开放 40 多年来，我国城乡间、地区间的收入差距呈日益扩大的态势，这就要求税制结构在追求效率原则的同时更要强调公平原则，加上新时代经济的快速发展和“数字税收”等技术的进步，这些都为使直接税成为税制结构的主体创造了条件。

实证结果显示，在促进经济增长和调节收入分配方面，要提高直接税占比、降低间接税占比，二者的结论是一致的。税负公平是现代税收制度的基本特征，也是社会公平正义的重要体现，要求税制发挥好调节收入分配的职能。新时代的税制结构优化，提高直接税比重是实现税负公平的重要举措。本书规划了 2021—2040 年税制结构优化的主要措施，如表 7－2 所示。

表 7－2　2021—2040 年税制结构优化的主要措施

年份	间接税	直接税	主要措施
2017—2020	57.19%	42.81%	保持相对稳定，进行税制结构内部调整，不断向直接税倾斜
2021—2030	54.69%	45.31%	直接税每两年提高 0.5%，间接税每两年降低 0.5%
2031—2040	49.69%	50.31%	直接税每两年提高 1%，间接税每两年减低 1%，之后保持相对稳定

调整直接税和间接税的比例并不是简单地提高直接税比重，降低间接税比重，而是一个动态调节的过程。提高直接税比重，一方面要继续提高所得税的比重，另一方面要通过社会保障税和房产税立法来进行调整。我国的社

保费由来已久，但是确定为税收还有待立法。据统计，2018 年我国土地出让金的收入为 65096 万元，同比增长 25%，而 2018 年地方一般公共预算收入为 97905 万元。简单来说，2018 年的土地出让金收入占地方一般公共预算的 66.49%，如此巨大的土地出让金收入已经成为地方政府的重要财政来源，但是随着土地的不断出让，有限资源只会越来越少，明显不具有可持续性。为此，财产税的改革是发展的方向，特别是房产税的改革，对直接税的影响是值得期待的。而对于间接税，为了降低对收入的累退效应，应继续进行增值税方面的改革，降低税率，延展抵扣链条。

7.2.2 税类结构的调整和完善

从税类构成的角度来看，货劳税比重偏高，限制了其他各税功能的发挥，应降低货劳税比重。所得税比重偏低，不利于充分发挥对收入分配的调节作用，应提高所得税比重。财产税比重偏低，地方缺少主体税种，应提高财产税比重。其他税主要包括资源税和行为税，其中资源税比重偏低，不利于资源合理利用，应适当提高其比重；行为税占比偏低，调节行为有限，至少应保持现有比重不变。

货劳税是我国税制结构的主体税类，虽然近年来在税收总收入中所占比重有所降低，但 2018 年仍占有 68.17%（不含关税），超过了总税收比重的半数。前文实证结果已经表明，货劳税对经济高质量增长呈显著的负效应，不利于经济增长，而对收入分配的影响呈正效应，即显著扩大了收入差距，因此，无论从经济增长还是收入分配的角度，都应降低货劳税比重。所得税主要包含企业所得税和个人所得税，由于国际税收竞争愈演愈烈，企业所得税税率有进一步下降的可能，而个人所得税在缩小收入分配差距方面作用明显，随着居民收入水平的提高，通过上调个人所得税比重来调节收入分配在目前来看是可能的，也是可行的。从总体来看，所得税比重在合适的税率条件下，随着企业盈利能力的增强和个人收入水平的提高，占比会不断得到提升。我国财产税占比偏低，2018 年，房产税、土地使用税各自的比重不超过 2%，车船税不超过 1%，对居民存量财富的调节几乎为零，因此应增加财产税的比重，特别是房产税的普遍开征具有重要意义。其他税中的资源税占比也偏低，资源一般分为矿产资源、自然资源和水资源，我国地大物博、人口众多，但人均资源短缺，因此在合理利用资源，加强生态环境保护和治理方面，资源税应发挥调节作用，试点开展新型资源税，提高其比重是优化的方向。行为税在我国所有税种中虽然占比较低，但对于缩小贫富差距具有一定的作用，比如契税等在一定程度上可以发挥对收入较高人群的收入调节作用，因此应保持现有比重。

7.2.3　税种结构的调整和完善

税制结构优化的根本落脚点是税种结构的调整和具体税制的改革，因此针对主体税种，本书探讨了具体的改革和完善的方向。

7.2.3.1　调整和完善增值税

增值税作为我国第一大税种，征收范围十分广泛，几乎涵盖了所有商品和劳务，但从前文理论分析可知，增值税对收入分配具有明显的逆向调节作用。实证结果也表明，增值税对经济增长的效应显著为负。因此，调整增值税的税收占比，应从以下几个方面入手。

1. 继续降低增值税的基本税率

20世纪60年代末期，世界只有不到10个国家开征增值税，到了2016年年底，全世界开征增值税的国家已经达到188个，增值税的平均税率为15.63%，其中欧盟27国的增值税平均税率为21.16%。在OECD国家中，除美国外，其余34个国家均已开征增值税。尽管和欧盟国家相比，我国13%的基本税率还不算高，但相比“一带一路”沿线的亚洲国家，我国的增值税仍有下调①的空间，如东南亚国家的增值税税率普遍较低，其中缅甸为5%，新

① 增值税作为我国第一大税种，在稳定财政收入方面发挥着重要作用。在没有显著提高直接税比重的情况下，若要持续下调增值税的基本税率为企业减负，那么，下调的速度应放缓，与直接税相关税种的税收比重相协调，避免下调过快，导致上游生产企业的价格下降，从而引起税收收入快速下降，出现财政收入风险。

加坡和泰国为7%，柬埔寨、印度尼西亚、老挝和越南均为10%，菲律宾为12%。就算经济较为发达的韩国，其增值税税率只有10%，日本只有8%①。由此可见，在亚洲，我国已经成为增值税税率的高地，继续下调增值税税率是可行的。根据当前我国的国情，建议5年下调1%，持续下调到10%，降低增值税的基本税率有助于降低商品和劳务的价格，缓解当前经济下行的压力，刺激消费，激发市场活力，推动经济向高质量发展。

2. 进一步合并税率档次

增值税具有不同于其他税种的特殊性，完全中性的增值税应该只有1档税率，并且征税范围广泛，没有税收优惠，然而在实践中，各国情况复杂，不能做到完全中性，而是对特定的货物及劳务实行优惠税率。2019年4月1日，我国将增值税税率调为三档——13%、9%和6%，本次调整进一步降低了增值税税率，同时也减少了档次。税率档次之间的差距由原来的11%（17%～6%）降到7%（13%～6%），有利于企业的经济发展。相比"一带一路"共建国家中大部分为基本税率和低税率2档，我国有3档税率，没有充分体现增值税的中性特征。此外，我国在进口和国内销售环节均设有税收优惠，内容涵盖生活必需品、有益品、公共服务、金融服务等。为了保证"营改增"试点方案的顺利推进，确保行业税负只减不增，我国采取了一些过渡性的政策，如公共交通服务、电影放映服务、仓储服务等现代服务业可以实行3%的简易征收。由于我国情况复杂，税收优惠手段、优惠项目也较多，但这些过渡性的政策在一定程度上也影响了增值税的抵扣链条，导致增值税多征少扣或少征多扣现象的发生，在一定程度上也增加了税务机关的征管成本。建议继续减并增值税税率档次，过渡期过后，取消对特定服务行业的税收优惠政策。

3. 继续延伸增值税的抵扣链条

增值税是价外税，严格来说，如果抵扣链条顺畅，并不影响企业利润。对于劳动密集型的企业，其经营成本主要涉及劳动力工资和社保支出，而这部分成本是不可以抵扣增值税的，而且这种减税方案的难点在于，工资是增

---

① 日本称为消费税，即增值税。

加值的一部分，若允许抵扣，则与增值税的理论相矛盾。但如果能抵扣，一方面可以实质性地为企业减税，毕竟增加的劳动力成本越高，减少的增值税越多，同时也能激励企业主动申报个人所得税和社会保障税，加强对信息的管控；另一方面也可以降低劳动密集型企业的成本，为促进就业做出贡献。小规模企业不能抵扣增值税的进项税，所以针对小规模企业应特殊处理，为鼓励其发展，应降低其税负，在增值税上继续维持低税率政策，必要时可以给小规模纳税人退税以降低其负担。实践中，小规模企业可以选择性开具1%或3%的增值税专票，但由于上游大企业的财务竞争力强于小规模企业，多数情况下强制要求小规模企业开具3%的增值税专票来抵扣，无形中也增加了小规模企业的税负。

4. 完善增值税留抵税额退税政策

在2018年对部分行业实施增值税留抵税额退税之前，我国一直采用年度结转的方式。留抵税额本质上属于政府的“无息隐性债务”，如果不予退税，则被统计为政府的预算收入，造成政府收入的“虚高”。从企业的角度讲，大量资金被占用，既增加了企业成本，也影响了正常生产经营。2019年，我国在全行业对所有纳税人进行试点增值税留抵税额退税，改变了以往年度结转的方式，在增值税留抵税额退税上实现了重大突破。但是由于我国增值税留抵税额退税还处于试行阶段，配套措施并不完善，还存在着一些问题：一是企业信用等级的评级不能涵盖所有的增值税纳税人，企业享受退税的条件之一是纳税人2019年度纳税信用等级为A级和B级，并以6个月为考核期，如果是新成立的公司，没有6个月考核期或者不属于信用等级为A或B，但是留抵税额规模较大，这部分企业无法退税，同样存在留抵退税的问题；二是我国目前尚未明确退税由哪级政府负担，大部分国家将增值税设为中央税，而我国的增值税为中央地方共享税，退税政策的实施会一定程度上影响地区之间增值税的分配；三是增值税退税监管存在问题，进项税主要来自销售地区，如果销售地区虚开发票，则进项税额抵扣过多，从而导致采购地区退税过多，会在一定程度上扰乱市场经济秩序，因此加强对增值税留抵税额退税的监管势在必行。

7.2.3.2 调整和完善消费税

消费税是在增值税的基础上再次征收的流转税，主要针对的是非生活必需品和有害商品，具有较强的调节收入分配的功能，然而在实际征税过程中，效果并不明显。因此，调整和完善消费税应从以下三个方面入手：第一，对征收范围进行细化，合理调整征税品目。比如，应取消普通汽车轮胎、普通金银首饰的消费税；对于高档消费品、奢侈品和高能耗、高污染的消费品，则应扩大征收范围，对于高端电子产品，应在一定区间内增加消费税。第二，对征收税率进行调整。烟、酒历来是我国消费税的主要税源，针对香烟，我国的甲类卷烟（高端）税率约为70%，乙类卷烟（低端）约为50%，这与世界卫生组织提出的目标仍有很大差距，而且我国低端烟民较多，在一定程度上扩大了收入分配的差距。因此，提高税率，增加购烟成本，控制消费，可以有效调节市场需求，实现税收公平。针对酒，我们应对其消费税税率采取调控措施，因为随着人们收入水平的提高，承受消费税酒价的能力也在不断提高，应在合适的阶段调整酒的消费税税率。对烟、酒的基本情况进行细分，可以使消费税精准地发挥作用。同样，针对其他消费税税目，我们也应进行梳理分析，以期找到更准确的征收税率。第三，对征纳环节进行改革，针对采用比例征收的消费品，逐渐把消费税由“价内税”调整为“价外税”，与增值税合并征收，让消费者切实感受到消费税的负担。

7.2.3.3 调整和完善企业和个人所得税

1. 调整和完善企业所得税

企业所得税是我国税制结构中的重要税种，在税收总额中一直占有较大比重，2018 年占比达到 20.88%。长期以来，我国的所得税一直采用比率税率，2007 年“两法合并”[①] 后，我国的所得税税率一直维持在 25%。2008 年

---

① 2007 年 3 月 16 日，第十届全国人民代表大会第五次会议通过《中华人民共和国企业所得税法》，废止了《中华人民共和国外商投资企业和外国企业所得税法》和《中华人民共和国企业所得税暂行条例》，实现了内外资企业所得税制度的统一。

金融危机爆发，世界经济的不确定性加大，虽然近年来各国的主要税种基本维持原有的格局，但企业所得税的比重呈现出新动向，企业所得税税率和占比正在悄然下降。美国的企业所得税税率自 2018 年起，从 35% 下调至 21%。2008—2016 年，OECD 成员国企业所得税的平均比重总体呈逐年降低趋势。发展中国家企业所得税的占比总体上也逐年下降。随着全球竞争的加剧，各国为争夺有限的资本、人才和资源，都纷纷采取了减税措施，我国的企业所得税应从以下几点入手加以完善和调整。

（1）整体下调企业所得税税率。

从国际比较来看，我国的企业所得税税率还有进一步下调的空间。中国要想持续深化减税降费，应在企业所得税方面做足文章。企业所得税征管复杂，虽然优惠政策多，但是整体上的高税率会压缩企业的利润空间，不利于企业继续扩大投资，进行技术创新和转型升级。整体下调企业所得税税率，不仅可以激发企业活力，提高企业的国际竞争力，还可以促进产业结构优化和经济高质量发展。而且实证研究也表明，我国现有的企业所得税结构不利于人才的集聚。实际上，我国仍有减税降费的空间，那么减税降费的空间在哪里？总体而言，减税降费的空间除来自财政支出结构的优化及支出效率的提升，从收入维度来看，加快税负结构的优化应该是本轮减税降费的重要选择。具体来讲，就是要实现“税源降则税负减，税源增则税负加”的税制结构优化，一方面降低企业所得税税率，为企业减负，另一方面对支付能力较强的纳税主体以及具有挖掘潜力的税种“开源”，以缓解减税降费的财政压力。

（2）继续稳定小微企业的所得税税率。

2018 年，我国出台了一系列小微企业的税收优惠政策①，其中针对企业所得税，规定年应纳税所得额低于 100 万元（含 100 万元）的小型微利企业，其所得减按 50% 计入应纳税所得额，按 20% 的税率征收，实际税率为 10%②。2019 年 1 月，国务院常务会议决定再推出一批针对小微企业的普惠性减税政

---

① 小微企业税收优惠政策的时间为 2018 年 1 月 1 日至 2020 年 12 月 31 日。

② 50% ×20% =10%。

策，其中所得税分为2档，小微企业年应纳税所得额不超过100万元、100万到300万元的部分，分别减按25%、50%计入应纳税所得额，使税负降至5%[①]和10%，而且调整后的优惠政策将覆盖95%的纳税企业。推出有利于小微企业发展的税收优惠政策，可以充分发挥小企业、大就业的作用，特别是解决中低收入群体的就业问题。在“2018陆家嘴论坛”中，中国人民银行给出的数据显示，我国小微企业数量已经达到2000多万户，个体工商户数量达到6000多万户，这些小微企业的数量占整个市场主体的90%，对社会就业、国民经济贡献值分别为80%和60%。小微企业容纳了大量就业，成为社会稳定的基石，同时对营造良好的竞争环境、平衡地区收入差距也有重要的意义。然而小微企业本身面临着筹资成本高、投资渠道狭窄、技术创新困难等诸多问题，与其承担的吸纳就业、稳定市场、增加税收的职能极不相称，所以在所得税方面，应以扶持发展为主，建议在目前对小微企业所得税优惠政策的基础上，永久设置“普惠性所得税政策”，等小微企业成长后，再恢复对其正常征税。

（3）鼓励企业创新和研发投入。

企业在创新体系中占有重要地位，而利用企业所得税激励创新是各国常用的手段之一，在我国，主要实施的是允许企业研发费用加计扣除、对高新技术企业实行低税率、对企业技术转让所得给予免所得税的优惠政策等[②]。整体来看，对于鼓励企业的创新，我国税制以研发费用加计扣除为主，但扣除力度与其他发展中国家相比还偏低[③]，因此在研发阶段，我国应继续加大研发费用的扣除比例，同时借鉴世界其他国家在研发环节采用税收抵免的方式，如英国、法国、美国和日本激励创新的税收优惠方式为税收抵免，因研发造成亏损则退税或以后年度结转，可见，税收抵免不受企业所

① 2021年进一步对小微企业和个体工商户年应税所得额不足100万元的部分，在现行优惠政策基础上再减半征收，实际税负为2.5%。

② 赵书博，王秀哲，曹越．我国激励企业创新的税收政策研究［J］．税务研究，2019（8）：20－26.

③ 2021年继续执行企业研发费用加计扣除75%的政策，并将制造业企业加计扣除比例提高到100%。

得税率的影响，激励效果更好。科技创新是经济增长的原动力，而企业作为科技创新的主体，其重要性不言而喻，借鉴欧盟激励创新的三原则——慷慨程度适宜原则、稳定性原则和低成本原则，我国在企业所得税鼓励创新和科技投入方面应和国际接轨，同时在研发和成果转化两个阶段发力。具体来讲，研发环节，可逐渐由加计扣除转变为税收抵免；成果转化环节，可进一步降低知识产权转让所得税适用税率，加速成果转化，进一步激活科技人员的创新动力。

2. 调整和完善个人所得税

个人所得税采用综合征收和专项扣除的方式，2019年已经正式实施，但从税收公平的角度来看，仍然存在着一些需要完善的空间，主要表现为：第一，综合征收并没有考虑所有收入，只是把工资薪金、劳务报酬、稿酬和特许权使用费这四项合并在一起征收，这些都属于积极所得，而针对个人资本的消极所得，比如利息、红利、股息、财产租赁所得、财产转让所得和其他所得，在征收上并没有发生明显变化。第二，专项扣除项目没有充分考虑地区差异、通货膨胀等因素，在扣除方面做得还不够精细，比如子女教育支出，幼儿园、小学、初中、高中等教育支出并不相同，各地也存在差异，但扣除标准是一致的。第三，地区收入存在差异，消费水平也不同，我国现行边际税率最高为45%，缺乏柔性，不仅不利于组织财政收入，而且很可能带来新的税收不公平的问题。特别是过高的边际税率不利于留住高收入的人才，为留住人才，各地出台相关个人所得税优惠政策，这些政策本质上就是对个人所得税税率的降低，但是长此以往就会形成进一步的税收不公平。

7.2.3.4　调整和完善其他税种

1. 调整完善资源税

资源税作为小税种，我们通常认为其收入占比较低，对税制结构的影响不大，然而在资源日益短缺的今天，作为调节资源合理开发利用的重要手段，资源税的地位不断提升，有些国家的资源税比重甚至已经占到税收总收入的10%以上，如俄罗斯（联邦税）、澳大利亚（联邦税）等。我国虽然资源丰富，但人均资源相对不足，近年来资源过度开采、环境污染的问题突出，严重制约着经济的可持续发展。我国资源税的征收始于1984年，1993年、2006年、2011年、2014年、2016年和2017年经历了六次改革，从资源税改革的内容看，主要有三个方向：一是由“从量计征”向“从价计征”转变；二是从费到税，逐步取消“费”；三是向地方倾斜，增加资源地财政收入。进入新时代，绿色发展已经成为社会共识，加强资源税的征管，应在征收范围、征收税率、征收对象等要素上细化，科学施策。

2. 调整和完善房产税

房产税在我国既不是外来的税种，也不是新的税种，在中国的历史上，它是一种古老的税收形式，而且在世界上已经成为很多国家的主要财政收入来源。房产税在调节贫富差距、实现税收公平方面发挥着不可替代的作用。在大中城市，随着房价的持续上涨，家庭拥有房产的数量在一定程度上意味着拥有财富的多寡，房产税可以直接调整居民之间的收入差距，效果明显，但是我国于2011年在上海和重庆试点房产税，稳定房价的效果并不明显①，为此，在改革房产税方面有两个问题应引起我们的重视：一是房产税的定位问题。房产税的开征难度很大，不仅反映在它的征税要素上，更重要的是定位在哪个层面。美国房产税由地方各州征收，主要用于地方教育和公共基础设施，且征收方式是普遍征收，税率控制在1.25%～2%，一般不会超过3%，基本在居民可接受的范围内。我国房产税的功能应定位于完善税制结构和调节贫富差距两个方面，而不应设定过多其他目标。二是精准问题。建立全国统一的信息共享平台，才能更好地对房产进行调节，只有把房产的基础信息工作做好，才能设计出更科学、更公平的房产税制度，也才能实现房产税的功能定位。

3. 适时开征社会保障税、遗产和赠与税

社会保障税、遗产和赠与税在我国目前还是空白，但在世界范围内开征

① 我国居民财富，特别是城市居民财富的主要载体是房产，中青年是国家消费的主力，但背负过重的房产负担，在一定程度上必然会挤压其他方面的消费，在国家倡导加快构建“双循环”新发展格局的大背景下，过高的房价是消费的拦路虎，因此稳定房价，通过开征房产税来达到调控的目的，和国家的政策是一致的。

已经较为成熟，二者在缩小贫富差距、实现税收公平方面也发挥了重要作用。

（1）社会保障税。

我国的社会保险制度建立于 1951 年，但至今仍未开征社会保障税，原因可能有两点：第一，社会保险和社会保障是两个不同的概念，前者具有合作互助的性质，而后者是对缴纳者本身的一种自我补偿。尽管西方很多国家都有社会保障税，但其本质上是一种“费”，因为缴纳者和受益者实际存在一一对应的关系，而“税”本身是没有指向用途的。第二，我国长期存在二元制经济结构，人口众多，目前来看，社会保障实现城乡全覆盖的条件还不具备，但是从城镇试点推向全国城镇区域是可行的。因此，试点开征社会保障税，应把握以下四点：一是要立法征收，使社会保障税的征收能够有法可依，减少征收的阻力。二是要因地制宜，在我国经济发展不平衡的地区应合理设置社会保障税的税率，减少纳税人的负担。三是要明确社会保障税征收资金的用途。社会保障税资金尽管以“税”的形式征收，但还是要保持初心，提高社会福利，服务居民，发挥“费”的作用。四是要严格监督管理，增强社会保障税的征收力度，避免偷逃税的情况发生。

（2）遗产和赠与税。

遗产和赠与税是以被继承人去世后留下的财产为征税对象，向遗产继承人或受赠人征收的一种税，属于财产税的范畴。从短期来看，开征遗产和赠与税弊大于利，一是目前我国开征遗产和赠与税的时机并不成熟，因为富裕人群比例过低；二是短期开征遗产和赠与税对民间资本影响较大，富裕阶层会提前转移财产，导致资本外流。从中长期来看，开征遗产和赠与税利大于弊，一是遗产和赠与税的作用不单单是调节收入分配，更多的是创造公平的竞争环境；二是开征遗产和赠与税可以缓解社会矛盾，抑制财富过分集中，弘扬奋斗精神，符合创新经济、构建创新型国家的新时代理念。因此，开征遗产和赠与税不宜过早，且应提前谋划，为开征遗产和赠与税做准备。首先要理顺私人财产保护与遗产和赠与税课征的背离理念，从法律层面提供开征遗产和赠与税的合理性；其次要健全个人财产登记制度，防止隐性财产转移，开征时引起横向不公平；最后是既要借鉴发达国家经验，又要从我国实际出发，在操作层面进行细化，比如开征遗产和赠与税的同时开征国籍税，同时还要防止因征收难度大、成本高而出现新的问题。总体来看，目前我国开征遗产和赠与税还处于构想阶段，但从长期来看，开征遗产和赠与税必将成为一项重要的税收改革措施，使我国的税制结构得到进一步优化。

7.3 新时代中国税制结构优化的配套政策建议

新时代的税制结构优化需要建立合理的税系、税类和税种比例，但这些合理比例的形成仅仅依靠好的制度设计还不够，必须辅以适度分权、技术跟进、精准征管和有序推进来实现，因此，制定税制结构优化的配套政策体系意义重大。

7.3.1 “适度分权、突出主体”进行税制布局

1994 年分税制改革以来，我国的税权不断上移，而事权不断下沉。2016 年全面“营改增”后，地方政府的税权进一步上移，然而地方政府的事权范围在不断扩大，为平衡财政收支，满足公共需要，“土地财政、乱收费、乱发债”现象突出，过多的税外收入不仅挤占税制结构优化的内部空间，而且在缺乏刚性约束的情况下，加重了纳税人的实际财政负担。建立“双主体”的税制结构体系，应切实按照“一级政府、一级事权、一级财权”的原则，适度划分各级政府的事权，并赋予地方政府适当的独立税权，包括尽快确立地方主体税种。牵牛要牵牛鼻子，税制结构优化在“双主体”建立的过程中要重点突出对核心税种的改革，如货劳税中的增值税、消费税，所得税中的企业所得税和个人所得税，财产税中的房产税等，只有改革突出主体税种，才能准确把握税制结构优化的大方向，使税制结构布局更合理。

7.3.2 “联网数据、信息共享”进行税收监督

税收监督的最大困难在于征纳双方的信息不对称。新时代以“大智移云”为代表的监督手段不断更新，近年来，我国已经建立个人信息采集系统，银

行、保险、工商、质检、海关、交通等机构也相继建立了和涉税相关的第三方信息平台。在立法的基础上，还应设立国务院直属的全国税收信息中心，以促进联网数据的形成，实现信息共享，切实加强对纳税人的涉税信息流和资金流的监控，为征收个人所得税、财产税等提供有力的数据支撑。同时大力推行通过金融系统交易和流转的信用卡支付制度，强化货币资金流的可捕捉性和可追踪性，加强现金管理，实施提现十万元以上现金备案制度，打击隐性经济和地下交易，力争经济交易信息的全面显性化。

7.3.3　“依托数字、精准发力”进行税收征管

近年来，随着数字经济的不断发展和网络平台经济的不断成熟，越来越多的经济活动主体成为涉税经济的参与者。数字经济的到来给课税主体、涉税信息获取、征管模式等传统税收监督提出了新的挑战，电子商务使自然人未进行税务登记却能有效实现虚拟交易，如果不能将越来越多的经济活动主体有效地纳入税源监控之中，势必会造成大量的税款流失，也不能更好地推动税制结构的优化，显然，数字经济的复杂性给税收征管带来了更大的冲击。解铃还须系铃人，数字经济的快速发展使税收征管模式变得复杂，那么税收征管同样需要依托数字经济来精准发力，因此，税收征管应高度融入数字经济体系中，建立数字税务局将成为必然选择。通过共享数据，借助电商平台的数据库进行精准对接，在此基础上，不断完善、优化、创新、提升，逐步达到符合数字经济背景的税收征管要求。

7.3.4　“立法优先、循序渐进”进行税制改革

新时代的税制结构优化既是税制不断改革、向前演变的过程，也是税收不断立法、持续规范的过程。税制改革本身不可能一步到位，因为时代背景在不断变化，积极推进税收法治可以为我国形成“双主体”的税制结构体系提供规则保障。在税收立法的过程中，循序渐进推动税制改革，首先应依法规范税收征管的行为，严格执行税法，将税法作为税务机关征收行为的唯一

依据。其次应大力规范和整合税收优惠，在立法的大背景下，防止因过多、过滥的税收优惠侵蚀税基，引发腐败，通过立法尽快形成“严优惠、宽税基、低税率”的税制结构体系。最后就是通过立法严格推行依法治费，大力清除不合理、不合法、不正当的各种乱收费、乱罚款行为，对合理的收费应加强监管，将必要的收费在时机成熟时改为税收。

7.4 小结

税制结构优化问题的研究必须紧跟时代。固化的税制结构只会阻碍经济的发展和社会的进步，新时代的到来以及新情况、新问题的出现表明税制结构优化的时机已经成熟。

税制结构本身的优劣没有固定的模式，它是否实现了优化，一方面要看税制结构是否适应了当前的时代特点，另一方面要看它是否能实现政府决策的目标。本章在前文理论、实证、国际比较分析的基础上，提出新时代中国税制结构优化的整体思路，并基于新时代社会主要矛盾，探讨了应建立“双主体”的税制结构体系，最后分析我国税制结构优化的路径，并给出了我国税制结构优化的政策建议。

第 8 章　研究结论和展望

8.1　研究结论

改革开放以来，我国进行了一系列税制改革，特别是 1994 年的分税制改革，基本奠定了我国以间接税为主的税制结构，该结构在经济转轨时期和社会主义市场建设时期发挥了积极作用，有力地促进了经济发展和社会进步。然而随着经济的发展和社会环境的变迁，特别是进入新时代（2012 年至今）后，我国社会主要矛盾和经济增长方式发生转变，原有的税制结构在促进经济增长和缩小收入分配差距方面的局限性日益明显。构建高水平市场经济体制，必须完善现代税收制度，而现代税收制度的建立，则需要健全直接税体系，优化税制结构，适当提高直接税比重。可见，税制结构在国家治理层面的改革已势在必行。当前世界新一轮减税浪潮兴起，税制作为重要的政策工具，不断优化其结构成为重要的宏观调控手段之一。当前我国税制结构存在着明显的“三高”依赖——高度依赖间接税、高度依赖企业税和高度依赖增值税，已经显著影响了我国经济发展的可持续性和社会主要矛盾的解决，亟须进行改革和优化调整。

在此背景下，本书通过梳理国内外的相关重要文献，首先构建了税制结构优化的理论框架，在此基础上，从税制结构对经济增长和收入分配两个方面的影响效应入手，分别阐述了相应理论、科学观点、传导机制和实现路径；其次，在深入剖析我国税制结构优化现状的基础上，提出了新时代我国税制结构中存在的问题，正是这些问题的存在，显著制约了我国经济高质量增长和收入分配的公平，为了验证这些结论，本书采用平衡面板模型，构建高质量经济增长指标和“泰尔指数”，从税系结构、税类结构和税种结构三个层面进行了较为系统的实证分析，并对主要发达国家和发展中国家的税制结构进行了比较分析，从中汲取了好的经验和做法；最后，对我国的税制结构优化提出了切实可行的政策建议。基于此，本书得出的具体结论如下。

（1）税制结构优化是国家经济基础和政府政策倾向双重影响的结果。无论哪个时代，税制结构的优化以及新税制的设立都必须建立在客观经济的基础之上，并服从和服务于政府的主观指向。我国进入新时代后，经济总量快速提升，2020 年 GDP 已经突破人民币 100 万亿元，人均收入也已突破 1 万美元，与以往的经济基础相比，人民收入水平显著提高，提高直接税比重的经济前提已经具备。同时，进入新时代后，我国社会主要矛盾发生了变化，发展不平衡不充分的问题凸显出来，缩小收入分配差距已刻不容缓。从这些方面来看，税制结构优化的主客观约束条件都已改变，迫切需要相应的税制结构与之匹配。从税制结构优化的经济增长角度来看，税制结构主要通过影响微观经济主体的资本积累、技术创新、价格体系和交易费用，进而通过提高劳动生产率这个中介因素，对经济增长产生影响；从税制结构优化的收入分配角度来看，税制结构主要通过影响微观主体，包括不同收入阶层的收入、消费和积累的财富，从而对收入分配产生影响。在实践中，税制结构优化对经济和社会的影响可能是直接的，也可能是间接的，但效应是客观存在的。

（2）税制结构优化仍需直面当前存在的问题。首先，间接税比重偏高，直接税比重偏低，二者具有相对性。从税制结构的历史演变来看，间接税比重偏高符合当时的时代背景，为国家筹集财政收入、调节经济发挥了重要作用，但随着时代的变迁，无论是从国内促进经济增长的角度，还是从国际全球竞争的角度，过高的间接税都会无形中增加企业的税负，一方面约束了商品和劳务的流通速度，使企业资金的回流速度放缓，另一方面增加了无法转移间接税的企业的税收负担，不利于企业扩大再生产。其次，企业缴税比高，个人缴税比低，在调节收入分配方面作用有限，在收入水平不均衡发展的环境中，不利于缓和社会矛盾。再次，房产税不完善，遗产和赠与税空白，在一定程度上使我国税制结构中的财产税比重偏低，直接税体系不健全，与政府主导的现代税制体系相悖；地方主体税种欠缺，在一定程度上约束了政府的财政收入，无法调动地方政府的积极性；优惠措施过多，在全国范围内不能形成统一的市场，会带来不同程度的税收寻租。最后，民众的参与程度不高。税制结构优化是一个系统工程，广大民众的参与可以有效推动税制结构优化的进程，目前来看还应加大宣传税制改革普及的力度。此外，征管手段仍需加强。提高直接税比重的根本前提是增加信息的掌握程度，减少信息的不对称，虽然信息技术在我国税收征管领域的应用已经取得了重大突破，但在实践中是否能有效发挥其职能还需要检验。在梳理税制结构演化方面，我们发现税系结构的演化随着经济的发展而变化，进入新时代后，我国间接税比重依然偏高，但与直接税比重的差距正在逐渐缩小。

（3）税制结构对经济增长的影响效应显著。依据 2002—2018 年 31 个省（市、自治区）的数据，建立面板计量模型，从税系结构、税类结构和税种结构三个层面实证分析的结果来看，新时代的税系结构中，直接税对经济增长的影响显著呈正效应，间接税对经济增长的影响显著呈负效应；税类结构中，货劳税占比对经济增长的影响显著呈负效应，其他税类对经济增长的影响呈正效应。税种结构与税系结构和税类结构对经济增长的影响效应基本保持一致，增值税占比和消费税占比对经济增长的影响显著呈负效应，而所得税中的企业所得税和个人所得税占比对经济增长的影响则显著呈正效应，资源税和财产税的占比虽然相对较低，但对经济增长的影响都显著为正。以上充分说明，进入新时代后，所得税、资源税和财产税作为调节经济的重要税种，在促进经济增长方面效果显著。分区域的税制结构中，提高直接税占比在全国各区域对经济增长的影响都显著为正，只是在影响效应方面存在一定的差异，总体表现为经济越发达的地区，影响效应越明显。综上，进入新时代后，税制结构促进经济增长的优化策略为“提高直接税占比，降低间接税占比”，无论税类、税种还是分区域的税制结构，实证结果表现一致。

（4）税制结构对收入分配的影响效应总体显著，只有个别税类、税种存在差异。依据 2002—2018 年 31 个省级行政区面板数据，建立动态面板计量模型，从税系结构、税类结构和税种结构三个角度对收入分配的影响效应进行实证分析，基本结论如下：收入分配本身存在明显的“马太效应”，城乡收入差距存在自我强化的现象。在税系结构方面，提高直接税占比、降低间接税占比能显著缩小收入分配差距。在税类结构方面，降低货劳税占比、提高所得税占比能显著缩小收入分配差距；遗憾的是，财产税对收入分配的影响效应显著为负，表明提高财产税占比会扩大收入分配差距，这可能与我国目前财产税占比过低，特别是房产税没有普遍开征有关；其他税类对收入分配的影响为正效应，但不显著。在税种结构方面，增值税占比对收入分配的影响系数为正，即扩大了收入分配的差距；消费税、企业所得税、个人所得税、房产税占比的影响系数都显著为负，即缩小了收入分配的差距；资源税占比对收入分配影响为正效应，但不显著。分区域研究结果显示，调高直接税占比、降低间接税占比对东部、中部和西部地区收入分配差距的影响系数均为负，即可以缩小收入分配的差距，但由于经济发展水平不同，显著性存在一定的差异——东部地区显著为负，而中部、西部地区的影响系数不显著。综上，进入新时代后，税制结构缩小收入分配的优化策略应为“提高直接税占比，降低间接税占比”，具体到税类，应降低货劳税占比和增值税占比，持续优化税制结构。

（5）税制结构优化应顺应时代、顺应国际发展趋势、顺应本国国情。首先，对比英、法、美、日四个发达国家和金砖国家（除中国外）中四个发展中国家的税制结构演变及现状，不难发现，尽管不同发展水平的国家在税制结构上存在着差异，但税制结构的优化无一不顺应了时代发展的要求，紧跟经济社会发展形势做出税制结构调整，只不过发达国家的直接税占比更高，发展中国家的间接税占比相对更高。如今世界各国面临着环境污染和收入分配差距突出的问题，加大对环境污染的征税力度，加大对富人税收的调节，成为税制结构优化的方向。其次，税制结构优化还应顺应国际发展趋势。2008 年金融危机，2018 年“特朗普税改”，2020 年新冠疫情暴发，可见世界经济面临着诸多不确定性，减税已经成为世界潮流，世界各国税制结构优化的方向也已经转向结构性减税。从竞争的视角来看，我国的税制结构优化也应顺应国际发展趋势，通过减税降费提高本国企业的国际竞争力。最后，税制结构优化还应顺应本国国情。税制结构本身孰优孰劣，并非固定的，顺应本国国情的税制结构就是最优的结构。进入新时代，我国面临着经济持续增长和缩小收入分配差距的双重任务，结合“提高直接税占比，降低间接税占比”的国际经验，逐步实现“双主体”的税制结构符合现阶段我国的国情。

（6）“提高直接税占比、降低间接税占比”符合新时代的基本特征。无论是从税制结构对经济增长和收入分配的影响效应来看，还是通过国际比较、经验借鉴来看，提高直接税占比、降低间接税占比都表现出积极的结果。尽管税制结构优化的基本策略是直接税和间接税的相对占比发生变化，但归根结底还是要落实到具体税种的改革和优化上，对此，本书从增值税、消费税、企业所得税、个人所得税以及其他税种的角度分别进行了优化改革建议的分析，尝试构建了新时代税制结构优化的基本框架，在具体理论分析、实证检验、国际比较的基础上，我们认为，在新的时代环境下，建立“双主体”税制结构更符合我国的实际。此外，要实现税制结构优化，除了改革税制体系，加强税制结构优化的配套改革也是非常重要的，对此本书提出了“适度分权、突出主体”进行税制布局，“联网数据、信息共享”进行税收监督，“依托数字、精准发力”进行税收征管，“立法优先、循序渐进”进行税制改革这四项配套政策建议。

8.2　研究展望

税制结构研究是财税研究永恒的主题，只要经济发展的客观条件变了、国家政策的主观条件变了，税制结构就需要随之调整，税制结构优化的步伐就不会停止，税制结构优化的研究就有必要。因此，税制结构优化研究的状态“没有最优，只有更优”。新时代必然会带来新情况、新问题，因此，关于税制结构优化的问题还会很多。

（1）研究角度有待扩展。由于数据收集的有限性，以及中国税制结构优化影响因素的复杂性，本书侧重从经济增长和收入分配两个视角来研究税制结构的优化。在实践中，社会人文环境、国家历史演变、国民素质差异等都会对税制结构优化产生影响，尽管在实证研究阶段考虑了城市化进程、金融发展水平、对外贸易、产业结构等因素，但还不足以涵盖税制结构在不同国家、不同区域的复杂性，因此在税制结构优化的主体思路下，扩展研究角度，如构建“双循环”格局和数字经济对税制结构的影响，并有针对性地提出改进措施等都值得深入探讨。

（2）经济增长和收入分配之间的影响效应有待研究。经济增长和收入分配之间关系是经济学长期关注的命题，二者存在“倒U形”假设。本书在研究税制结构时，把二者割裂开，仅仅研究税制结构对经济增长的影响效应和税制结构对收入分配的影响效应，显然不够完美。进入新时代，我国的经济实力明显提升，收入分配差距将长期存在，加强二者之间的关系研究，并考虑税制结构、经济增长和收入分配三者之间的最优选择，这些问题的讨论和研究还有待补充和检验。

参考文献

[1] 安体富．中国中长期税制改革研究［J］．经济研究参考，2010（46）：30－45，72．

[2] 安体富．优化税制结构：逐步提高直接税比重［J］．财政研究，2015（2）：41－44．

[3] 艾周昌，舒运国，沐涛，等．南非现代化研究［M］．上海：华东师范大学出版社，2000．

[4] 白彦锋，陈珊珊，高博楠．特朗普避税案与我国现代税制构建［J］．税务研究，2017（1）：47－51．

[5] 常立新．新时期世界税制改革发展的趋势和逻辑［J］．财政研究，2019（9）：121－129．

[6] 常世旺，韩仁月．经济增长视角下的税制结构优化［J］．税务研究，2015（1）：54－57．

[7] 常世旺，杨德强．贫富差距调节与税制结构优化［J］．财政研究，2011（8）：29－32．

[8] 克拉克．财富的分配［M］．陈福生，等译．北京：商务印书馆，1959．

[9] 陈工，何鹏飞．省级城乡收入泰尔指数的测算与分析［J］．统计与决策，2016（9）：99－102．

[10] 陈共，匡小平．论适应经济结构变化的税制结构［J］．当代财经，2001（3）：33－37．

[11] 陈红国．新收入分配视野下税收公平与效率的辩证处理［J］．现代经济探讨，2013（9）：16－20．

[12] 程宇丹，龚六堂．财政分权框架下的最优税收结构［J］．金融研究，2016（5）：1－18.
[13] 储德银，吕炜．我国税制结构对价格水平变动具有结构效应吗［J］．经济学家，2016（1）：67－74.
[14] 楚尔鸣，曹策．新时代中国特色宏观调控：范式、理论与框架［J］．经济学家，2018（11）：32－39.
[15] 崔芳．我国小微企业在新营商环境下的转型发展探讨［J］．商业经济研究，2020（11）：147－150.
[16] 崔军，朱晓璐．我国税制结构转型改革：目标设计与路径选择——基于国际经验与现实国情的综合考量［J］．税务与经济，2014（6）：60－67.
[17] 崔治文，王蓓，管芹芹．我国税收结构与经济增长关系的实证检验［J］．涉外税务，2010（6）：28－32.
[18] 邓小平．邓小平文选（第三卷）［M］．北京：人民出版社，1993.
[19] 邓文硕．我国税收结构调整的特征、效用及展望［J］．地方财政研究，2019（10）：59－66.
[20] 邓慧明．我国税收超过 GDP 增长的原因及其分析［J］．理论观察，2014（2）：29－30.
[21] 樊丽明，葛玉御，李昕凝．金砖四国税制结构变迁比较研究［J］．税务研究，2014（1）：72－78.
[22] 方大春，马为彪．中国省际高质量发展的测度及时空特征［J］．区域经济评论，2019（2）：61－70.
[23] 方敏，李梁．推动中国特色社会主义新时代的技术进步［J］．改革与战略，2018（1）：129－133.
[24] 高凤勤．促进我国居民收入公平分配的税收政策研究［M］．济南：山东人民出版社，2014.
[25] 高珂．新旧动能转换背景下的税制结构优化研究［J］．税收经济研究，2019（1）：46－54.
[26] 高凌江．中国税收结构合理性实证研究［J］．财贸经济，2011（10）：25－30.

[27] 高培勇．论完善税收制度的新阶段［J］. 经济研究，2015（2）：4－15.

[28] 高培勇．经济发展新常态下的税制改革［J］. 经济导刊，2017（12）：66－73.

[29] 高培勇．以税收改革奠基收入分配制度改革［J］. 经济研究，2013（3）：8－9.

[30] 高培勇．“十二五”时期财税改革前瞻［J］. 中国财政，2010（21）：50－52.

[31] 龚辉文．印度货物劳务税改革及其启示［J］. 国际税收，2016（10）：26－29.

[32] 亚当·斯密．国富论（上，下）［M］. 郭大力，王亚南，译．南京：译林出版社，2011.

[33] 鲍莫尔．福利经济及国家理论［M］. 郭家麟，郑孝齐，译．北京：商务印书馆，2017.

[34] 郭婧．税制结构对经济增长影响的理论研究综述［J］. 税务研究，2015（9）：118－123.

[35] 郭佩霞，梁倩．三次分配中的税收公平取向、约束条件与提升路径［J］. 税务研究，2015（7）：66－70.

[36] 郭庆旺．有关税收公平收入分配的几个深层次问题［J］. 财贸经济，2012（8）：20－27.

[37] 郭晓丽．税制结构优化问题研究——基于税收收入结构的视角［J］. 经济体制改革，2014（1）：135－139.

[38] 郭月梅．渐进式提高直接税比重的思考［J］. 税务研究，2014（6）：23－28.

[39] 国家税收教材编写组．国家税收教程（上册，下册）［M］. 北京：中国财政经济出版社，1995.

[40] 国家税务总局课题组．借鉴国际经验　进一步优化中国中长期税制结构［J］. 财政研究，2009（5）：8－17.

[41] 韩彬，吴俊培，李淼淼．我国税制结构经济增长效应研究［J］. 上海经济研究，2019（1）：89－98.

[42] 韩庆玲，李万甫．税制结构优化应具备的特征［J］．中央财政金融学院学报，1993（11）：11－14.
[43] 韩仁月．税制结构变迁、效应及优化研究［M］．北京：经济科学出版社，2011.
[44] 郝春虹．税收经济学［M］．天津：南开大学出版社，2007.
[45] 何代欣．中国税制转型与促进社会公平［J］．税务研究，2017（4）：15－19.
[46] 何辉．增值税的收入分配与福利效应实证分析［J］．税务研究，2015（1）：62－66.
[47] 侯梦蟾．税收概论［M］．北京：中国人民大学出版社，1986：102.
[48] 侯作前．从税收法定到税收公平——税法原则的演变［J］．社会科学，2008（9）：112－117.
[49] 胡洪曙，王宝顺．我国税制结构优化研究——基于间接税与直接税选择的视角［J］．税务研究，2017（8）：14－20.
[50] 胡连强，杨霆钧，张恒，等．基于数字经济的税收征管探讨［J］．税务研究，2019（5）：119－122.
[51] 胡怡建，徐曙娜．我国税制结构优化的目标模式和实现途径［J］．税务研究，2014（7）：11－16.
[52] 胡怡建．税收体制改革的深层次目标［J］．经济研究参考，2012（6）：13－14.
[53] 黄丽君．中国税制结构对扩大消费的影响研究［D］．昆明：云南大学，2016.
[54] 黄泰岩，王检贵．居民收入差距测量指标体系的选择［J］．当代经济研究，2000（9）：42－47，72.
[55] 计金标，庞淑芬．关于发挥税收促进社会公平功能的思考［J］．税务研究，2017（4）：3－8.
[56] 贾康．中国税改路线图——大趋势、国际经验与制度设计［M］．上海：立信会计出版社，2015.
[57] 蒋军成．我国税制结构性减税探析：税制结构优化及其操作取向［J］.

学习与实践，2013 (1)：32 -40.

[58] 蒋小平，叶子荣．税收结构与中小企业发展——基于中国省际面板数据的实证分析 [J]．财经问题研究，2013 (2)：123 -129.

[59] 金戈．经济增长中的最优税收与公共支出结构 [J]．经济研究，2010 (11)：35 -47.

[60] 靳东升．全面深化税制改革将更加注重税收公平 [J]．地方财政研究，2014 (1)：12 -15.

[61] 李大明．论税制结构优化与税收征管的关系 [J]．财政研究，1999 (6)：54 -55，57.

[62] 李华，樊丽明．双重约束下的税制结构优化 [J]．税务研究，2014 (7)：53 -58.

[63] 李华，樊丽明，等．优化中国税制结构的方向和路径研究 [M]．北京：中国财政经济出版社，2015.

[64] 李华，任龙洋．中国省级税制结构优化：效率与公平的双重红利 [J]．财贸经济，2012 (10)：34 -40.

[65] 李华罡．税制结构变迁与优化的政治经济学分析 [M]．北京：中国税务出版社，2009.

[66] 李梦欣，任保平．新时代中国高质量发展的综合评价及其路径选择[J]．财经科学，2019 (5)：26 -40.

[67] 李林木．国际视野下的我国税制结构优化：现状、走向与路径 [J]．贵州财经学院学报，2009 (2)：41 -45.

[68] 李金昌，史龙梅，徐蔼婷．高质量发展评价指标体系探讨 [J]．统计研究，2019 (1)：4 -14.

[69] 乔治·拉姆赛．论财富的分配 [M]．李任初，译．北京：商务印书馆，1984.

[70] 李森，刘亚林．税收公平新论 [J]．税务研究，2016 (1)：32 -37.

[71] 李绍荣，耿莹．中国的税收结构、经济增长与收入分配 [J]．经济研究，2005 (5)：118 -126.

[72] 李升．税制结构优化研究：基于税负归宿的视角 [J]．税务研究，2015

(1)：58 -62.

[73] 李升．中国税制结构优化研究［J］．中央财经大学学报，2016（12）：3 -11.

[74] 李文．论完善我国税制结构［J］．税务与经济（长春税务学院学报），1998（1）.

[75] 李文．税制结构优化的限制——实施约束视角的分析［J］．税务研究，2017（8）：27 -33.

[76] 李曦．中国现阶段税制结构合理性判别与优化研究［D］．杭州：浙江大学，2012.

[77] 李香菊，贺娜．激励企业研发创新的税制研究：国际经验借鉴［J］．中国科技论坛，2019（4）：174 -180.

[78] 李心源．重构间接税直接税比例　促进经济发展方式转变［J］．税务研究，2011（8）：18 -22.

[79] 李昕凝，葛玉御．南非税制结构特点及成因分析［J］．国际税收，2014（7）：54 -57.

[80] 李昕凝．金砖国家税制结构变迁：历程、成因及效应研究［D］．济南：山东大学，2016.

[81] 李彦龙，乔倩．宏观税负、产业结构与经济增长［J］．中国软科学，2019（6）：185 -192.

[82] 李艳芝．减税政策背景下我国税制结构优化研究［J］．中国社会科学院研究生院学报，2017（6）：81 -87.

[83] 李志远．我国税制结构优化探讨［J］．税务研究，2008（9）：39 -41.

[84] 理查德·A. 马斯格雷夫，艾伦·T. 皮考克．财政理论史上的经典文献［M］．刘守刚，王晓丹，译．上海：上海财经大学出版社，2015.

[85] 梁红梅，郭晓辉，张卫峰．我国税制结构对经济增长的动态影响研究——基于要素供给视角的 PVAR 模型分析［J］．兰州大学学报（社会科学版），2016（5）：161 -167.

[86] 刘成龙，王周飞．基于收入分配效应视角的税制结构优化研究［J］．税务研究，2014（6）：15 -22.

[87] 刘广波. 论我国税制结构的优化 [J]. 金融经济（理论版），2008（9）：25-27.

[88] 刘海庆，高凌江. 税制结构与经济增长——基于我国省级面板数据的实证研究 [J]. 税务与经济，2011（4）：83-90.

[89] 刘海庆，高凌江. 税制结构与经济增长关系的实证研究——基于中国30个省级面板数据 [J]. 东北大学学报（社会科学版），2011（13）：492-498.

[90] 刘虎. 税制结构与收入分配：理论、现状和建议 [J]. 税务研究，2012（11）：94-96.

[91] 刘金玲. 税收公平分配制约因素探析 [J]. 财会研究，2012（17）：16-19.

[92] 刘元生，李建军. 论推动国家治理现代化的税收职能作用 [J]. 税务研究，2019（4）：14-18.

[93] 刘长生. 税收、财政支出政策与宏观经济运行的内在影响机制——基于中国不同省份的面板数据分析 [J]. 公共管理学报，2009（3）：47-54，124.

[94] 刘佐. 关于我国税制结构优化问题的探讨 [J]. 税务研究，2009（5）：37-38.

[95] 刘佐. 中国直接税与间接税比重变化趋势研究 [J]. 财贸经济，2010（7）：40-43，137.

[96] 禄晓龙. 中国税制改革中的税收结构优化研究 [M]. 北京：中国经济出版社，2016.

[97] 吕冰洋，郭庆旺. 中国税收高速增长的源泉：税收能力和税收努力框架下的解释 [J]. 中国社会科学，2011（2）：76-90，221-222.

[98] 吕冰洋. 税制结构理论的重构：以国民收入循环出发 [J]. 税务研究，2017（8）：5-13.

[99] 吕炜. 市场化进程与税制结构变动 [J]. 世界经济，2004（11）：72-79.

[100] 吕伟. 双层系统优化观：税制结构优化的新思路 [J]. 中央财经大学学报，2000（4）：27-32.

[101] 马蔡琛，苗珊．各国税制公平改革的最新进展及其启示［J］．税务研究，2017（4）：8－14.

[102] 马国强．税制结构基础理论研究［J］．税务研究，2015（1）：3－15.

[103] 马海涛，段琦．“供给侧”财政改革背景下的税制重构——基于直接税和间接税相对关系的角度［J］．苏州大学学报（哲学社会科学版），2016（3）：100－109，192.

[104] 马栓有．税收结构与经济增长的实证分析——兼论我国的最优直接税/间接税结构［J］．经济理论与经济管理，2001（7）：15－20.

[105] 毛泽东．毛泽东选集（第二卷）［M］．北京：人民出版社，1991.

[106] 孟勇，马晓鸣．税收公平与居民收入差距的回归分析［J］．税务研究，2010（11）：20－21.

[107] 宁晓青．税收正义刍论［J］．税务与经济（长春税务学院学报），2006（3）：71－75.

[108] 潘文轩．直接税对居民收入分配影响的实证分析［J］．技术经济与管理研究，2015（3）：60－63.

[109] 潘施琴．结构性减税框架下税制优化路径［J］．经济体制改革，2017（3）：152－157.

[110] 潘士远，朱丹丹，何怡瑶．美国减税之中国应对研究：基于人才流失的视角［J］．经济研究，2019（10）：183－198.

[111] 任保平，李禹墨．新时代我国高质量发展评判体系的构建及其转型路径［J］．陕西师范大学学报（哲学社会科学版），2018（3）：105－113.

[112] 庞凤喜．税收原理与中国税制［M］．北京：中国财政经济出版社，2006.

[113] 庞凤喜，刘畅．论减税降费与税负结构优化［J］．税收经济研究，2019（3）：13－19，54.

[114] 冉美丽．税收结构影响居民收入分配研究——基于分担共享视角［D］．北京：中央财经大学，2015.

[115] 师博，任保平．中国省际经济高质量发展的测度与分析［J］．经济问题，2018（4）：1－6.

［116］任小军．中国居民税收公平感的维度及测量［J］．财会月刊，2017（15）：124－128.

［117］石卫祥．论税收公平与税制改革［J］．广东商学院学报，2009（1）：46－49.

［118］史蒂文·M. 谢福林．税收公平与民间正义［M］．杨海燕，译．上海：上海财经大学出版社，2016.

［119］孙英杰，林春．税制结构变迁与中国经济增长的质量——对地方政府税收合意性的一个检验［J］．经济科学，2018（5）：5－16.

［120］宋凤轩，张亚凯．我国直接税征管存在的问题及完善对策［J］．河北大学学报（哲学社会科学版），2016（4）：114－122.

［121］宋凤轩，张亚凯．强化税收调节收入分配功能的路径选择［J］．河北学刊．2016（1）：126－130.

［122］田效先，鲍洋．新常态下中国税制结构优化的路径选择——基于国际比较视角［J］．税务与经济，2016（5）：71－76.

［123］王鸿貌．税收公平原则新论［J］．浙江学刊，2005（1）．

［124］王茜萌．间接税对我国居民收入分配影响效应研究［J］．地方财政研究，2017（5）：80－84，97.

［125］王乔，汪柱旺．我国现行税制结构影响居民收入分配差距的实证分析［J］．当代财经，2008（2）：37－38，125.

［126］王庆，杨移．可持续发展视角下我国税制结构优化——基于 HDI 的测度分析［J］．经济与管理，2017（3）：47－51.

［127］王少平，欧阳志刚．中国城乡收入差距对实际经济增长的阈值效应［J］．中国社会科学，2008（2）：54－66，205.

［128］王彦平，吴仕超．开征遗产税的经济效应预测与推进战略研究［J］．理论探讨，2019（2）：115－121.

［129］王银屏．中国技术进步的路径及影响因素分析［J］．中国经贸导刊，2012（29）：89－91.

［130］王智，邓力平．税制结构优化与我国消费增长［J］．税务研究，2015（9）：3－8.

[131] 王德祥，赵婷．我国间接税对城乡居民收入分配的效应分析［J］．审计与经济研究，2016（2）：100－110.

[132] 姚洋，杜大伟，黄益平．中国2049——走向世界经济强国［M］．北京：北京大学出版社，2020.

[133] 闻媛．我国税制结构对居民收入分配影响的分析与思考［J］．经济理论与经济管理，2009（4）：43－48.

[134] 吴思南．各国税制结构与我国的比较研究［J］．商场现代化，2016（22）：137－138.

[135] 吴晓波．历代经济变革得失［M］．杭州：浙江大学出版社，2013.

[136] 武晓芬，耿溪谣．我国个人所得税税制模式改革及其完善对策——基于实现税收公平的视角［J］．税务与经济，2019（1）：79－85.

[137] 朱青．漫谈国外减税［J］．国际税收，2020（3）：3－5.

[138] 徐进，陈志刚，肖洁．中国税制改革的公平逻辑探析［J］．当代经济研究，2018（12）：75－82.

[139] 许建国．税收公平问题的理论渊源与现实思考［J］．税务研究，2017（5）：12－17.

[140] 许文．税收公平内涵的历史演变及理论发展前瞻［J］．财政研究，2004（6）：25－27.

[141] 杨盛军．税收正义的实质及实现途径［J］．现代经济探讨，2009（10）：89－92.

[142] 杨杨，杜剑，束磊．我国间接税与收入分配公平关系的实证分析［J］．税务与经济，2012（5）：66－72.

[143] 杨杨，郭瞳瞳，姜群．税收公平三重维度的价值重构［J］．贵州社会科学，2017（11）：113－117.

[144] 杨志勇．21世纪的收入分配公平与财税政策：从皮凯蒂旋风谈起［J］．国际税收，2015（4）：76－79.

[145] 杨志勇．税收理论的发展研究：公平视角［J］．税务研究，2016（1）：22－26.

[146] 杨志勇．税制结构：现状分析与优化路径选择．［J］．税务研究，2014

（6）：10 - 14.

［147］杨志勇．中国物价虚高内幕：间接税在作怪［J］．人民论坛，2011（25）：46 - 47.

［148］叶青，吕阳．浅谈税收如何促进社会公平［J］．税务研究，2018（6）：96 - 101.

［149］易奉菊．国际税收：理论、实务与案例［M］．上海：立信会计出版社，2017.

［150］余红艳，沈坤荣．税制结构的经济增长绩效——基于分税制改革 20 年实证分析［J］．财贸研究，2016（2）：104 - 111.

［151］袁晓玲．社会主义市场经济税收公平职能探析［J］．西安交通大学学报（社会科学版），1999（4）：23 - 24，37.

［152］张斌．把握社会主要矛盾转化　深化税收制度改革［J］．税务研究，2018（2）：12 - 18.

［153］约翰·罗尔斯．作为公平的正义［M］．姚大志，译．上海：上海三联书店，2002.

［154］岳树民，李建清，等．优化税制结构研究［M］．北京：中国人民大学出版社，2007.

［155］詹新宇，吴琼．税制结构变迁的经济增长质量效应研究——基于“五大发展理念”的视角［J］．云南财经大学学报，2018（3）：3 - 12.

［156］詹新宇，崔培培．中国省际经济增长质量的测度与评价——基于“五大发展理念”的实证分析［J］．财政研究，2016（8）：40 - 3，39.

［157］张冰，刘德强，金戈．日本税制改革的脉络及其对中国的启示［J］．经济社会体制比较，2018（6）：57 - 66.

［158］张荐华，禄晓龙．中国税制结构对经济增长影响的实证研究［J］．工业技术经济，2013（10）：134 - 143.

［159］张亮．以税收制度改革促进居民收入公平分配［J］．国家治理，2016（38）：20 - 32.

［160］张念明，庞凤喜．论涉税信息管理能力与税制结构优化［J］．中南财经政法大学学报，2015（2）：28 - 33，159.

[161] 张念明．我国税制结构优化研究［M］．北京：经济科学出版社，2014.
[162] 张平，侯一麟．解读中国现代财政体制改革研究中的三个重要问题［J］．公共管理与政策评论，2019（2）：14－26.
[163] 张胜民．税负水平上升对我国税收结构变动的影响［J］．财贸研究，2012（3）：76－84.
[164] 张守文．改革开放、收入分配与个税立法的完善［J］．华东政法大学学报，2019（1）：6－16.
[165] 张卫峰，郭晓辉．我国税制结构对经济增长效应的研究——基于经济发展非均衡视角［J］．北京邮电大学学报（社会科学版），2016（5）：82－88.
[166] 张馨，杨志勇，郝联峰，等．当代财政与财政学主流［M］．大连：东北财经大学出版社，2000.
[167] 张友斗，苗杨，张帆．美国税制结构特点分析及对我国的启示．［J］．国际税收，2013（11）：39－43.
[168] 赵书博，王秀哲，曹越．我国激励企业创新的税收政策研究［J］．税务研究，2019（8）：20－26.
[169] 赵书博，张书慧，张雪．"一带一路"沿线国家增值税比较研究［J］．管理世界，2019（7）：104－115.
[170] 赵永辉．税收公平、纳税意愿与纳税人遵从决策——基于有序 Probit 模型的实证研究［J］．云南财经大学学报，2014（3）：50－59.
[171] 中共中央马克思恩格斯列宁斯大林著作编译局．马克思恩格斯选集（第三卷）［M］．北京：人民出版社，2012.
[172] 周波，吕思锜．资源税改革仍有待解决的三个基本问题［J］．财经问题研究，2020（5）：74－81.
[173] 周克清，毛锐．税制结构对收入分配的影响机制研究［J］．税务研究，2014（7）：24－29.
[174] 朱广俊，刘佐．优化税制结构的理论思考［J］．经济研究，1998（4）．
[175] 朱启贵．建立推动高质量发展的指标体系［N］．文汇报，2018－02－

06（12）.

[176] 朱为群，刘鹏．“一带一路”国家税制结构特征分析［J］. 税务研究，2016（7）：24－30.

[177] 朱为群．税负结构的合理化与财税改革［J］. 经济与管理评论，2020（1）：69－72.

[178] 朱志钢，高梦莹．论直接税与间接税的合理搭配［J］. 税务研究，2013（6）：46－49.

[179] 宗志勇，邓集林．试论以税收正义促进社会正义的实现——以构建社会主义和谐社会为视角［J］. 中国商界（下半月），2008（4）：12－13.

[180] ATKINSON A B，STIGLITZ J E. The design of tax stucture：direct versus indirect taxation［J］. Journal of Public Economics，1976.

[181] PREST A R. The structure and reform of direct taxation［J］. Economic Journal，1979.

[182] ADAM A，KAMMAS P，LAPATINAS A. Income inequality and the tax structure：Evidence from developed and developing countries［J］. Journal of Comparative Economics，2015.

[183] ARNOLD J. Do tax structures affect aggregate economic growth? Empirical evidence from a panel of OECD countries［R］. OECD Economics Department Working Papers，2008.

[184] ARNOLD J，BASSANINI A，SCARPETTA S. Solow or Lucas? Testing growth models using panel data from OECD countries［J］. Resarch in Economics，2011.

[185] BARRO R J. Government spending in a simple model of endogenous growth［J］. Journal of Political Economy，1990.

[186] BORGE L E，RATTSO J. Income distribution snd tax structure：Empirical test of the Meltzer－Richard hypothesis［J］. European Economic Review，2003.

[187] BURNS J O. The relationship between tax structures and economic indicators［J］. Journal of International Accounting Auditing & Taxation，1997.

[188] BREEDEN C H，HUNTER W J. Tax revenue and tax structure［J］. Public

Finance Review, 1985.

[189] CHU D, CHI S. Is the change of China's tax structure beneficial to reducing income inequality? [J]. Research on Economics and Management, 2017.

[190] CREMER H, PESTIEAU P, ROCHET J C. Direct versus indirect taxation: The design of the tax structure revisited [J]. International Economic Review, 2001.

[191] STOILOVA D. Tax structure and economic growth: Evidence from the European Union [J]. Contaduría y Administración, 2017.

[192] FREEBAIRN J. Options and prospects for taxation reform [J]. The Economic Record, 1997.

[193] WIDMALM F. Tax structure and growth: Are some taxes better than others? [J]. Public Choice, 2001.

[194] GEMMELL N, MORRISSEY O. Distribution and poverty impacts of tax structure reform in developing countries: How little we know [J]. Development Policy Review, 2005.

[195] YANIKKAYA H, TURAN T. Tax structure and economic growth: Do differences in income level and government effectiveness matter? [J]. The Singapore Economic Review, 2020.

[196] HETTICH W, WINER S. Economic and political foundations of tax structure [J]. American Economic Review, 1988.

[197] SILBER J. Income distribution, tax structure, and the measurement of tax progressivity [J]. Public Finance Review, 1994.

[198] ALM J, LEE F, WALLACE S. How fair? Changes in federal income taxation and the distribution of income, 1978 to 1998 [J]. Journal of Policy Analysis and Management, 2005.

[199] SLEMROD J. Optimal taxation and optimal tax systems [J]. Journal of Economic Perspectives, 1990.

[200] ASHWORTH J, HEYNDELS B. Political fragmentation and the evolution of national tax structures in the OECD [J]. International Tax and Public

Finance, 2001.

[201] CASSOU S, LANSING K. Growth effects of shifting from a graduated – rate tax system to a flat tax [J]. Economic Inquiry, 2004.

[202] LEE Y, GORDON R. Tax structure and economic growth [J]. Journal of Public Economics, 2005.

[203] LOCKWOOD B, MANNING A. Wage setting and the tax system: Theory and evidence for the UK [R]. CEP Discussion Papers, 1993.

[204] EMRAN M, STIGLITZ J. On selective indirect tax reform indeveloping countries [J]. Journal of Public Economics, 2005.

[205] FELDSTEIN M. Distributional equity and the optimal structure of public prices [J]. American Economic Review, 1972.

[206] MLACHILA M, TAPSOBA R, TAPSOBA S J A. A quality of growth index for developing countries: A proposal [R]. IMF Working Papers, 2014.

[207] PECORINO P. Tax structure and growth in a model with human capital [J]. Journal of Public Economics, 1993.

[208] MIESZKOWSKI P. Tax incidence theory: The effects of taxes on the distribution of income [J]. Journal of Economic Literature, 1969.

[209] RAY A. Smuggling, import objectives, and optimum tax structure [J]. The Quarterly Journal of Economics, 1978.

[210] BIRD R, ZOLT E. Redistribution via taxation: The limited role of the personal income tax in developing countries [J]. Annals of Economics and Finance, 2014.

[211] ROMER P. Increasing returns and long – run growth [J]. Journal of Political Economy, 1986.

[212] ROTH T P. Two – stage optimization, tax rates, and saving: Some time series evidence [J]. Public Finance Review, 1989.

[213] SAEZ E. Direct or indirect tax instruments for redistribution: Short – run versus long – run [R]. NBER Working Papers, 2002.

[214] SANZO S D, BELLA M, GRAZIANO G. Tax structure and economic growth:

A panel cointegrated VAR analysis [J]. Italian Economic Journal, 2017.

[215] GNANGNON S K. Internet and tax reform in developing countries [J]. Information Economics and Policy, 2020.

[216] SILBER J. Income distribution, tax structure, and the measurement of tax progressivity [J]. Public Finance Review, 1994.

[217] SOLOW R. A contribution to the theory of economic growth [J]. The Quarterly Journal of Ecnomics, 1956.

[218] HAKIM T A. Direct versus indirect taxes: Impact on economic growth and total tax revenue [J]. International Journal of Financial Research, 2020.

[219] HETTICH W. A theory of partial tax reform [J]. Canadian Journal of Economics, 1979.

[220] WARSKETT G, WINER S, HETTICH W. The complexity of tax structure in competitive political systems [J]. International Tax and Public Finance, 1998.

[221] WIDMALM F. Tax structure and growth: Are some taxes better than others? [J]. Public Choice, 2001.

[222] GENTRY W M, LADD H. State tax structure and multiple policy objectives [J]. National Tax Journal, 1994.

[223] NEOG Y, GAUR A K. Tax structure and economic growth: A study of selected Indian states [J]. Journal of Economic Structures, 2020.

[224] LEE Y, GORDON R. Tax structure and economic growth [J]. Journal of Public Economics, 2005.

致　谢

时光匆匆，转眼四载已过，再回首，攻读博士的艰难时刻好像还在昨天。四年的读博时光对我来说不仅是一次难忘的经历，更是一次人生感悟的升华。从求学到工作，再从工作到求学，一路走来，读的书越多，感觉自己知道的越少。当然，接近不惑的年龄再去读书，深感心力憔悴，有时就是一种信念在支撑，现在想想，挺过来就是胜利。2019 年年底，突如其来的新冠疫情打破了原本写论文的计划，2020 年春天我只好在家闭门造车，多少个日夜已记不住了，只记得每天晚上，外面是漆黑的深夜，自己在老师的指导下奋力写作。尽管写作极其辛苦，但想起在那些日子得到很多人的帮助和支持，自己又是多么的幸运，回首走过的路，才发现需要感谢的人很多。

首先，特别感谢我的导师赵书博教授。赵老师不嫌弟子年龄偏大、资质愚笨，悉心指导，我在老师的提携下一步一个脚印走到今天，每一个成绩的取得都饱含着老师的汗水，博士论文更是凝聚了老师的心血，老师严谨治学的态度和高度负责的精神深深地影响着我。税制结构优化是一个内容庞杂、常讲常新的课题，还记得开题时，老师为我找到相关文献，把电子版发给我，嘱咐要多读多看。我写作过程中，老师反复批阅修改。对于老师的指导和教诲，我铭记于心。

其次，感谢财政税务学院的李红霞教授、蔡秀云教授、丁芸教授、杨全社教授、曹静韬教授、范庆泉副教授等老师在论文开题、预答辩过程中给予的指导、建议和帮助。感谢正式答辩时各位评委老师——白景明研究员、倪红日研究员、白彦锋教授、姜竹教授、龚辉文研究员、李红霞教授、王竞达教授的精心点评和指导。感谢博士同窗李云发、王鹏、陈延光，感谢同门的师姐王佳赫、王秀哲，师妹张雪、陈静琳，师弟霍德鑫，感谢你们在学业上的支持，每每回首，我都能想起你们热情的笑脸。特别感谢同学郑炫圻博士把全套的Stata实证视频借给我学习，还有一起度过美好时光的张青卫博士、佀连涛博士、王世杰博士、张诚博士、罗宏森博士、石夫磊博士，大家在一起无话不谈，使我自感年轻不少。

最后，感谢我的家人。特别是我的母亲，生病了竟然瞒着我怕耽误我学习，母亲文化不多，但她敬畏知识，热爱生活，虽然多年孤苦一人，但阳光的心态一直深深影响着我，谢谢母亲的爱！感谢我的岳父、岳母，在我写论文的时候，帮我照看孩子，让我能安心写作。感谢我的爱人，默默无闻地为这个家奉献自己的青春，在繁忙的工作之余还不忘惦记我的学业。感谢我的一双儿女（天淇、天睿），在最需要爸爸陪伴时，爸爸却不在身边，但你们的表现很棒，感谢你们对爸爸的理解。

感谢河北地质大学的出版资助，衷心感谢河北地质大学经济学院的牛建高院长，牛院长既是领导，在我心中也早已成为我的老师，他时常不辞辛苦地帮我修改课题，潜移默化中教会我一些处事的道理。同时还要感谢中国财富出版社的杜亮编辑，几次往来沟通，您的耐心使我很受鼓舞，本书在我博士论文的基础上能顺利出版，与您的辛苦密不可分。

我时常感觉自己因比别人慢半拍而负重前行，然而实际我是幸运的，有那么多帮助、支持我的贵人和家人，使我在倍感迷茫和困惑时能够砥砺前行。18年教书育人，我发现，我热爱教师这个职业，热爱我的学生，他们奋斗的青春常常激励我不断前行。学无止境，奋斗无止境，我会带着感恩、感激、感谢的心继续走好每一步，“只争朝夕，不负韶华”！

张书慧

2024年5月于润兴大厦